Danielle Mitterrand
Gezeiten des Lebens

Danielle Mitterrand

Gezeiten des Lebens

Deutsch von Hermann Kusterer

ECON

Titel der französischen Originalausgabe:
En toutes libertés
Originalverlag: Editions Ramsay
Übersetzt von: Hermann Kusterer
© 1996 by Editions Ramsay
»Les droits d'auteur de ce livre sont intégralement versés à France-Libertés,
Fondation Danielle Mitterrand«.

Die Deutsche Bibliothek – CIP-Einheitsaufnahme
Mitterrand, Danielle:
Gezeiten des Lebens / Danielle Mitterrand. – 2. Aufl. –
Düsseldorf : ECON, 1996
ISBN 3-430-16751-5

2. Auflage 1996
© 1996 der deutschen Ausgabe by ECON Verlag GmbH, Düsseldorf.
Alle Rechte der Verbreitung, auch durch Film, Funk und Fernsehen, foto-
mechanische Wiedergabe, Tonträger jeder Art, auszugsweisen Nachdruck
oder Einspeicherung und Rückgewinnung in Datenverarbeitungsanlagen
aller Art, sind vorbehalten.
Lektorat: Ralf Stamm
Gesetzt aus der Times, Linotype
Satz: Heinrich Fanslau GmbH, Düsseldorf
Papier: Papierfabrik Schleipen GmbH, Bad Dürkheim
Druck und Bindearbeiten: Bercker Graphischer Betrieb, Kevelaer
Printed in Germany
ISBN 3-430-16751-5

Für François

Inhalt

Prolog

Am 31. Dezember 1995 ist Abgabetermin.

Ich finde keinen Schluß, er will und will sich nicht einstellen. Auch heute wieder entzieht er sich mir. Soll sich mein Dialog mit den Lesern fortsetzen über Themen, die es noch zu umreißen gilt?

Werde ich die Kraft aufbringen für ein weiteres Buch?

Das Manuskript muß abgeliefert werden, dies sei der absolut letzte Termin, sagt man mir, wenn die Erinnerungen am 5. März, dem zehnten Jahrestag der Gründung von »France-Libertés«, erscheinen sollen.

Den ganzen Sommer über saß ich glücklich an meiner Arbeit in der kleinen Bibliothek, die sich an den Fuß der Dünen schmiegt, sah François in der alten Bergerie ein und aus gehen. Jedesmal, wenn er seinen Schreibtisch für einen Spaziergang im Wald verläßt, schaut er auf einen Plausch zu mir herein, meint, die Dahlien fielen in diesem Jahr so mager aus; er trauere der farbenfrohen Blütenpracht früherer Sommer nach – es klingt fast wie Vorwurf. Und immer wieder fragt er: »Wie kommst du voran?« Oft gehe ich zu ihm, um ein Detail zu klären oder mir seinen Rat zu holen.

»Wie soll es heißen, dein Buch?« fragt er.

»*En toutes libertés* – im Plural, wohlgemerkt.«

»Wo endet die Freiheit und beginnt die Zügellosigkeit? Ab wann wird Freiheit zur Bedrohung des anderen?«

Die Frage stellt François Mitterrand. Er stellt sie sich selbst, aber wir alle sind mitgefragt. Auch die Stiftung muß es sich täglich fragen.

Wie können wir erkennen, wann die Grenze des Erlaubten erreicht ist? Ab welchem Punkt ist unsere individuelle Verantwortung gefordert?

In der Hoffnung auf eine Gesellschaft, die zu leben vermag, will ich mich auf den folgenden Seiten nach bestem Wissen und Gewissen frei und in gegenseitiger Achtung und Harmonie um eine Antwort auf Fragen bemühen, die sich auch meine Leser stellen mögen.

Das honigfarbene Licht, die Augusthitze, die eine sanfte Brise vom Meer erträglich macht, erinnern uns an 1951; damals entdeckten wir Hossegor und waren entzückt. Wir schmieden Pläne. François' Krankheit bremst zwar unseren Höhenflug, kann aber unserer Lebenslust nichts anhaben. Wir empfinden die herrlichen Tage wie ein Gnadengeschenk.

Zahllose Tage und Stunden habe ich in diesem Sommer damit verbracht, meinen Lebensweg nachzuzeichnen. Erst las ich fast alles wieder, was François seit 1947 geschrieben hat, blätterte dann mit Raphaël Doueb[1] meine Kalender durch, um Ordnung zu bringen in die ungezählten hinreißenden Begegnungen mit meinen Freunden aus aller Welt, die dieser Vertraute und Mentor miterlebt hat.

Nur widerwillig gewährt mir dieses Haus, in das sich so manche Schriftsteller zu einsamer Betrachtung zurückgezogen haben, die zum Schreiben nötige Ungestörtheit. Nicht alle aus meinem engsten Kreis sind davon begeistert. Meine Schwester Christine und Annie Meynard, meine Freundin aus Tar-

---

[1] Raphaël Doueb ist der Initiator meiner Tätigkeit in gemeinnützigen Vereinen und stand bei der Gründung meiner Stiftung Pate. Seither wacht er unablässig über sie.

10

nos, zum Beispiel vermissen in diesem Jahr unsere sommerlichen Scrabble-Partien. Von morgens bis abends schreibe ich allein anhand meiner Notizen oder im Beisein von Patrick Amory[2], der mir hilft, aus all dem, was mir durch den Kopf schwirrt, die Anekdoten und Äußerungen herauszusortieren, die es wert sind, festgehalten zu werden. In meinem bücherüberladenen Holzhäuschen vertiefe ich mich in die vielen großen Momente, die schönen Empfindungen, aus denen ein Leben gewoben ist.

Bei Durchsicht der über die Jahre in Schulheften zusammengetragenen Notizen bin ich mit Vergnügen auch den Zornesanwandlungen wiederbegegnet, meinen »Ventilausbrüchen«, wie ich sie nenne. Ist es eine Chance, Bilanz eines an vielfältigsten Erfahrungen reichen Lebens zu ziehen, indem man leere Seiten mit Buchstaben füllt und dabei die starken Gefühle vergangener Zeiten wiedererlebt?

Unter meiner Feder sind die Facetten eines Frauenlebens wiedererstanden, von der romantischen Rebellin in Widerstand und Krieg über die Gattin, die unversehens in den Sog eines bewegten Politikerlebens geriet, bis zur aufmerksamen Mutter zweier noch sehr präsenter Söhne – Jean-Christophe[3] und Gilbert –, die nun schreibend allen Aufregungen und Freuden der frühen Familienjahre wiederbegegnet. Nicht zu vergessen schließlich die engagierte Kämpferin für die Menschenrechte, zu der mich die Lebenserfahrung und manch harte, aber bestandene Auseinandersetzung nach und nach gemacht haben. 1981 wurde ich zu Frankreichs First Lady, später zur Gründungspräsidentin meiner Stiftung »France-Libertés«, und die außergewöhnlichen Begegnungen beider mit den großen Persönlichkeiten und Akteuren der Zeitgeschichte

---

2 Mein Lektor.
3 Ich nenne ihn einfach Christophe.

schlagen sich in diesem Buch nieder. Sie zu beschreiben, war kein leichteres Unterfangen als zuvor mein Leben als Frau, Mutter, Großmutter, Schwester und Präsidentin. Alles ist so bedrängend reich, und die Erinnerung droht mich zu überwältigen ...

Dieses Buch will in ungezähmter Freiheit, aber doch auch im wahrsten Sinne des Wortes gewissenhaft erzählen und berichten. Weder will ich allzusehr in mein Privatleben abgleiten noch Menschen anders beurteilen als allein nach ihrem Handeln. Sicher führe ich manchen kompromißlosen Stoß, aber ein jeder kommt von Herzen und möge deshalb nicht nur jene treffen, die mich verabscheuen, sondern auch die berühren, die ich liebe.

Wenn sich der Nachmittag neigt, schlendre ich mit meinen Freunden, die geduldig warten, bis ich endlich meine Klause verlasse, durch die farnbestandenen Schneisen. In Begleitung unserer Hunde Hélios, Lotus, Goliath, Atchoum und Baltique bewundere ich immer aufs neue die Umgebung von Latche. In der letzten Nachmittagssonne werfen die Kiefern so lange Schatten, daß wir uns bei schützenden Riesen geborgen wähnen. In den Zweigen der Eiche, die der Hausherr gepflanzt hat, sitzen die Hähne. Es ist schön.

François macht täglich zwei Spaziergänge in Begleitung von Doktor Tarot und gerade zu Gast weilenden Freunden. Wenn er sich in seiner Bergerie aufhält, schreibt er; das Fax frißt die Seiten in sich hinein, kann nicht genug kriegen.

Mit dem fortschreitenden Herbst wächst auch die Unruhe; die wiederholten Anfälle der Krankheit drücken sehr auf die Stimmung. Mein Herz ist nicht mehr beim Schreiben. Schon ist der Sommer nur noch Erinnerung. Wehmut befällt mich, wenn ich an die großen Tischrunden unter dem Pflaumenbaum denke, wo ich François gegenübersaß, umgeben von

12

den Kindern und meinen Enkeln Justine, Pascale und Adrien. Heiteres Bild einer vor neugierigen Blicken geschützten Familie, die Augenblicke des Glücks erlebt.

Der kalte Winter ist eingekehrt. In meinem Fuchsbau macht mir ein fahrbarer Heizkörper die langen, letzten Stunden des Schreibens erträglich. Sorgen verdüstern die ohnehin lichtarmen Tage.

Wie immer, wenn François nicht bei mir ist, lösen seine zwei bis drei Anrufe pro Tag Freude oder Kummer aus – je nachdem, wie er gelaunt ist und sich fühlt. Noch einmal versammelt sich die Familie. Weihnachten ist eben vorbei. Ich schließe mich von morgens bis abends ein und korrigiere die letzten Kapitel. Plötzlich wird mir das Schreiben zur Last. François kommt heim. Wir schreiben den 31. Dezember. Bis zum Erscheinen werde ich diesem Buch keine Zeile mehr hinzufügen. Gedanken und Herz weilen anderswo.

Erster Teil

1939 – 1945

Nichts wird mehr sein wie zuvor …

1939/40 – die Zeit des Krieges, der noch keiner war … Ich bin vierzehn. Mein Herz pocht wild.

> Ich komme mit nach Huez.
> Glücklich, wenn du es willst,
> Unglücklich, so dir's gefällt

Mein Herz gerät ins Schleudern, während ich die drei Zeilen Molièreverschnitt lese und wiederlese. Der Schüler einer höheren Klasse hat sie auf eine herausgerissene Heftseite gekritzelt und mir die Botschaft heimlich aufs Pult gelegt.
Nur noch die Weihnachtsferien habe ich im Kopf. Meine Eltern sind einverstanden; ich darf ohne Aufsichtsperson mit den Schulkameradinnen und -kameraden in die Berge fahren – ein Ausflug in die Freiheit und ein verlockendes Abenteuer. Dabei ist die allgemeine Lage der Lebensfreude ganz und gar nicht förderlich. Die Nachrichten gehen in diesem Dezember nicht spurlos an mir vorbei.
Bei den Berichten von der Front, wo sich die feindlichen Heere immer noch tatenlos beäugen, wächst die Angst vor dem unvermeidlichen, todbringenden Zusammenstoß ins Unerträgliche. Wie alle Frauen, Schwestern und Mütter stricke ich für unsere Soldaten, die der Schützengraben zwar vor dem Feind, nicht aber vor der Winterkälte schützt. Wenn ich, als

könnte ich damit dem Schicksal Einhalt gebieten, »Wir trocknen uns're Wäsche an der Siegfriedlinie« vor mich hinträllere, klappern die Nadeln wie von selbst. Doch was – ich war verliebt! Meinte es wenigstens. Er wird in Huez sein, glücklich, wenn ich es will, unglücklich, so mir's gefällt ... Tagelang ging ich wie auf Wolken.

So ist das. Selbst auf einem Schlachtfeld, mitten im Winter, im Schutz irgendeines Erdwalls, knospt zwischen den Trümmern eine Weihnachtsrose und erblüht ... Dieses erblühende Mädchen war ich. Eine Halbwüchsige mit ihren Freuden und Leiden, mit allen Problemen ihres Alters, die sie möglicherweise intensiver und eindringlicher erlebt, weil um sie herum die bange Erwartung einer unsicheren Zukunft, wenn nicht der Katastrophe herrscht. Unter solchen Umständen bereite ich mich im Dezember 1939 auf die Abfahrt in die Skiferien vor.

Szenen aus dem Alltag einer Dreizehn- oder Vierzehnjährigen, unscheinbare Heldin in einem Kriegsepos der frühen Entdeckungen, Erlebnisse und Gefühle. Die unterschiedlichsten Bilder ziehen an meinem geistigen Auge vorbei: Sonne und Schnee, die Freunde und Freundinnen, der Duft von Niveacreme und immer wieder das schallend fröhliche Lachen in weißer, den bösen Zeitläuften entrückter Winterlandschaft. Die Klasse, die Lehrer, die Schulaufgaben und Radtouren, ein Herz in Wallung wegen eines Liebesbriefs, wegen ein paar hingekritzelter Worte, die ich in einem Buch verstecke oder unter dem Pulli spazieren trage. Papa ist Direktor der Schule, er spürt, wie ihm die Tochter entgleitet, und poltert los – derweil flüstere ich Mama ein paar Geständnisse ins Ohr.

Es ist Krieg, die Welt hält den Atem an, ich aber entdecke die ersten Pfade der Freiheit.

Charles Trenet singt »Fleur bleue«, »Je chante« oder »La

Romance de Paris« und verwandelt die Besuche bei den Freundinnen in Tanznachmittage, und ebenso gerne hören wir Danielle Darrieux »La Charade« trällern:

Mein erster war ein Träumer
Der zweite lächelt' spitz
Der dritte ...

Hellwache Zeit voll des inneren Erlebens, der augenzwinkernden und verständnisvoll lächelnden Komplizenschaft und der Anspielungen auf Unbekanntes, die ich nicht immer verstehe. Es hätte eine Zeit der glücklichen Sorglosigkeit sein sollen. Aber die spürbare Nervosität der Eltern verdüsterte den strahlenden Horizont unserer Jugend.

Im zweiten Trimester dieses Schuljahres bin ich eine eifrige Schülerin, mache brav meine Aufgaben, lerne methodisch und hingebungsvoll meine Lektionen, aber oft genug wandern meine Gedanken zurück zu den Schneehängen der Alpe-d'Huez und zu unseren Käsefondue-Parties in fröhlicher Runde auf der Terrasse des »Genepi« am Fuß des berühmten »Idiotenhügels«. Dazu kommt das verliebte Bäumchen-wechsel-dich, das große Verwirrspiel der ersten Flirts, bei dem das Herz mit Vorliebe dem Unerreichbaren zufliegt. Demjenigen nämlich, der von einer anderen träumt, während man so tut, als nehme man den gar nicht wahr, der in Liebe zu einem selbst entbrannt ist. Im Unterricht öffnet sich mein Geschichtsbuch stets auf derselben Seite, in die ich unser Gruppenfoto gesteckt habe – Anorak über der Schulter, auf den Lippen ein Lächeln. »Schülerin Gouze«, ertönt spöttisch die Stimme des Lehrers, »dürften wir den Grund Ihrer Glückseligkeit erfahren?« Panik erfaßt mich, glühende Röte steigt mir ins Gesicht – der Alltag hat mich wieder.

18

Es ist Krieg. Im Frühjahr wird die Maginotlinie umgangen und unsere Front durchbrochen. Aus der Traum vom Wäschetrocknen auf der anderen Rheinseite.

Die deutsche Invasion löst einen wahren Exodus aus, treibt auf zerbombten Straßen ganze Familien vor sich her, stößt Scharen weinender, entwurzelter, ihrer ganzen Habe beraubter Menschen in unsägliches Leid. In meiner engeren Umgebung werden alle Internatsschüler nach Hause geschickt. Und die nun halbleeren Klassenzimmer schließen mehr als einen Monat vor dem normalen Sommerferienbeginn.

Alles ist ins Wanken geraten; ich bleibe allein mit meinen Eltern und den Hausmeistern in der Schule zurück. Die Leere der großen Gebäude verschlimmert noch die Verwirrung und Bestürzung, die in diesem so eigenartigen Juni über uns gekommen ist. Das abgebrochene Schuljahr und das verwaiste Haus verursachen mir ein vages Unbehagen, als hätte ich etwas Wichtiges nicht zu Ende bringen dürfen. Ziellos wandere ich durch mein verwaistes Kolleg, das nach Kreide und Tinte riecht und in dem die Rufe und Schreie meiner Kameradinnen und Kameraden nachzuhallen scheinen. Ich liebe meine Schule, doch mit welchem Fegefeuer mußte ich dieses Glück bezahlen!

Hinter mir lag ein gräßliches Internatsjahr im Lycée Saint-Just in Lyon. Unter den vielen namenlosen Schülerinnen war ich nur eine Nummer, die 101, fühlte mich fern meiner Familie einsam und unglücklich. Vor Heimweh wurde ich krank, schwer krank sogar. Die Rückkehr aus dem Wochenende am Sonntagabend war jedesmal ein wahrer Alptraum. Vom Rücksitz des Wagens aus sah ich mit tränennassen Augen die Lichter von Villefranche hinter den Hügeln verschwinden. Nur meine spöttischen Bemerkungen über die Fahrweise meines

Vaters rissen mich etwas aus meinem Kummer. Seine Fahr-
künste waren alles andere als berühmt.

»Mama«, pflegte er zu sagen, »schau auf den Tacho; wenn die
Nadel auf 30 steht, muß ich in den zweiten Gang runterschal-
ten …« Sie starrt auf den Tacho: »Vierzig, fünfunddreißig …,
jetzt!« – unser Wagenlenker tritt auf die Kupplung. Wie oft
mußten wir, weil die Ausführung mit dem Befehl nicht Schritt
hielt und er den Motor abwürgte, mitten in der Nacht ein
mühseliges Anfahren am Berg über uns ergehen lassen – der
schiere Schrecken! Ich höre auch noch, wie mein lieber Papa
laut die an die Platanen geklebten Plakate vorlas, über die der
Scheinwerfer einen Augenblick lang hinstrich.

»Wir brauchen Pétain … Hm, brauchen wir Pétain?« Ein
böses Lachen: »Was soll denn das heißen, ausgerechnet
Pétain?« donnerte er. »Einen schlimmeren Reaktionär als
den gibt es gar nicht! Na, bravo! Wenn der uns retten soll,
dann gute Nacht!«

Er fluchte und grummelte, und prompt fing ich wieder zu heulen an.

»Nun heul' nicht. Versteh' doch, Liebe, du bist in Lyon im
Internat, weil dein Vater seine Tochter nicht in die Schule aufnehmen kann, die er leitet.«

Ich hielt dagegen. »Aber ihr habt doch Koedukation!«

»Ja, sicher, aber du würdest dich selbst nicht wohl fühlen, deine Mitschüler würden dich der Bevorzugung verdächtigen,
und manchen Lehrern wäre es peinlich.«

Keine Erklärung der Welt konnte mich überzeugen. Ich hatte
bei meinen Eltern eine behütete Kindheit verbracht, aber
auch die schwierigen Augenblicke ihres Werdegangs miterlebt. Ein Leben fern von ihnen schien mir unmöglich,
unvorstellbar.

Außerdem hatte ich in der elterlichen Dienstwohnung ein
modernes, nach meinem Geschmack eingerichtetes Zimmer,

das mir besonders lieb war. Als mein Vater nach Villefranche versetzt wurde, hatte der Möbelwagen auf dem langen Weg von Dinan her Feuer gefangen. Das gesamte Mobiliar, die Kleider, Hab und Gut der Familie waren verbrannt. Ein schwerer Verlust; nichts war mehr übrig, was an die Vergangenheit erinnerte, keine Fotos, keine Briefe verstorbener Freunde, ich selbst besaß keine Puppe mehr, kein Stofftier und keinen meiner kindlichen Talismane. Mein einziger Trost waren die paar Spielsachen, die ich ins Auto mitgenommen hatte. Es war ein harter Schlag für meine Eltern, aber sie hatten sich nicht entmutigen lassen und sich wieder ein so angenehmes Zuhause geschaffen, daß ich nicht mehr fort wollte.

Einmal bringt mich am Montagmorgen meine Schwester ins verabscheute Pennal auf dem Hügel von Fourvière zurück. Sie setzt mich ab, fährt mit dem Zug weiter nach Paris und gesellt sich spät – immer noch aufgewühlt, weil sie ihre kleine Schwester tränenüberströmt zurückgelassen hatte – zu ihren Freunden im Café Flore. Sie sitzen mit ihr am Tisch und hören zu, wie sie von meinem Kummer erzählt. Einer von ihnen will sie aufheitern und kritzelt flugs ein Chanson aufs papierene Tischtuch, singt es ihr vor:

Je suis la petite pensionnaire
Que l'on met au bahut le dimanche soir.
Après une journée éphémère,
Je suis dans le grand dortoir.
Dans le lit, je pense à ma mère,
A mon bon gros chien que j'aime tant.
Je suis la petite pensionnaire
Enfermée et pour longtemps…

Ich armes kleines Mädchen
Bin Zögling im Pennal
Nach jedem schönen Sonntag
Lieg' ich im großen Saal.
Ich sehn' mich nach der Mutter
Und nach dem treuen Hund
Doch ach, ich bin gefangen
Geh elend hier zugrund.

Der es komponierte hieß Charles Trenet; als Schallplatte kam
»La petite pensionnaire« allerdings nie heraus.

Mein Gesundheitszustand verschlechterte sich, und meine
Krankheit erwies sich als stärker als die väterlichen Beden-
ken. Endlich durfte ich das so einladende Collège Claude-
Bernard mit seinen rebenbedeckten Mauern wieder als Schülerin betreten, war glücklich und wurde schnell gesund ...

Unter der drückenden Junihitze zieht sich der Morgen endlos
hin, tagträumend und gelangweilt wandere ich durch meine
verwaiste Welt. Wie ich gerade auf dem Weg zum Privatgarten
den Schulhof überquere, erreicht mich ein wild durch die
Stadt jagendes Gerücht. Bald darauf bewahrheitet es sich:
»Die feindlichen Truppen sind im Anmarsch; sie sind da.« Die
deutschen Soldaten machen als triumphierende Besatzer
Quartier und beschlagnahmen das Kolleg. Die Schlaf- und
Speisesäle leisten ihnen gute Dienste. Sie richten sich überall
bequem ein. Nur die Dienstwohnung des Rektors bleibt ausgespart; ich darf sie aber nicht verlassen. Meine Freiheit ist
beträchtlich eingeengt; vom Fenster meines Zimmers aus
betrachte ich heimlich durch den Vorhangspalt den militärischen Drill und das sonstige Treiben auf dem Schulhof. So
erlebe ich die Marschübungen im Stechschritt zu einer Musik,

22

die mir bis heute in den Ohren dröhnt. Vermutlich hätte ich das Zuschauen bald aufgegeben, wäre nicht mein Blick dem eines störrischen Soldaten begegnet, der sich in der Exerzierformation ausnahm wie eine hinkende Ente. Der Arme schien wirklich nicht begabt, und dagegen halfen auch keine Hiebe mit der Reitpeitsche auf die Waden.

Die Wochen vergehen, die deutschen Truppen rücken nach Süden weiter und lassen nur eine Nachhut zurück. Als der Sommer endet, ist das Kolleg wieder frei; der Wiederbeginn des Schulbetriebs im Oktober naht. Viele neue Schüler schreiben sich ein; sie kommen aus den verschiedensten Teilen Frankreichs – aus dem Norden, dem Elsaß und der ganzen besetzten Zone. Die Lehrer übernehmen ihre Klassen. Inmitten des Ausnahmezustands nimmt das Leben seinen Lauf, und unsere Jugend macht wieder ihre Rechte geltend. Wir sind mit der Schularbeit und ihren üblichen Nöten beschäftigt, und ich genieße diesen Unterrichtsbeginn in vollen Zügen, der so ganz anders ist als die schlimmen Tage in Lyon.

Klassen, Schülerinnen und Schüler, Lehrer und Unterricht – es ist wie überall, bis zu dem Tag, an dem der Direktor, mein Vater, von der Schulbehörde die Anweisung erhält, eine Liste der jüdischen Kinder und Lehrer einschließlich jener mit ausländisch klingenden Namen vorzulegen. »Kommt überhaupt nicht in Frage, niemals«, knurrt er. Als er auch einer weiteren Mahnung nicht nachkommt, wird er nach Lyon ins Schulamt einbestellt. Er geht sorgenvoll hin, ist aber entschlossen, fest zu bleiben; wie immer begleitet ihn Mutter. Die Bestrafung erfolgt prompt und ist unwiderruflich: »Sie sind entlassen, mein Herr, fristlos und ohne Bezüge.«

Während meine Eltern weg sind, geht das Telefon. Ich nehme ab, und man verkündet mir, daß der Nachfolger meines Vaters demnächst eintreffen werde.

»Die Wohnung muß sofort freigemacht werden«, höre ich jemanden sagen, »der neue Schulleiter zieht in den nächsten Tagen ein.«

»Wieso neuer Schulleiter, mein Vater ist doch ...«

»Fristlos entlassen, mein Fräulein«, antwortet die barsche Stimme.

Ich kann es nicht glauben. Dieses Kolleg ist mein Leben, das Leben meiner Familie. Mein Haus, meine Lehrer, meine Mitschüler verlassen – und wohin? Nein, das kann nicht wahr sein. Doch als meine Eltern heimkommen, ist kein Zweifel mehr möglich. Wir müssen weg, sofort packen.

An diesem unendlich traurigen Tag haben die Ungerechtigkeit, der Wahnsinn und die Barbarei der Menschen über meine Kindheit und mein Vertrauen auf Gerechtigkeit gesiegt. Mitten in meiner Jugend haben mich die Wirklichkeit, der Aberwitz des Krieges und die Willkür eingeholt. Nichts wird mehr sein wie zuvor ...

Erinnerungen an den Widerstand

Meine Eltern und ich ziehen nach Cluny im Burgund. Ich fühle mich geborgen in dieser Stadt, in der mein Vater und sein Zwillingsbruder am Fuße der »Tour au Fromage« zur Welt gekommen sind, wo mein Großvater in einer kleinen Werkstatt Regenschirme herstellte und verkaufte. Bei jedem Gang durch die Hauptstraße zwinkere ich dem lieben Ort einen verstohlenen Gruß zu.

Unser neues Dasein ist genauso schwer wie das vieler anderer Familien in Frankreich. Mein Vater bekommt kein Gehalt mehr, aber er leidet vor allem unter dem Verlust einer Aufgabe, der er sich mit Leib und Seele gewidmet hatte. Keinen Augenblick bedauert er seinen Ungehorsam, aber oft finden ihn Mama und ich, wie er niedergeschlagen und reglos dasitzt und über die gegen ihn erhobenen Anschuldigungen nachgrübelt. Natürlich ist die angeblich schlechte Verwaltung nicht der wahre Grund für seine Entlassung. Kopfschüttelnd sagt er: »Ich habe nichts Unrechtes getan, nein, ich begreife nicht, was man mir vorwirft.« In solchen Momenten versuchen meine Mutter und ich ihm dann beizubringen, es sei eine Ehre, vom Vichy-Regime hinausgeworfen worden zu sein. So machen wir ihm wieder Mut, weiterzuleben und weiterzukämpfen. Zwar haben wir kaum das Nötigste, aber wir besitzen wahre Schätze an Zuneigung.

Unser bescheidenes Heim und sein Gemüsegarten werden

bald zur Geheimbühne, auf der ein paar Akte des Dramas namens Widerstand spielen.

Unser Haus ist immer häufiger Treffpunkt, wird zum Briefkasten und zur Anlaufstelle für immer geheimnisvollere Besucher. Aus Vorsicht weihen mich meine Eltern zunächst nur wenig ein, aber da ich da bin und zunächst passiv mitmache, kommt es unmerklich dazu, daß ich eigene Aufgaben übernehme. Äußerlich bin ich das zurückhaltende Mädchen, aber innerlich brodelt ein Fieber. Verschwiegenheit und Anpassung an allerlei Vorsichtsregeln fallen mir nicht schwer. Ich gehe meinen Studien nach (Ende des Jahres stehen die Abiturprüfungen an), aber zugleich betätige ich mich bei Bedarf als Zwischenträgerin. Die Familie hat beschlossen, daß ich unter Anleitung meines Vaters in Cluny lerne und nur nach Mâcon fahre, wenn ich an bestimmten Vorbereitungskursen teilnehmen muß oder Pflichtarbeiten abliefere.

Im Winter gehe ich beim ersten Morgengrauen die drei Kilometer zu Fuß von unserem Haus zum Bahnhof und steige in den Bummelzug, der auf dem Weg von Chalon nach Mâcon in Cluny hält. Kaum bricht die schöne Jahreszeit an, kämpfe ich mich mit dem Fahrrad die Anhöhe des Bois Clair hinauf und radle die fünfundzwanzig Kilometer bis zum Lycée Lamartine. Ein- oder zweimal pro Woche reicht. Ich arbeite auf meine eigene Weise.

Meine liebste Studierstube sind die Hügel von Cras und Lournans; dorthin ziehe ich mich zurück und bin glücklich. Manchmal wandere ich nachmittags über die kleine Paßhöhe des Croix-du-Loup und sage mir laut die Lektionen vor, die ich, ein Buch unterm Arm, auf dem Gang über die Wiesen in Gesellschaft der Vögel und manchmal eines Hasen gelernt habe, den mein sorgloser Schritt aufgeschreckt hat. Oben auf einem Hügel mache ich Rast, setze mich auf einen buschumstandenen Moosgrund. Hier läßt sich nach Herzenslust

26

atmen, deklamieren, auch weinen vor Glück über die Schönheit der beiden Täler, die sich unter mir auftun.

In diesem Paradies lenkt mich manchmal der Flug einer Schwalbe ab, wenn ich mir gerade die Grundzüge der Politik von Monsieur Thiers und die Gründe für den Erfolg seiner Anleihe anzueignen versuche; ich verliere den Faden und gerate ins Träumen über Dinge, die einem Mädchen eher anstehen.

Bei Einbruch der Dämmerung kehre ich voll romantischer Eindrücke heim, manchmal auch um ein paar Kenntnisse des Tagespensums bereichert, und meine Eltern hören am Tisch sitzend zu, was ich ihnen von meinem Tag erzähle. Nun denke man nicht, ich würde nach Gutdünken vor mich hinstudieren. Mein Vater sorgt schon dafür, daß ich auf den Boden der Schulwirklichkeit zurückkehre, und kontrolliert meine Fortschritte sehr genau. Manchmal wird er böse, findet mich zu langsam und zu zerstreut. Dann rettet mich Mama vor dem väterlichen Zorn, relativiert die in so unruhiger Zeit an mich zu stellenden Ansprüche: »Antoine, nun sei nicht so streng mit deiner Tochter und verlange von ihr nicht soviel Disziplin wie früher von allen deinen Schülern zusammen.«

In jenen Jahren ist zwischen meiner Mutter und mir eine Komplizenschaft gewachsen, die ein Leben lang anhielt und nie in Gefahr geriet.

Bei den Aktivitäten meiner Eltern überrascht es mich überhaupt nicht, daß eines Tages Berthie Albrecht und Henri Frenay in Begleitung eines Verbindungsmannes bei uns auftauchen. Er stellt sie als in der Region tätige Handelsvertreter auf Unterkunftssuche vor. »Es geht um eine Deckadresse«, sagt er. Sie ziehen als unsere angeblichen Mieter ins angrenzende Häuschen ein.

Berthie und Henri leiten die Widerstandsgruppe »Combat«.

Die ganze Familie macht eifrig mit. Mama tippt auf ihrer Maschine die Matrizen für die Untergrundzeitung, die die beiden herausgeben. Ich werde ihre Botin und Verbindungsfrau. Henri kommt und geht wie ein regelrechter Vertreter. Sehr oft zieht er sich zum Arbeiten in eine »cadole« zurück, einen kleinen Geräteschuppen in unserem Obstgarten auf einem der Hügel um Cluny. Dort trifft er sich auch mit Besuchern, die ich zu ihm führe. Im Frühjahr 1943 verbringt er oft ganze Tage in der Hütte. Ich bringe ihm zu essen und alles, was er braucht. Unterwegs pflücke ich ganze Arme voller Margeriten, die jetzt im Mai überall auf den Feldern sprießen; sie dienen mir als Vorwand für meine wenig unschuldigen Spaziergänge in einer Region, dessen sehr aktives Maquis[1] die deutschen Besatzer nervös macht und die französische Miliz wie wild nach Widerstandskämpfern und Sympathisanten fahnden läßt.

Trotz aller Furcht und trotz der nötigen Vorkehrungen zum Schutz des eigenen Lebens denken alle, die mit vollem Einsatz kämpften und keine Gefahr scheuten, fast wehmütig an die damalige Zeit zurück. In unserem Haus, das der Gegner – Gestapo und Kollaborateure – noch nicht enttarnt hat, versammeln sich Mitglieder des Nationalen Widerstandsrates CNR um unsere geheimnisvollen Mieter. In mancher Nacht huschen Schatten vom Garten her in die Küche ... Meine Eltern gewähren ihnen für die nötige Zeit Unterschlupf. Und ich bin dabei. An einem Abend quäle ich mich hoffnungslos mit einem Referat über Stendhal, das ich am nächsten Morgen halten soll und das noch längst nicht fertig ist, da hilft mir

---

1 »Maquis«: wörtl. »Gebüsch, Buschwald«; diese vor allem auf das mittelmeerische Gebiet bezogene Bezeichnung wurde im Zweiten Weltkrieg gleichbedeutend mit dem innerfranzösischen Widerstand gegen die deutsche Besatzung; »Maquisard« ist synonym mit dem (vom »Maquis« aus operierenden) Widerstandskämpfer. (Anm. d. Übers.)

der spätere General Pierre de Benouville bei der Ausarbeitung. Gerne denke ich an diese Augenblicke der Geborgenheit inmitten der Wirren.

Später treffen sich im »Romada«, wie das Haus der Familie Gouze nach den Anfangssilben der drei Kindernamen – Roger, Madeleine alias Christine, Danielle – heißt, auch andere Widerstandsgruppen, und manches Mal tauchen plötzlich Maquisards auf und warnen vor akuter Gefahr. Dann stürzen alle aus dem Haus und zerstreuen sich im Dunkel. Eine Nacht des Umherirrens und Versteckspielens beginnt, bis endlich Entwarnung kommt. Meine Mutter und, wenn sie da ist, meine Schwester Christine und ich tilgen skrupellos alle Spuren männlicher Anwesenheit; erst wenn alles weggeräumt ist, erfaßt und quält uns die Furcht, bis dann am Morgen beruhigende Nachricht eintrifft.

Immer tiefer gerät mein Vater in die Untergrundwelt. Aus Sicherheitsgründen darf ich nicht wissen, wohin er aufbricht; kaum ist er zurück, geht er fast wortlos schon wieder, sobald sich das Netz zu eng um die Widerstandskämpfer von Cluny zu schließen scheint.

Heute ist er zu Hause. Gegen dreizehn Uhr halten schwarze Autos mit kreischenden Bremsen vor unserem Tor. Türen werden zugeschlagen, über den knirschenden Kies kommen Männer auf das Haus zu. Ihr Laufschritt jagt uns Angst ein. Ein Blick durch das Fenster: Wir sind von Gestapoleuten mit den allzu notorischen Ledermänteln und Hüten und von Milizionären mit Baskenmützen umzingelt. Noch ehe wir einen Schritt tun oder auch nur das kleinste verräterische Indiz beseitigen können, trommeln Fäuste an die Haustür, schrillt ununterbrochen die Türglocke und bellen mehrere Stimmen: »Aufmachen! Aufmachen! Das ist ein Befehl!« (Noch heute habe ich den Höllenlärm in den Ohren.) Mechanisch und starr vor Angst schiebe ich den Riegel zurück. Die Tür wird aufgestoßen, ich fliege gegen die Flurwand, einer der Männer brüllt: »Wo sind Herr und Frau Moulin? Wo wohnen sie?« Revolver im Anschlag, durchsuchen die Eindringlinge sämtliche Räume, werfen rücksichtslos alles um. Wieder die gebrüllten Fragen: »Wo sind die Moulins? Wie kommt man zu ihnen? Wir wissen, daß sie in einem ersten Stock wohnen.« Die Moulins? Unsere Mieter? Natürlich kennen wir sie. Meine Eltern sind zwar wie versteinert, aber noch bei halbwegs kühlem Verstand, warten ab, bis es ruhiger wird, und antworten schließlich, die Gesuchten wohnten im Haus nebenan. »Man muß über den Hof«, sagt meine Mutter. Ein Milizionär zerrt sie grob hinaus. »Bring' uns hin.«

Die beiden Schlafzimmer werden völlig auf den Kopf gestellt. Meine Mutter wird auf einen Stuhl gestoßen und brutal verhört. Doch sie läßt sich nicht kleinkriegen, gibt unsere Version zum besten:

»Das sind Handelsvertreter. Waren auf der Suche nach einer Unterkunft, wollten die Absatzchancen in der Region erkunden. Sie halten sich sehr zurück, wir kennen sie nicht näher. Nur gelegentlich sehe ich sie kommen oder gehen.«

Als der Anführer die wirkliche Identität und die Umtriebe der »Simulanten« nennt, spielt meine Mutter die Entrüstete.

»Wie konnten die uns bloß so hintergehen und in Gefahr bringen, ohne einen Ton zu sagen? Sie können sich denken, wenn wir gewußt hätten, was die machen, hätten wir solches Gesindel nie beherbergt.«

Sie teilen Mama mit, Berthie, die uns am Morgen gleich nach dem Frühstück verlassen hatte, sei in ihrer Hand.

»Sie ist auf der Kommandantur. Sie wird mit Sicherheit reden, notfalls unter der Folter. Darauf können Sie sich verlassen.«

Berthie hat uns jedoch nicht verraten, vielmehr fand die

Gestapo beim Durchwühlen ihrer Handtasche unsere Adresse auf einem Brief ihrer Tochter Mireille, den wir ihr am Morgen vor ihrem Weggang übergeben hatten; sie hatte ihn in die Tasche gesteckt und nach dem Lesen unvorsichtigerweise nicht verbrannt.

Während meine Mutter verhört wurde, ließen mein Vater und ich im Eiltempo die Schreibmaschine, die leeren Matrizen und alles verschwinden, was unsere Verbindung mit unseren Mietern verraten konnte. Wir gaben uns nicht der Hoffnung hin, die Gestapo werde sich mit den Antworten meiner Mutter zufriedengeben, und waren auf das Schlimmste gefaßt.

Wußten sie Bescheid, und hatten sich eine Strategie zurechtgelegt, um uns in eine Falle zu locken? Nach stundenlangem Verhör eine kurze Besprechung, in der sich binnen Sekunden unser Schicksal entscheidet. Einer wendet sich an meinen Vater:

»Ich sah in Ihrem Keller ein paar gute Flaschen Barsac, die sollten Sie schnellstens trinken, sonst lernen Sie den Geschmack vielleicht nie kennen!« Was will er damit sagen?

Wegen der Zuckerknappheit hatten wir uns etwas einfallen lassen, stellten aus den Zuckerrüben vom Garten Melasse her. Ein riesiger Kupferkessel steht auf dem Feuer, den wir abwechselnd umrühren, bis aus der Melasse ein sehr zäher Sirup wird ... Einer fixiert mich:

»Was machst du damit?«

»Zucker.«

Er stichelt: »Na rühr schon, rühr schon! Mußt vielleicht noch lange von dem Ersatzzeug leben ...«

Was wollen sie andeuten? Wir kennen uns nicht mehr aus. Werden sie uns auf der Stelle erschießen? Kommen wir mit dem Leben davon? Werden sie uns mitnehmen? ... Hacken werden zusammengeschlagen. »Auf Wiedersehen, die Herrschaften.« Sie steigen in ihre Autos ... und brausen in Richtung Stadt davon. Ich kann nicht mehr an mich halten: »Mama! Sie sind weg, weg!« Was war geschehen? Uns hat es die Sprache verschlagen.

Und Berthie? Natürlich wissen wir, daß Angst, Leid und Qual der Menschen harrt, die für die Freiheit kämpfen. Aber Berthie unter der Folter war eine unerträgliche Vorstellung.
Die Nachricht verbreitet sich mit Windeseile. Zeugen haben gesehen, wie Berthie aus dem Gestapohauptquartier im Bahnhofshotel von Mâcon gezerrt wurde. Schrecklich zugerichtet, wurde sie wie eine ausgerenkte Gliederpuppe, den stieren Blick zu Boden gesenkt, über das Pflaster geschleift, in ein Auto geworfen und verschwand, wir wissen nicht, wohin. Berthie, unsere tapfere Berthie ... Wir sollten sie nie wiedersehen. Das war am 28. Mai 1943.
Einige Monate später traf bei uns, wo sie zuletzt als freier Mensch gewohnt hatte, eine Todesbenachrichtigung vom Gefängnis in Fresnes ein; sie enthielt keinerlei Kommentar. Mama las sie, las sie noch einmal, konnte es nicht fassen. Dann steckte sie die Nachricht wie eine Reliquie zuunterst in eine mit Samt ausgeschlagene Schachtel. »Ich stelle sie in den Schlafzimmerschrank, vergiß sie nicht«, sagte sie.
Als Mama Jahre später starb, hatte ich die Schachtel vergessen, und als sie mir siedend heiß wieder einfiel, hatte ein Großputz längst alle Hauswinkel ausgeräumt. Das unscheinbare alte Papier war mit vielen andern zusammen in ein Feuer im Garten gewandert.

Terroristen?

Wer in Cluny könnte je den 14. Februar 1944 vergessen? Ein rabenschwarzer Tag mehr in diesem schmutzigen Krieg. Ich setzte meine Schulausbildung am geisteswissenschaftlichen Zweig des Gymnasiums fort, so gut es die einem geordneten Lernen wenig förderlichen Ereignisse zuließen. Immerhin hatte ich das Vorabitur in Latein und Griechisch geschafft und bereitete mich jetzt unter Anleitung meines Vaters auf das eigentliche Abitur, das »Bac Philo«, vor.

Nach alter Tradition schenken die zwanzigjährigen Jungen einmal im Jahr den gleichaltrigen Mädchen einen Blumenstrauß oder Blütenzweig; damit einher geht die Einladung zum berühmten »Rekrutenball«.

Sicher drohten jederzeit Razzien, Tod und Unsägliches, aber mit zwanzig Jahren ist die Lebenslust stärker als alle Ängste. Ich freute mich auf den Ball, ein Lichtblick in dunkler Zeit. Am 13. Februar sollte er stattfinden.

Die Jungen und Mädchen des gesamten Jahrgangs von Cluny und den umliegenden Ortschaften versammelten sich in einer Scheune auf den Cras-Hügeln ein paar Kilometer vor der Stadt. Die Mütter vollbrachten wahre Wunder, damit der Abend ein Erfolg wurde; das Büfett war reichlich mit saccharingesüßtem Kuchen, alkoholfreien Getränken und diversen Scheinleckereien gedeckt. Alle gaben ihr Bestes, trotz der herrschenden Knappheit. Der Großzügigkeit des Konditors,

Monsieur Valentin, dessen Sohn mit uns feierte, verdankten wir sogar Schokolade, deren Geschmack wir schon längst vergessen hatten. Meine Schwester war zufällig da, auf Bitten meiner Mutter begleitete sie mich, und ich freute mich sehr. »Kommt nicht zu spät nach Hause. Vor allem, Christine, bring' deine Schwester nicht erst nach Mitternacht heim, sonst mache ich mir Sorgen.«

Das Fest ist fröhlich und ausgelassen. Als wir uns schließlich um Mitternacht auf den Heimweg begeben, klingen die Tanzmelodien und das Lachen der Freunde noch eine Zeitlang hinter uns her. Brombeer- und Hagebuttenhecken dämpfen unser Geplauder, Christines Kommentare lockern den nächtlichen Nachhauseweg auf. Unsere aufgekratzte Stimmung kämpft gegen die Angst und die Kälte der Winternacht, wir gelangen endlich nach Hause und finden erleichtert Wärme und Geborgenheit. Nichts deutet auf das bevorstehende Drama hin.

Im Morgengrauen des 14. Februar wimmelt die Stadt plötzlich von Deutschen und Miliz. Ein Großeinsatz, eine Machtdemonstration – sämtliche Zu- und Ausfahrten von Cluny sind blockiert.

Maschinengewehrposten verhindern jede ungenehmigte Bewegung. Die Stadt ist dicht; wir sind eingesperrt, Ausbruchsversuche wären grausam zum Scheitern verurteilt. Aufgeregt brüllende Zivilisten und Soldaten in Uniform rennen hin und her, treiben ganze Familien, die aus dem Schlaf gerissen wurden und sich hastig etwas übergezogen haben, auf die Straße. Von unserem Haus aus, das als letztes Gebäude der Stadt an einer Straßenkreuzung steht, sehen wir dem Treiben der Soldaten zu, die vor dem Einfahrtstor und an der Gartentür Posten bezogen haben. Belagerungszustand – die Einwohner halten angstvoll den Atem an.

34

Das Unheil ist schon geschehen, in den ersten Morgenstunden hat es zugeschlagen. Der größte Teil meiner Kameraden, die sich nach der Feier in den Frühstunden auf den Nachhauseweg machten, ist geradewegs in die Sperren am Stadteingang gelaufen. Die fröhlichen Jungens, die ihre blauweißrote Rekrutenkokarde angelegt hatten, wurden sämtlich als »Provokateure« und »Terroristenschweine« verhaftet und gesellten sich vor dem Bahnhof jenen zu, die wegen angeblicher Zugehörigkeit zur Résistance oder auch aus privater Rachsucht denunziert worden waren.

Später am Tag erfahren wir, daß Einwohner von Cluny auf Lastwagen gepfercht zu Hunderten mit unbekanntem Ziel weggekarrt worden sind. Als der Bahnhofsvorsteher einschreiten wollte, wurde er auf der Stelle erschossen. Von den nach Deutschland in Lager mit dramatisch vielsagenden Namen Deportierten kehrten nur wenige zurück; die meisten blieben verschollen. Die von den deutschen Soldaten verhafteten »Terroristenschweine« waren nichts anderes als große Kinder auf dem Heimweg von einem harmlosen Tanzvergnügen.

Sie alle sind in die Geschichte eingegangen, in unsere Geschichte, und wenn ich sie heute erzähle, dann will ich damit jeden warnen, der keinen Unterschied macht zwischen denen, die für ihre Freiheit kämpfen, und den internationalen oder nationalen Terroristen, die wahllos Unschuldige töten. Diese stehen im Sold von Extremisten oder Diktatoren, die zu ihrem Vorteil zu blinder Gewalt anstacheln. In meinem besetzten, von einem diktatorischen Regime geknebelten Land bin ich Widerstandskämpferin gewesen, aber mit der Vokabel »Terroristin« habe ich mich niemals angesprochen gefühlt. Ich kann es mir darum nicht versagen, den Wortlaut eines Leitartikels abzudrucken, den ich im Oktober 1995 für die Zeitschrift meiner Stiftung, »La Lettre de la Fondation«, schrieb.

Die man meidet wie die Pest
Heute möchte ich über Menschen sprechen, die ich kenne oder mit denen ich in Verbindung stehe.

»Wir sind für ein gleichberechtigtes Miteinander unserer beiden Völker«, schreibt mir Leyla Zana aus dem Gefängnis in Ankara. »Wir sind für die Demokratie, die Menschenrechte und eine freie Zukunft unseres Landes ... Ich wende mich an Sie als Mutter, deren Herz beim Tode jedes jungen Kurden oder Türken blutet, als ein Mensch, der glaubt, daß im Rahmen der Demokratie Kurden und Türken freundschaftlich und gleichberechtigt in der Türkei zusammenleben können.«

Ich liebe Leyla wie eine Tochter, auf die die Menschheit stolz sein kann. Ich kenne sie seit sieben Jahren; nie hat sie mich enttäuscht, weder in Tat noch Wort.

Aber auch die wiederholten Aufrufe zum Frieden jenes andern kann ich nicht einfach ignorieren oder abtun, wenngleich ich ihn nicht unterstütze, denn er hat den bewaffneten Kampf gewählt.

»Wir sind gegen die Spaltung der Türkei. Wir kämpfen um die Freiheit auf gerechter Grundlage. Es gereicht Ihnen zur Ehre, daß Sie die Wirklichkeit erkennen«, schreibt er mir. »Sie wollen ein Ende des Blutvergießens; nichts anderes wünschen auch wir.«

Solche Worte gefallen mir besser als der Wettlauf der türkischen Regierung um Waffenkäufe und die Willfährigkeit der westlichen Demokratien, die seelenruhig das Kriegsmaterial liefern, mit dem eine Bevölkerung vernichtet wird, die um ihr Überleben kämpft.

Oder jener Gesprächspartner, der andere, nämlich die

36

mexikanischen Streitkräfte, fürchtet. Unterkommandant Marcos spricht von Würde: »Ein Wort, das man in der Brust fühlt und das Männer und Frauen stolz darauf sein läßt, zum Menschengeschlecht zu gehören«, schreibt er in seiner Botschaft an die örtlichen Machthaber: »In den Friedensgesprächen bekannten die Regierungsdelegierten, sie hätten sich diese Geschichte mit der Würde lange durch den Kopf gehen lassen, sie aber nicht verstanden. Sie verlangten von den Zapatistendelegierten, sie sollten ihnen erklären, was Würde sei. Die Zapatisten brechen in Lachen aus, nach Monaten der Qual lachen sie. Ihr Lachen bricht sich an den Mauern, hinter denen der Stolz die Angst verbirgt. Das Lachen dauert noch an, als die Sitzung schon zu Ende ist, und sie lachen noch immer, als sie ihren Kameraden Bericht erstatten. Und die diesen Bericht hören, brechen in Lachen aus, das Lachen glättet die von Hunger und Enttäuschung gezeichneten Mienen. Auf den Bergen im Südosten Mexikos lachen die Zapatisten, und der Himmel läßt sich anstecken und stimmt in das markerschütternde Lachen ein. So sehr lacht der Himmel, daß ihm die Tränen kommen und es zu regnen beginnt, als sei das Lachen ein Geschenk an die ausgetrocknete Erde.«

Wie liebe ich dieses hoffnungsfrohe Lachen, das mir die Gewißheit gibt, den richtigen Gesprächspartner gewählt zu haben. Werdet ihr mir folgen, wenn ich euch bitte, eine Aktion von France-Libertés zugunsten der Chiapas-Mexikaner zu unterstützen?

Erinnert euch, wie ich vom Martyrium der Indianer in Guatemala sprach. Das war 1981/82. Oft nannte ich den Namen einer jungen Frau, die kein Mensch kannte und die dennoch von den guatemaltekischen Machthabern verteufelt wurde: Rigoberta Menchu. Damals bat ich um eure Unterstützung für ihre Vorhaben zugunsten der Witwen und Waisen der

Opfer der Untaten der Streitkräfte. Ein Jahrzehnt hat es gedauert, bis 1993 die Jury des Friedensnobelpreises ihre Verdienste anerkannte. Sie ist meine Freundin; nie werde ich ihren friedlichen Kampf verleugnen.

So sei es denn! Meine umstrittenen Partner von gestern und heute, auf die man wie auf Pestverseuchte mit dem Finger zeigt, weil sie Gerechtigkeit verlangen – erst habe ich ihnen zugehört, als sie Zeugnis ablegten; sodann habe ich mehr zu erfahren und das Warum zu begreifen versucht, und nun frage ich mich vor allem, welches Staatsinteresse, welche Staatsräson hinter solchen mörderischen Konflikten steht.

Erinnert euch: Als wir vor einigen Jahren den Dialog mit dem ANC und der PLO fortzusetzen beschlossen, galten sie noch als Menschen, mit denen man keinen Verkehr pflegt.

Aber wie wäre es ohne diesen Dialog, den wir zusammen mit einigen wenigen fortsetzten, heute um den Frieden in Südafrika und im Nahen Osten bestellt?

Nicht anders erging es den französischen Widerstandskämpfern. Um die Republik neu zu errichten, mußten sie sich zusammentun, sich gegenseitig beistehen, ins Maquis flüchten und sich verteidigen. Die erste De-Gaulle-Regierung hat mich mit der Widerstandsmedaille ausgezeichnet, mich, die ich in den ganzen Jahren der deutschen Besatzung bei einer Regierung, die mit dem Feind paktierte und kollaborierte, als »Terroristenschwein« galt. Erwähne ich diese Auszeichnung auch höchst selten, so bedeutet sie mir doch sehr viel!

Vermutlich ist dieser Teil meiner Jugend der Grund, warum es mich – bis zur inneren Auflehnung – schockiert, wenn gewisse Stimmen verlangen, Frankreich müsse der jüdischen Gemeinschaft gegenüber Abbitte leisten. Sprechen sie namens derer, die sich schuldig fühlen oder die Schuld ihrer Eltern auf sich nehmen wollen? In Erinnerung an meine zwanzigjährigen Freunde, die verschollen sind, weil sie stolz und lächelnd die Farben ihres geliebten Landes trugen, in Erinnerung an all die Namenlosen, die weder Helden noch Krieger waren, die aber anderen das Leben retteten, indem sie ihr eigenes Leben und das ihrer Familie in Gefahr brachten – wozu weiß Gott nicht viel gehörte –, in Erinnerung an all diese Menschen braucht das republikanische Frankreich keine Abbitte zu leisten, niemandem in der Welt. Dieses Frankreich hat kein Verständnis für die Kampagne aufgebracht, die François Mitterrand antisemitische Kollaboration unterstellen wollte.

Ich verstehe sehr wohl, daß es Aufgebrachte gibt, die die niedrigen Machenschaften des Vichy-Staates und seiner Handlanger bedauern – aber sie sollten sich nicht in der Zielscheibe irren. Israelische Freunde, die ich bei einem Aufenthalt im Kibbuz Kfar Hannassi kennenlernte, haben mir in Briefen ihre Sympathie bekundet. Sie, die, von Dorfbewohnern versteckt und gerettet, in der Auvergne aufgewachsen sind, haben diesen Akt der Solidarität nicht vergessen. Um ins gelobte Land zu gelangen, mußten sie 1947 die Odyssee der »Exodus« erdulden. Sie haben auch nicht vergessen, wie damals die Großmächte – einschließlich Frankreich – sie abwiesen und zwangen, weiter auf dem Meer umherzuirren, ohne irgendwo anlegen und Verpflegung aufnehmen zu dürfen; o ja, sie erinnern sich sehr wohl, daß in jenen trüben Tagen zwei einsame Abgeordnete im Palais Bourbon, Edouard Depreux und François Mitterrand, dafür stimmten, die »Exodus« unsere Häfen anlaufen zu lassen, während sich die Mehrheit dem widersetzte. Nein, sie haben nicht vergessen, und wann immer ich ihnen begegne, schlägt mir ihre ganze Zuneigung und Dankbarkeit gegenüber jenen Franzosen entgegen, die vorbehaltlos ihre Menschenpflicht erfüllt haben. »Was soll eigentlich die Polemik, die die Franzosen seit einer bestimmten Gedenkfeier im Vél d'Hiv spaltet?«[1] fragen sie mich.

Doch kehren wir zum 14. Februar 1944 zurück. In Cluny ist wieder Ruhe eingekehrt. Das böse Treiben der von Kollaborateuren und Denunzianten gelotsten Deutschen hat aufgehört. Wie die ganze Bevölkerung haben Mama, Christine und ich endlose Stunden der Angst und Ungewißheit erlebt. Trauernachrichten eilen von Haus zu Haus: Der und der ist verhaftet worden, jener hat sich ein Bein gebrochen, als er aus dem Fenster sprang, in Handschellen und humpelnd wurde er hinter den anderen hergetrieben. Wohin werden sie gebracht? Wir müssen es in Erfahrung bringen. Spontan entsteht eine Sammlung. Aber wie die warmen Kleider und die Nahrung zu dem Sammeltransport nachbringen, wohin sind sie unterwegs, die Lastwagen mit den jugendlichen Gefangenen und ihren zahlreichen älteren Leidensgenossen?
So stehen wir am Bahnhof und wissen nicht, was tun. Ein Zug fährt ein, der Bummelzug von Cluny nach Mâcon. Christine zeigt ihre Rückfahrkarte nach Paris vor; sie muß zu ihrer Arbeitsstelle zurück.
Vor Kriegsbeginn studierte sie dort Gesang in der Scola Can-

---

1 Am 16. Juli 1992 fand in Paris auf dem Gelände des ehemaligen Vélodrôme d'Hiver (Abk. »Vél d'Hiv«) eine große Gedenkfeier statt; 50 Jahre zuvor hatte unter deutschem Druck die Pariser Polizei auf Weisung des Generalsekretärs für die Polizei der Vichy-Regierung in einer Großrazzia die jüdischen Einwohner verhaftet und in der damaligen Radrennbahn zusammengetrieben, wo sie unter den unmenschlichsten Bedingungen zusammengepfercht blieben, bevor sie in Großlager gebracht und schließlich in die Konzentrationslager abtransportiert und vergast wurden. In einer öffentlichen Kampagne in Frankreich war die französische Regierung aufgefordert worden, aus diesem Anlaß »im Namen Frankreichs« offiziell bei den Juden Abbitte zu leisten. Mitterrand widersetzte sich dem mit dem Hinweis, die »Französische Republik« habe keinerlei Veranlassung, sich für die Untaten des »Französischen Staates« (so die Staatsbezeichnung des Vichy-Regimes) zu entschuldigen. (Anm. d. Übers.)

torum. Nach der fristlosen Entlassung meines Vaters konnten wir das Studium nicht mehr finanzieren. Sie mußte sich eine bezahlte Arbeit suchen, fand sie auch bei der damaligen Nationaldirektion für das Filmwesen; abends ging sie jedoch weiterhin in die Brasserie Capoulade am Boulevard Saint-Michel oder auf die Place Saint-Germain-des-Prés, wo sich die Künstler der Hauptstadt trafen und sie ihre alten Freunde und Neigungen wiederfand. Wenn ich sagen würde, ich liebe meine Schwester, so wäre das nicht der richtige Ausdruck; unser Verhältnis ist von ganz besonderer Art. Ich bin stolz auf die Bewunderung, die ihr entgegenschlägt: »Sicher ist sie schön«, sagt meine Mutter, »aber du, Danielle, hast Charakter.« – »Und du bist noch längst nicht fertig«, fügt Christine hinzu. Eifersüchtig bin ich überhaupt nicht auf sie. Je mehr man sie bemerkt, desto interessanter komme ich mir vor. Christine besitzt eine starke Ausstrahlung, von ihr geht Licht aus. Sie zieht alle Blicke auf sich, und sie weiß es auch.

Mein älterer Bruder Roger lebte damals in Brasilien und lehrte am französischen Lyzeum in São Paolo Literatur und Philosophie. Bei Kriegsbeginn wollte er sich zur Armee melden, aber die Mühlen der Verwaltung mahlten zu langsam, so daß die Einberufung erst kam, als alles schon vorüber war … Dieser Dauerprimus war für mich der Inbegriff des Erfolgreichen. Liebesheirat mit zwanzig. Schon mit neun Jahren machte er mich zur stolzen Tante. In den ersten Jahren verbrachte mein Neffe Alain einen Großteil der Zeit bei meinen Eltern. Er war für mich wie ein kleiner Bruder und eine stete Quelle der Fröhlichkeit. Doch während des ganzen Krieges blieben wir ohne Nachricht von drüben. Als wir uns Ende 1945 wiedersahen, war es wie eine Entdeckung. Als er wegging, war ich vierzehn, jetzt fand er eine verheiratete Frau und Mutter eines Säuglings vor.

Der heimische Herd zieht Christine immer wieder nach Cluny

zurück; zuerst heimlich, als Frankreich zweigeteilt war, und das war nicht ungefährlich – in der Familiengeschichte spielen ihre Erzählungen von »Kiki dem Schleicher« eine gewichtige Rolle ..., später dann mit Passierschein, als die Besetzung bis nach Süden ausgedehnt wurde. Ihr Besuch war jedesmal ein Festtag.

Diesmal aber, in diesem Februar, ist ihre Abreise überschattet von dem schrecklichen Drama, und der Abschied ähnelt eher einem Adieu als einem Auf Wiedersehen. Den Koffer an der Hand, zögert sie noch auf dem Bahnsteig. Ein Pfiff, die Türen werden geschlossen, der Zug fährt an. Traurig blickt sie aus dem Fenster des Waggons, und Mama und ich bleiben zurück in der schwergeprüften gepeinigten Stadt, als sähen wir uns nimmermehr wieder.

Der Geschmack der Kirschen

Als Christine in Mâcon den Anschlußzug nach Paris nimmt, reist mein Schicksal mit.

Sie richtet sich in einem Abteil ein, sorgenvoll. In ihre trüben Gedanken versunken, bemerkt sie den hübschen jungen Mann gar nicht, der sie aufmerksam mustert; schließlich fragt er sie nach dem Grund für ihr gequältes Gesicht und ihre traurigen Augen. Was antworten? Alles ist so verwirrt, die Bilder rutschen ineinander, eines deprimierender als das andere. Ab der Demarkationslinie hinter Chalon, als die Formalitäten für die Weiterreisenden erledigt sind, sitzen die beiden allein im Abteil. Der junge Mitreisende wird kühner, drängt sie, sich ihm anzuvertrauen. Stockend erzählt sie ihm von der Razzia in Cluny. Er hört ihr teilnahmsvoll zu. Die häufigen Halte des Bummelzugs, oft auf freier Strecke, verlängern ihre Zweisamkeit, Vertrauen stellt sich ein, und in wenigen, vielleicht unvorsichtigen Äußerungen läßt er durchblicken, daß er mit der Vichy-Regierung nichts im Sinn hat und gegen die deutsche Besatzung kämpft. Die beiden kommen sich näher. Von ihrem Kummer abgelenkt, stellt Christine fest, daß ihr dieser Reisegefährte sehr gefällt. Als sie ankommen, gibt er ihr seine Adresse. Er heißt Patrice. Erst viel später erfährt sie seinen wirklichen Namen: Roger Pelat.

Sie sehen sich wieder. Patrice spricht häufig von einem gewissen François: »Der Chef unserer Bewegung, ein außerge-

wöhnlicher Mann.« Er gesteht eine grenzenlose Bewunderung für den rätselhaften François Morland. Neugierig fragt meine Schwester:
»Und warum sehen wir ihn nie?« – »Kann ich im Moment nicht sagen, aber er wird bald kommen.«
Dann der Tag der Begegnung. François Morland kommt aus England, war zuvor in Algerien mit de Gaulle zusammengekommen. Über London ist er nach Paris zurückgekehrt und beruft sofort bestimmte Mitglieder seiner Widerstandsgruppe zu einer Zusammenkunft an einem bewährten Geheimtreff ein. Aber ein Kundschafter schlägt Alarm, der Treffpunkt ist durchsucht worden. Wohin also? Patrice fällt Christine ein. Sie hatte ihm vom Engagement ihrer Familie erzählt, »sie gehört zu den unsrigen«. So treffen sie sich in ihrer Einzimmerwohnung in der Rue Campagne-Première.
Die Besprechung neigt sich dem Ende zu. Das Nötige ist verabredet, alle stehen auf; Christine bereitet ein paar Erfrischungen. François geht im Zimmer auf und ab, da fällt sein Blick auf ein Foto, das Schwarzweißbild eines Mädchens, aufgenommen im Studio Harcourt – ein Geschenk Christines zu meinem 18. Geburtstag.
»Wer ist das?«
»Meine jüngere Schwester Danielle«, sagt Christine.
Morland betrachtet einen Augenblick lang das Foto, dreht sich dann um und wirft ihr herausfordernd hin:
»Heirate ich …«
»Na gut, ich stelle sie Ihnen an Ostern vor, falls meine Eltern sie nach Paris fahren lassen.«
»Ich habe einen Bräutigam für dich«, schreibt sie mir, »und lade dich auf ein paar Ferientage zu mir ein.« Seit jeher fühlt sich die zehn Jahre ältere Christine als meine Komplizin und gleichzeitig zweite Mutter. Ihr Brief weckt meine Neugier.

In den Osterferien 1944 fahre ich nach Paris »hinauf«. Christines »Operation Verführung« ist ein strategisches Unternehmen. Sie und Patrice organisieren ein Abendessen zu viert, bei dem ich François begegnen soll. Nun gehört einiges dazu, mich Wildfang in eine heiratsfähige Tochter zu verwandeln. Keine Friseuse und weder ihre Haarwickler noch irgendeine Pomade vermögen meinen Haarschopf zu bändigen, sobald ich beim Verlassen des Frisiersalons den Kopf schüttle. Meine Schwester schaut mich prüfend an. »Auf die Söckchen mußt du verzichten. Da, zieh diese Strümpfe an und befestige sie an dem Strapsgürtel.« Muß das sein? Mir, die am liebsten mit dem treuen, zottigen Hirtenhund Mario als einzigem Begleiter über Wiesen und Felder streift, durch die Gegend radelt und sich ins romantische Moos setzt, ist das alles zuviel. Lächerlich, jawohl, ich komme mir lächerlich vor. Ich bin doch ganz anders. Christine insistiert, ich widersetze mich. Schließlich finden wir einen Kompromiß: Ich gehe zu dem Rendezvous, aber wie ich bin, in Söckchen.

Nun sitzen wir im Restaurant Beulmans am Boulevard Saint-Germain. Christine plaziert mich gegenüber der Tür.

»Wenn er dir gefällt, zwinkerst du mir kurz zu, ansonsten zieh eine Schnute, wenn er hereinkommt. Einverstanden?«

Ich nicke. Diese ganze Inszenierung amüsiert mich nur halb. Schließlich kommt Patrice, bald gefolgt von François. Da sie im Untergrund leben, bewegen sie sich stets mit ausgesuchter Vorsicht.

Ein schneller Blick auf den »berühmten« François ... ach nein, nicht gerade einer, der das Herz einer Heranwachsenden hinschmelzen läßt. Nein, wirklich, mein erster Eindruck ist eher unerwartet – weicher Hut, Schnurrbart quer durchs Gesicht, dazu ein Mantel à la Eintänzer, der ihm überhaupt nicht steht. Weder Zwinkern noch Schnute, eher die Frage: Wer um Gottes willen ist er?

Er wird immer rätselhafter; während des ganzen Essens ist er spöttisch, bringt mich absichtlich mit ungereimten Fragen von einer Verlegenheit in die andere. Auf mein nahes Abitur geht er ein, als wollte er mein Wissen prüfen, und ich kann antworten, was ich will – jedesmal zieht er mich auf. Ich stottere, werde rot, rolle mich schließlich zusammen wie ein gereizter Igel. François, dessen schneidende Ironie einen brillanten, gebildeten Kopf, sicherlich auch ein anziehendes, aber scheues Wesen verrät, spielt mit seiner Augenblicksbeute Katz und Maus.

Nach dem Essen fühle ich mich bei den Tricks meiner Schwester, die erreichen sollen, daß François und ich allein vorausgehen, ganz und gar nicht wohl. Ich lasse es François merken, der dankbar scheint für meine Aufforderung, wir sollten uns wieder zu Christine und Patrice gesellen. Bald darauf verabschiedet er sich, er muß eine Reise vorbereiten. Patrice folgt ihm. Christine und ich gehen zu Fuß in die Rue Campagne-Première zurück. Wir plaudern über den Abend. Ich kläre sie über mein Zögern auf. »Du wirst sehen, wenn du ihn erst besser kennst, wirst du sein Feingefühl entdecken; hinter seinem Intellekt verbirgt sich ein edles Herz, eine ungeheure Großzügigkeit.« Spät in der Nacht, wir reden immer noch, klingelt das Telefon. Christine geht an den Apparat, legt nach wenigen Worten wieder auf.

»François. Er kommt her … Mehr hat er nicht gesagt.«

Plötzlich erfaßt mich Unruhe. Was bahnt sich da an?

Als er eintrifft, sagt er: »Das Zimmer, in dem ich die Dokumente für den morgigen Auftrag zurückließ, ist durchsucht worden. Man hat mich gewarnt, daß ich in eine Falle gerate. Ich muß jetzt alles reorganisieren, meinen Leuten sagen, daß wir die Treffpunkte ändern, und alle für diesen Fall geltenden Vorsorgemaßnahmen einleiten.«

Kein Zweifel, der Mann beschäftigt mich. Ich spüre seine Sorge, die nicht nur ihm selber, sondern auch den anderen gilt. Binnen weniger Augenblicke weiß er, wie er seine Kontakte umstellen muß. Ich finde ihn sehr selbstbeherrscht. Der geborene Anführer. Seine engsten Kameraden tauchen auf, gemeinsam werden die Notmaßnahmen zum Schutz der Gruppe beschlossen. Alle bewahren völlige Ruhe, sind umsichtig und ungemein tüchtig – Bernard Finifter, Jean Munier, den ich hier erstmals treffe, und natürlich Patrice. Als der Morgen graut, geht jeder seiner Wege.

Die Begegnung »per Foto« ist oft und von zahlreichen Journalisten aufgegriffen worden. Ihre vielfältigen, manchmal fantasievollen Ausschmückungen haben mich veranlaßt, meine eigene Version wiederzugeben. Bei der Niederschrift wurde mir schlagartig bewußt, daß ein Moment, ein Blick, eine Begegnung, ein durchkreuzter Auftrag den Gang eines ganzen Lebens bestimmen kann – wer weiß noch, wo, wann, bei welcher Gelegenheit das war? Fünfzig Jahre später glaube ich es zu wissen: Es war in jener Nacht.

Wieder in Cluny geht mir, ich gestehe es, François nicht mehr aus dem Sinn. Ich spreche mit meinen Eltern darüber. Vorsichtig versuchen sie, meine Höhenflüge zu dämpfen. Er ist in mein Leben getreten. Doch noch weiß ich es nicht.

Als ich auf Einladung meiner Schwester nach einiger Zeit erneut nach Paris komme, wohnt François bei einer Kusine von uns im Boulevard Saint-Germain Nr. 106. Das Dasein der aktiven Widerstandskämpfer wird immer prekärer. Von einem Informanten erfahren wir, ein Gestapomann sei ausschließlich damit beauftragt, François Morland zu verhaften. Ausgerüstet mit einem Foto, einem Paar Handschellen am Gürtel und einer Waffe in der Tasche treibt er sich von morgens bis abends auf dem Boulevard herum. Der Befehl ist eindeutig: François lebend fangen, im Fluchtfalle auf die Beine zielen, vor allem ihn zum Reden bringen... Das Fangnetz schließt sich immer enger. Jeder Gang wird zur Gefahr. François muß sich absetzen. Es wird beschlossen, daß er mit mir ins Burgund fahren und sich eine Zeitlang bei meinen Eltern verstekken soll.

Im Zug, der an jedem Bahnhof hält, spielen wir die Verliebten, damit den anderen Passagieren warm ums Herz werden soll. Wenn zwei sich soviel Liebes tun, kommt keiner auf den Gedanken, wir könnten im Untergrund arbeiten. An der Demarkationslinie hält der Zug. Scharfe Kontrollen. Jeder Reisende muß sich ausweisen und eventuelle Fragen beantworten. François flüstert mir den Namen ins Ohr, der in seinem gefälschten Ausweis steht. Die Kontrolleure sind gerissen, werfen Personen, die sich zu kennen scheinen oder miteinander reisen, unversehens die schroffe Frage an den Kopf: »Wie heißt er?« Das kleinste Zögern kann schlimmste Folgen haben.
Ein weiteres Mal ist uns das Glück hold. Während der langen Fahrt unterhält sich ein deutscher Offizier mit uns. Offenkundig findet er uns zwei Turteltauben sympathisch. Es herrscht drückende Hitze. Der Offizier nutzt den Zwischenhalt und vertritt sich die Beine auf dem Bahnsteig, wo fliegende Händler Obst feilbieten. »Papiere bitte!« François hält seine gefälschte Kennkarte einem der Kontrolleure hin, der nun eine lange Liste mit den Namen der Verdächtigen durchblättert.
Wie träge schleichen die Minuten in solchen Augenblicken, wie langsam wenden sich die Blätter, das Herz rast, und dabei muß man entspannt und natürlich wirken ... In diesem Augenblick kommt unser Reisegefährte zurück, bietet mir lächelnd

ein paar Kirschen an und sagt zu dem Kontrolleur: »Lassen Sie nur, die beiden reisen mit mir.« François und ich sind wie vom Blitz getroffen, bringen kein Wort hervor. Schließlich stammle ich einen Dank, der Offizier lächelt mir wiederum zu. Ob er ahnt, daß er uns das Leben gerettet hat?

Wie herrlich schmecken in diesem Juni die Kirschen!

Im Namen der Freundschaft

Ich weiß nicht, ob beim Lesen dieser Zeilen meine Enkelinnen Justine und Pascale als Mädchen von heute ihre Großmutter besser verstehen werden und ob die Jugend leichter
begreifen wird, wie unauslöschlich die leidvollen Kriegserleb-
nisse meine Generation geprägt haben.
In solch irrwitziger Zeit machen sich Lebenskraft und Lebens-
hunger in jedem freien Winkel breit. Noch weiß kein Mensch,
wann und wie dieser Krieg enden wird. Das Tempo der Ereignisse nimmt unablässig zu, unser Land versucht sich anzupas-
sen. Wie lange noch? Monate? Jahre?
Wir aber sind jung. Wir stehen im Alter der Liebe, und wir lieben. Manche von uns sehnen sich nach einem Leben zu zweit,
schmieden Zukunftspläne.
So feiern wir die Hochzeit von Bernard Finifter, Deckname
Bernard François, mit Arlette. Die Braut kommt aus Toulou-
se, und ihre Eltern möchten für ihre einzige Tochter ein schönes Fest – ein alles andere als einfaches Vorhaben. Der Jude
Bernard heiratet unter seinem Résistance-Decknamen eine
Katholikin. Seine künftigen Schwiegereltern kennen weder
die Herkunft noch das derzeitige Treiben ihres Schwieger-
sohns. Also findet die Eheschließung in der Kirche statt. Das
nötige Beichtzeugnis besorgt ein anderer Freund – Jean
Munier, Deckname Jean Rodin, beichtet seine Sünden unter
falschem Namen. Auch die Zeugen haben keine rechtliche

Identität; ein François Morland oder Roger Patrice ist in keinem Standesamtsregister verzeichnet (doch das ließ sich damals nicht nachprüfen).

Einzig die Braut tritt rechtmäßig in den Stand der Ehe, denn zivilrechtlich existiert ihr Ehemann gar nicht. Die Liebe indes, die ist authentisch. Die Hochzeit war schön. Und sie waren glücklich. Kurz nach Kriegsende besiegelte ein Kind ihre Verbindung. François wurde Pate – diesmal unter seinem richtigen Namen ... Doch als Jahre später ihre Liebe erkaltete, erwies es sich als unmöglich zu scheiden, was nie vereint worden war. Eine unglaubliche Geschichte: Um geschieden werden zu können, mußten sie erst einmal rechtskräftig heiraten und dazu vorher die Eheschließung mit einem Phantom annullieren lassen. Kriegswirren ...

Werde ich vermitteln können, wie stark die damals geknüpften Bande waren? Als hätten die allzeit gegenwärtige Vergänglichkeit, die Unsicherheit jedes Augenblicks und der überall lauernde Tod die Gefühlsbeziehungen intensiviert.

Der im Pariser Exil lebende russische Jude Bernard Finifter war eine Zeitlang Boxer gewesen, bevor er für Frankreich in den Krieg zog. Er geriet in Gefangenschaft und kam ins Stalag IX A in Deutschland, in dem schon François saß. Dort begann eine unverbrüchliche Freundschaft. Der stets findige Bernard kochte für die gesamte Baracke, vollbrachte mit nichts als einem Kochtopf und dem einsamen Kanonenofen, der den Raum heizte, wahre Wunder. Abends schleppte jeder etwas an: eine Handvoll Karotten, eine Zwiebel, ein paar tagsüber während der Arbeit beim Bauern geklaute Kartoffeln. Manche Gefangene bekamen Päckchen mit Speck, Zucker und anderen seltenen Köstlichkeiten. Auf Bernards »Allerlei-Gulasch« waren seine Kameraden besonders scharf.

»Schmeckte hervorragend«, sagt François, »nie habe ich später das Gericht noch mal so genossen.«

Gemeinsam mit dem Stubenkameraden und Freund Jean Munier plant François die Flucht. »Wir treffen uns in Frankreich, wenn du durchkommst.« Das erste Mal wird er gefaßt, nachdem er schon sechsundzwanzig Tage in Regen und Kälte marschiert war. Aber er läßt nicht locker, noch zweimal riskiert er den Ausbruch. Der dritte Versuch klappt. Auch seine Lagerkameraden überwinden den Stacheldraht, treffen sich schließlich in Frankreich wieder und gründen ein paar Monate später die Widerstandsbewegung der entflohenen Kriegsgefangenen.

Lieber, treuer Freund Bernard. Es waren ungewöhnliche Lebensabschnitte, Schicksale wurden zusammengeschmiedet, und diese Freundschaften hielten noch lange nach Kriegsende an. Unmittelbar nach dem Krieg sorgte der Freund, von Beruf Herrenschneider, trotz der Stoffknappheit fast aus dem Nichts für unsere Kleidung. Ich erinnere mich, wie aus einem alten Anzug ein Kostüm wurde. Er war stolz darauf, die Frau seines Freundes François einkleiden zu dürfen. Erstmals trug ich das Kostüm bei einer Algerienreise, auf der ich meinen Mann begleitete, und ich muß es jahrelang bis auf den letzten Faden abgenutzt haben. Natürlich war es kein Modell Saint-Laurent, aber ich fand es schön …
Weder die Zeit noch die Umstände konnten uns trennen. Sein Sohn Henry, ebenso die Söhne von Patrice, wurden die Freunde meiner Kinder Gilbert und Jean-Christophe, und ihre Freundschaft stärkt die unsrige bis heute. Nein, weder die Jahre noch Schmähungen können solch brüderlichen Banden etwas anhaben.

52

»Sie werden es nicht glauben, Richter Jean-Pierre, aber Ihre gemeinen Anspielungen lassen mich kalt ...«

So fließt es mir an diesem Samstag, dem 13. Februar 1993, in die gesträubte Feder.

Im daunenwarmen Bett faulenzend, blättere ich in den Zeitungen, da fällt mein Blick auf die Überschrift: »Affäre Pelat: Durchsuchung bei der COFACE«[1].

Ich lese die Geschichte von einem Hotelbau irgendwo im Ausland: »Ein Großauftrag für eine französische Firma, den der *mit dem Staatschef befreundete* Patrice Pelat vermittelt hat.«

In der Tat ein Freund, dessen Liebe zu François bis in den Tod dauerte. Aber Sie, Richter Jean-Pierre und Ihre Gesinnungsgenossen, die ihr meint, dem Staatspräsidenten schaden zu können, indem ihr *systematisch* auf die Freundschaft der beiden Männer hinweist – ihr wißt wohl nicht, daß ihr damit ein Gefühl ehrt, das euch vielleicht selbst versagt blieb, ein Gefühl, das in Krieg und Widerstand geboren wurde, als jeder von beiden Tag und Nacht seine Haut für den anderen riskierte. Darum sind diese Freundschaften so stark, was immer die Wechselfälle des Lebens bringen. Sie sind sogar unauflöslich.

Können Sie, Richter Jean-Pierre, denn überhaupt begreifen, welcher Art die so eingegangenen Beziehungen sind? Wenn nicht, ist es Ihr eigener Schaden.

Ich fahre in der Lektüre fort: »Der von der COFACE zu bestimmten Bedingungen garantierte Auftrag ...«

Und weiter: »Der Verwaltungsrat dieser selben COFACE (Mehrheit und Opposition im trauten Verein) erklärt, an dem Dossier sei nichts auszusetzen, die Anleihen seien zurückbezahlt, und Ende gut, alles gut.«

---

1 »Le Monde«, 13. Februar 1993. (Die COFACE ist die staatliche Ausfuhrkreditversicherung.)

Schließlich: »Selbst wenn der Richter sein Ziel verfehlt haben sollte, dürfte die Affäre für Pierre Bérégovoy ziemlich peinlich werden.« Genau das, Richter Jean-Pierre, mal schnell die Zielscheibe gewechselt und auf den amtierenden Premierminister geschossen!

»Er war so unvorsichtig, sich von Roger Patrice Pelat zinslos eine Million Franc geben zu lassen«, werfen Sie ihm vor.

Armer Richter, der Haß macht Sie blind, verschließt Ihnen das Herz und jeden Zugang zu Empfindungen wie Freundschaft, Brüderlichkeit und Hilfsbereitschaft. Wie könnten Sie auch nur entfernt ahnen, was Patrice zu dem großherzigen Menschen werden ließ, der er stets geblieben ist, und der eines Tages ebenso stolz wie erstaunt feststellte, daß er reich geworden war, sehr reich sogar, so reich, daß er seinen Freunden ohne zu rechnen helfen wollte?

Ich aber, ich habe ihn während des Krieges, unter Vichy-Regierung und Besatzung, gekannt.

Er saß mit François in Deutschland im Gefangenenlager. Ihr, die ihr meint, der eine müsse sich des anderen schämen oder für dessen Freundschaft bestraft werden – wißt ihr, wie sie sich kennengelernt haben? Sie suchten sich gegenseitig die Läuse ab. Jawohl, Patrice war für die Entlausung zuständig, und so sind sie sich begegnet.

Patrice stammte aus einer Arbeiterfamilie, war Schlachtergeselle, bis er sich zum Spanienkrieg meldete. Vom Kampf gegen den Faschismus war es nur ein Schritt zur Verteidigung seines Landes, und danach ging er ganz selbstverständlich in den Widerstand. Schnell brachten ihm sein Mut und seine Hingabe bei den Untergrundkämpfern eine führende Position ein. Meine Eltern haben ihn gekannt und geliebt.

Meine Motorradfahrten mit Patrice während der Besatzung waren denkwürdig. Wir fuhren über die Dörfer, mußten aufpassen, daß uns keine deutsche Wagenkolonne und kein

Dienstfahrzeug der Miliz in die Quere kamen. Wir waren auf der Suche nach einem Stück Speck oder Butter, um den mageren Speisezettel auf Lebensmittelmarken etwas aufzubessern. In diesen dunklen Stunden hat Patrice Licht in unser Dasein gebracht. Besser als sonstwer verstand er es, die Bauern zu beschwatzen, bis sie sich des Loses »der armen und ohne Bezüge fristlos entlassenen Beamten wie ihr Vater« (er deutete auf mich) erbarmten, »die nichts zu nagen und zu beißen haben. Niemanden hat er, dem er Philosophieunterricht geben könnte. Stellen Sie sich vor, nur eine einzige Schülerin hat er noch, seine Tochter, und wie soll sie ihr Examen schaffen, wenn sie hungert?« Fast immer gelang es ihm, ein Lächeln hervorzuzaubern, Mitleid zu erregen, zu überzeugen.

Ich saß rittlings hinter ihm auf unserem fehlzündungsknatternden Motorrad, mein weiter Rock wurde zum Känguruhbeutel, in dem ich die Ernte versteckte, die wir mal zusammengebettelt, mal käuflich erstanden hatten: ein wenig Mehl, ein wertvoller Happen von einem schwarzgeschlachteten Schwein, ein paar Eier. Mit windverwehten Haaren und oft jauchzendem Herzen blickte ich über Patrice' Schulter auf die Straße vor uns. Er wandte sich um:

»*Ausgueneguenewhole*!« rief er unsere Parole. »Bist du in Ordnung?« – »Bin ich.« Natürlich wußten wir, wie gefährlich die Rückfahrt war, aber wir waren glücklich.

Stets in seinem Leben war er da, wenn es galt, jemanden aus größter Gefahr herauszupauken; kein Risiko konnte ihn schrecken in den düsteren Jahren.

Können Sie verstehen, Richter Jean-Pierre, daß Patrice Pelat als Freund kein Klotz am Bein ist, sondern eine Auszeichnung?

Nach dem Krieg trennten sich unsere Wege. Er heiratete ein begütertes Mädchen, hatte überdies die Chance, ein Patent zu nutzen, das ihn unter die erfolgreichen Firmenchefs katapultierte. Er verkehrte in anderen Kreisen als wir.

Höchstens ein Weihnachtsgruß oder hie und da eine Ansichtskarte durchbrachen die langen Jahre der Trennung, genauer: Entfernung. Sein industrielles Umfeld hatte für die Linkspolitik, die François verkörperte, nichts übrig, und als wir uns dann doch gelegentlich wiedertrafen, schienen unsere Auffassungen immer weiter auseinanderzuklaffen.

1959, nach dem zur »Observatoire-Affäre« umfunktionierten Anschlag, gehörten die ausgefallensten und böswilligsten Anspielungen zum Stadtgespräch. Diese Diffamierungskampagne, ein wahres Komplott, das angezettelt wurde, um »dem störenden politischen Gegner« die Ehre abzuschneiden, ließ Patrice aufbegehren, und er nahm genau diesen Augenblick der Widrigkeiten und des Verrats zum Anlaß, seine Treue und Freundschaft zu François unter Beweis zu stellen.

Seither hat er uns nie wieder verlassen. Das also, Herr Richter, ist in wenigen Strichen Patrice Pelat, und darum bin ich stolz auf seine Freundschaft.

Dieser Mann gab ohne Gegenleistung, es kam ihm überhaupt nicht in den Sinn, auf die materiellen Schwierigkeiten seiner Freunde zu spekulieren. Sie und Ihre Gesinnungsgenossen haben ihn überzeugt, seine Freundschaft zu François könne dem Staatspräsidenten schaden. Und so habt ihr ihn in die Verzweiflung getrieben.

Doch kehren wir ins Jahr 1944 zurück. Ans Abitur verschwendete ich kaum noch einen Gedanken. Dabei stand der Examenstermin unmittelbar bevor. Am 6. Juni war es soweit.

Man stelle sich vor: Am Tag der alliierten Landung sitze ich in einem Klassenzimmer im Lycée Saint-Rambert in Lyon. Einen Aufsatz soll ich schreiben über Psychologie, Moral, Logik oder Empirismus. Meine Kameradinnen konzentrieren sich, machen eine Gliederung, geben sich alle Mühe. Ich entscheide mich für den Empirismus. Bloß – meine Gedanken sind woanders. Wie mag es den Untergrundkämpfern ergehen? Letzte Nacht gab es schwere Zusammenstöße ... Wie viele Verwundete? An die Toten will ich gleich gar nicht denken ... Und was passiert in der Normandie an diesem Tag X? Schließlich liefere ich meinen Aufsatz ab.

Wer beschreibt mein Erstaunen, als ich am Ausgang einen Verbindungsmann der Widerstandsgruppe vorfinde. Eiligst schiebt er mich in einen Zug, damit ich einer drohenden Verhaftung entgehe.

Unter den bei einem Maquisard beschlagnahmten Sachen hatte sich ein Foto von mir befunden, es war nicht auszuschließen, daß man deswegen meine Eltern mit der Widerstandsgruppe der entflohenen Kriegsgefangenen in Zusammenhang brachte.

Von Examen und Prüfungsarbeiten kann keine Rede mehr sein. Ich tauche unter. Meine chaotischen Schuljahre sind vorbei. Adieu, Philosophie-Abitur ...

Das Maquis von Cluny ist sehr aktiv. Von den Amerikanern mit Waffen versorgt, wird es gemeinsam von einem Engländer und unserem Chef Jean-Louis Delorme kommandiert. Die Nachrichten über den Vormarsch der Alliierten geben uns Auftrieb, und die Deutschen sind außer sich, daß ihre Fahrzeugkolonnen jedesmal geplündert werden, wenn sie die Anhöhe des Bois Clair wenige Kilometer außerhalb von Cluny passieren. Sie unternehmen Strafexpeditionen gegen die Stadt, die unsere Leute um den Preis vieler Verwundeter zurückschlagen. Da sie das Krankenhaus nicht mehr aufnehmen kann, ohne die zivilen Kranken zu gefährden, richten wir in einem einsam stehenden Landhaus ein Notlazarett ein. Ich biete meine Dienste an. Einige Wochen gehen ins Land.

Waren wir unvorsichtig? Man hat uns aufgespürt und denunziert, wir müssen schleunigst weg, bevor Gestapo und Miliz anbrausen. Die Verwundeten werden in Lieferwagen verstaut, und nach einer Nacht des Versteckspielens in Wald und Hohlwegen flüchten wir in einen Gutshof, dessen verlassene Wirtschaftsgebäude uns als neues Lazarett dienen.

Wir zwei Mädchen, das eine achtzehn, das andere neunzehn Jahre alt, sind für die uns obliegende Aufgabe überhaupt nicht ausgebildet, aber unser Pflichtgefühl läßt uns kaum noch die Zeit zum Schlafen.

Ein Schwerverwundeter liegt im Koma, wir wechseln uns in der Wache ab, aber in unserer Sorge bleiben wir oft genug beide bei ihm, bis wir vor Müdigkeit umfallen.

Jean-Louis Delormes Anwesenheit wirkt beruhigend; auch er ist jemand, zu dem man aufblicken kann.

Wenn ich auf der Straße von Cluny nach Massilly an der kleinen Gedenksäule vorbeikomme, die gegenüber der Auberge du Pont de Cotte für ihn errichtet wurde, wird jedesmal die gleiche Erinnerung lebendig.

Es war an einem Nachmittag.

»Jean-Louis! Ich muß nach Cluny runter zu meinen Eltern, jemanden treffen.«

»Wenn du willst, begleite ich dich und paß auf dich auf; steig in den Lieferwagen.«

Unterwegs:

»Triffst du dich mit einem Liebhaber? Wer ist es?« »Kann ich dir nicht sagen. Ein Freund meiner Eltern kommt vorbei.«

»Na komm, spiel' nicht die Geheimnisvolle. Wie heißt er?«

»François, den Nachnamen kenne ich nicht …«

Als wir am Gartenzaun ankommen, erblickt er François, und wer beschreibt mein Erstaunen, als er ihm zuruft: »Salut, Mitterrand, was machst du denn hier?«

58

Jean-Louis hatte François 1940 an der Ardennenfront kennengelernt, sie waren im gleichen Regiment. Hätten sie, die die Zufälle des Lebens auseinandergeführt hatten, sich je einfallen lassen, daß sie sich eines Tages im Burgund wiedertreffen würden, weil eine junge Widerstandskämpferin aus Cluny den einen von ihnen erobert hatte?

Niemand kann Jean-Louis vergessen. Er wurde in Villefranche-sur-Saône getötet, als er die Eisenbahnbrücke über die Ave Maria in die Luft jagte. Das war wenige Wochen, bevor die Region von den Truppen unter Marschall de Lattre de Tassigny befreit wurde, die dank der Aktionen von Untergrundkämpfern wie Jean-Louis erheblich schneller vorankamen.

»Absolut«, »unerbittlich« – vielleicht sind diese kritischen Attribute, die mir angeheftet werden, gerechtfertigt. Aber in jener Zeit habe ich erfahren, welch noble Steigerung Gefühle und Wertvorstellungen erfahren können – bis zum Opfer des eigenen Lebens.

Es geht mir alles zu schnell

Muß ich wiederholen, daß im Krieg nichts normal ist, daß permanenter Ausnahmezustand herrscht, daß sich immer wieder das Unglaubliche abspielt? Auch eine Liebesgeschichte mit einem Unbekannten unterliegt diesem Gesetz des Unwahrscheinlichen und Nichtvorhersehbaren.

Ich werde mitgerissen von einem Strom der Ereignisse und Empfindungen, wie ich sie mir in Friedenszeiten nie hätte ausdenken können.

Meine Gefühle schwanken zwischen Ängsten und Begeisterungsausbrüchen, Verzweiflung und Aufbegehren, furchtsamem Harren und Jubel der Begegnung.

Angefangen hat das alles bei meiner Rückkehr aus Paris nach jenem surrealistischen Diner und der unruhigen Nacht.
Wieder zu Hause in Cluny:
»Sag mal, der Bräutigam, den dir deine Schwester ausgesucht hat, wie ist er?«
»Ein Mann ist er«, sage ich.
»Wirklich? Warum sagst du das?«
»Na ja, weil …, weil er eben ein Mann ist.«
»So?«
»Ich meine, daß meine anderen Verehrer noch Jungen sind. Pierre zum Beispiel.«
»Aha!« sagt meine Mutter und läßt es dabei bewenden.

Die Mädchen der Gegend suchen sich ihren Ehemann oft unter den Studenten der Ingenieurhochschule, die in den Gebäuden der Abtei von Cluny untergebracht ist. Nach dem Unterricht bummeln beide Seiten wochentags, samstags und sonntags in der Abenddämmerung durch die engen, mittelalterlichen Straßen, laufen einander zufällig über den Weg. Verstohlene Blicke werden ausgetauscht, es kommt zu scheuen Annäherungen, man verabredet ein Stelldichein. Auch ich entgehe, wenn ich mit meinem zottelhaarigen Hund Mario durch die Umgebung ziehe, den üblichen Begegnungen nicht. Ein paar Komplimente über meinen Weggefährten, und schon kommt es zu einer Unterhaltung mit einem hübschen, wohlerzogenen und zurückhaltenden Jungen. Höflich begleitet er mich bis zur Haustür. Unterwegs bewegen sich heimlich die Vorhänge. »Na sieh mal, die kleine Gouze hat ihren Jungingenieur gefunden«; die Ehestifterinnen der Kleinstadt haben ihr Thema.

Es war bestenfalls ein Flirt, der ein paar Monate anhielt. Um der Arbeitszwangsverpflichtung zu entrinnen, mußte er sich verstecken und häufig den Aufenthaltsort wechseln; aus Pougues-les-Eaux im Departement Nièvre, dann aus der Umgebung von Saint-Etienne und weiß ich woher, schrieb er mir von Zeit zu Zeit ein paar verliebte Zeilen.

Doch am liebsten flirtete ich mit meinen Träumen. Ich bestieg die Märchenrosse aus hochromantischer Lektüre, stellte mir Liebende vor, allesamt unvergleichlich schön, stark und geistvoll. Mario, mein Vertrauter, war fast zu Tränen gerührt.

Welch ein Glück, sich so einer Welt zu entwinden, deren Wirklichkeit nur allzuoft grausam, blind und brutal ist.

Meine Enkelinnen erleben ihre Jugend wie ihre Altersgenossinnen – befreiter, wie sie meinen, weil sie aufgeklärter sind, realistischer auch –, aber ich weiß, daß sie mich verstehen, und manchmal glaube ich bei ihnen eine neidische Sehnsucht nach meinen Erlebnissen zu spüren.

Zwischen François und mir hat sich aus den unwahrscheinlichsten Erlebnissen eine Geschichte gewoben, die für mein Gefühl zu schnell voranhastet.

Schreck in der Abendstunde im Restaurant Le Tonneau in Mâcon: Eine Salve aus einer Maschinenpistole streckt die Passanten auf dem Gehsteig genau auf der Höhe des Fensters nieder, an dem wir sitzen.

Jetzt heißt's auf und davon, denn die Gäste werden mit Sicherheit kontrolliert, und dann sind wir besser nicht mehr da. Eine Hintertür, wir steigen über leblose Körper, rennen in der Dunkelheit, was das Zeug hält zum Bahnhof, fliehen im Nachtzug nach Paris.

Das Untergrunddasein führt uns in zahlreiche geheime Kontakte, wir wollen sie gemeinsam halten, auch wenn wir uns erst seit kurzem kennen.

Bald schon läßt François erkennen, daß er mehr will als einen kleinen Flirt. Eines Tages weiht er mich in seine Absichten ein. Wir sind in Cluny, fahren mit dem Rad zu einer Kusine. An einer Steigung müssen wir absteigen und das Fahrrad schieben.

»Wie stellst du mich deiner Kusine vor?« »Als *mein François*.«

»Aha. Und warum nicht *mein Verlobter*?« Ich weiß, was er meint. »Mein François« reicht ihm nicht; das hätte auch bloß ein Augenblicksgefährte sein können. Als wir bei der Kusine eintreffen, stelle ich ihn also als »meinen Verlobten« vor, aber in meinem Innern bin ich unsicher. Will ich das wirklich?

Alles geschieht im Eiltempo. Jeden Augenblick kann das Leben zum Stillstand kommen, und doch jagt es dahin.

Nachdem er sich mir erklärt hat, beschließt er, um meine Hand anzuhalten. Meine Eltern laden ihn zum Essen ins

Restaurant ein. Mein Gott, wenn ich daran denke! Wir haben kaum Geld, und das Restaurantessen ist miserabel; Steckrüben und Pferdekartoffeln – an Schmackhafteres kann ich mich nicht erinnern.

Während des Essens empfinde ich wieder, daß mir alles aus den Händen gleitet, über mich weggeht. Ich mache doch erst Abitur, lasse doch gerade erst eine geborgene Kindheit hinter mir, und schon will ein Mann mich zur Frau. Ich möchte auf die Bremse treten. Fühle, daß wir ins Schleudern geraten. Da sitzt er und redet von seiner künftigen Familie, ich sehe mich mit ihm verheiratet – dabei kenne ich ihn doch noch kaum. Es geht mir alles zu schnell. Als er sich meinen Eltern förmlich erklärt, benehme ich mich so gräßlich wie möglich. An dem Abend geht er todunglücklich weg.

Meine Eltern verstehen mich nicht. Mein Vater hat sofort gemerkt, daß François kein gewöhnlicher Mensch ist. Er meint, ich sei noch ein Kind, benähme mich kindisch. Hin- und hergerissen bin ich, möchte den Gang der Ereignisse verlangsamen und doch mich tragen lassen von der Woge dieser außergewöhnlichen Zeit. Nach François' Abreise bedauere ich mein Verhalten. Ich will ihm keinen Kummer bereiten, ihm, der jeden Augenblick sein Leben riskiert. In einem langen Brief, den ihm meine Schwester zukommen läßt, entschuldige ich mich und erkläre ihm meine Angst, mein Leben könnte sich überstürzen. Dazwischen frage ich mich manchmal, was François an mir findet? Ist es meine Spontaneität, die ihm gefällt? Hat er eine Enttäuschung hinter sich? Aber vielleicht ist er auch einfach in mich verliebt.

Einmal hatte ich im Spaß zu meiner Mutter gesagt: »Ich heirate an meinem zwanzigsten Geburtstag.« Ich war neunzehneinhalb. »Na, dann finde mal schleunigst einen Bräutigam; zum Heiraten braucht man zwei.«

Nun sind wir zwei. Und da er mich heiraten will, setzen wir den Hochzeitstag auf den Vorabend meines zwanzigsten Geburtstags fest, den 28. Oktober 1944. Doch jetzt, im Juli, weiß kein Mensch, wie es weitergehen wird. Wird Frankreich bis dahin befreit sein? Sicher, die Invasion hat inzwischen stattgefunden, aber die Befreiung Frankreichs kann noch so lange dauern wie der Widerstand der deutschen Truppen, die in einigen Regionen noch sehr gut organisiert sind; die schweren Kämpfe halten an.

In Cluny durchleben wir schreckliche Stunden. Der örtliche Widerstand hat die Botschaft vom 6. Juni falsch ausgelegt. Darin wurde die alliierte Landung angekündigt, und in der Überzeugung, die Stunde der Befreiung habe geschlagen, haben die Maquisards ihre Deckung verlassen, die Stadt und Umgebung befreit und die Kollaborateure verhaftet. Wir leben frei, aber in einer umzingelten Sackgasse. Es fällt immer schwerer, die Stellung zu halten. Am 14. Juli erhalten wir aus der Luft Waffen und Munition in Mengen. Das kommt uns sehr zustatten, denn am 11. August unternehmen die Deutschen eine Strafexpedition gegen Cluny. Nach einem Bombenangriff, der die Stadt verwüstet, greifen sie an.
Als die erste Bombe fällt, flüchten die Bewohner in die umliegenden Hügel. Das hätte noch viel dramatischer ausgehen können, denn die erwartete Unterstützung der benachbarten Maquis läßt auf sich warten. Am Ortseingang tauchen die Panzer der Wehrmacht auf, werden von Kundschaftern durch den Tunnel zum Bahnhof gelotst. Glücklicherweise treffen endlich die Widerstandskämpfer von Creusot und Montceau-les-Mines ein. Wir schlagen die feindliche Offensive zurück.
Bei einem gefangengenommenen deutschen Soldaten finden wir eine Generalstabskarte. Darauf ist Cluny mit der-

selben Markierung versehen wie Oradour-sur-Glane. Erst später kommen wir darauf, welches Schicksal uns zugedacht war: Oradour wurde dem Erdboden gleichgemacht, sämtliche Einwohner wurden in der Kirche zusammengetrieben und diese angezündet; übrig blieben nichts als verkohlte Leichen.

Sitzt uns der Schreck nicht noch in den Knochen, wenn wir an das Martyrium denken, das nur allzu viele Dörfer durchlitten? Ich nenne stellvertretend das Leid von Dun-la-Place im Morvan, dessen wir jährlich am 26. Juni gedenken; seit 1947 waren jedesmal François oder ich dabei.

Als die Gefahr vorüber ist, kehren wir in unser Haus zurück, das die Bomben zum Glück verschont haben.
Und was sehen wir? Der Krieg macht das Unwahrscheinlichste wahr: Vor der Tür steht als hilfreicher Freund, der immer da ist, wenn es kritisch wird, Jean Munier in Begleitung seiner jungen Frau Ginette. Inmitten eines Bildes der Verwüstung, wo die Brände noch qualmen, die Häuser um die Kirche nur noch klaffende Mauern sind, zahlreiche Leichen am Straßenrand liegen, Familien ihre Toten beweinen, viele vor dem Nichts stehen ... sind da Jean und Ginette, die der besorgte François hergeschickt hat, mit ihren Fahrrädern. Sie wollen mich abholen und nach Dijon bringen: »In einer Großstadt bieten die Keller mehr Schutz vor den heillos zurückströmenden deutschen Truppen und dem schnellen Vormarsch der Befreier.«
Die Truppen von General de Lattre de Tassigny rücken entlang des Rhônetals vor. Meldungen und Dementis schüren die Ungewißheit. »Jean, hol' meine Braut und bring' sie in Sicherheit«, hat François gebeten.
Noch heute rede ich manchmal über jenen Tag mit unseren

Freunden Jean und Ginette, die gleich neben Latche, vierzehn Kilometer von unserem Haus in den Landes entfernt,
wohnen.
In diesem heißen, schrecklichen Monat August 1944 bringen
sie mich zu Jeans Eltern in Dijon. Hundert Kilometer mit dem
Fahrrad! Aber das ängstigt uns weniger als die gefahrvollen
Begegnungen und Kontrollen unterwegs. Zumal ich unvorsichtigerweise in mein Reisebündel eine heißgeliebte Bluse
aus Fallschirmseide gesteckt habe. Woher ein solcher Stoff
einzig kommen kann, weiß jeder sofort! Gott sei Dank, die
Schwarzmarktkontrolle bemerkt den verräterischen Stoff
nicht, den Jean im letzten Augenblick geschickt versteckt hat.
Am Abend sinken wir in einer Scheune am Straßenrand von
Müdigkeit und Erregung völlig erschöpft in traumlosen
Schlummer.
In Dijon setzt mich Jean, bevor er zum Widerstand zurück-
kehrt, in der Belle Hortense ab, einer Wäscherei, die seine
Eltern betreiben. Der am Ufer der gemütlich dahinplät-
schernden Ouche liegende Platz wird mir zur tröstlich kühlen-
den Zuflucht. Gebannt lauschen wir den Nachrichten und
warten auf die Ankunft der alliierten Befreier. In der Tat
befreien am 25. August die Soldaten Leclercs die Hauptstadt,
die sich vor über einer Woche erhoben hat. Der Nationalrat
der Aufständischen wird eingesetzt, der nun das Eintreffen
der Exilregierung aus Algier erwartet.

Mit dem Aufbau des Ministeriums für die ehemaligen Front-
kämpfer, Kriegsgefangenen und Deportierten beauftragt,
läßt sich François mit den Truppen des Obersten Patrice
(Pelat) im Gebäude der Rue Meyerbeer Nr. 3 nieder. Sich
dort auch zu halten, ist alles andere als einfach in einer Stadt
in völliger Auflösung. Ein Teil der Besatzer flieht, andere, die
ihre Niederlage nicht eingestehen wollen, postieren sich als

Heckenschützen auf den Dächern und lassen die noch verschüchterten Pariser zu Hause Deckung suchen.

Bei meinen Freunden im Burgund markieren wir die jeweilige Stellung der Truppen de Lattres mit Stecknadeln auf der Landkarte. Sie rücken näher. Wenige Stunden vor Ankunft des ersten Panzers wird die Stadt von der feindlichen Luftwaffe bombardiert, die zwar zusehends schwächer wird, aber immer noch gewaltige Schäden anrichten kann.

Endlich, am 11. September, erreichen die Alliierten die Stadt. Aus allen Fenstern hängt die Trikolore; Dijon flaggt. Beim Anblick deutscher Nachzüglerpanzer fährt manchem der Schrecken in die Glieder, hat er doch gerade seine Armbinde angelegt, die ihn als Widerstandskämpfer ausweist.

Endlich kann sich die Wonne dieser unvorstellbaren Stunden Luft machen; ungläubiges Staunen mischt sich mit Freudenausbrüchen; auch Rachsucht und Abrechnungswut lassen nicht lange auf sich warten. Die Schlimmsten sind freilich oft jene, die erst in letzter Minute zum Widerstand gestoßen sind.

So ist die Welt gebaut.

Dieses Auto mit offenem Verschlag, das zwischen den Panzern fährt ...? Vom Fenster der Wäscherei aus folge ich ihm mit den Augen, es läßt mich nicht los. Wer ist das bloß, der da winkt?

Wem gilt sein Gruß? Mir?

Aber ja doch, mir. »François!« Es ist François in Begleitung von Jean. Endlich endet dieser Krieg, der uns seit den Stunden unserer ersten Begegnung stetig begleitete. Überglücklich wandern François und ich durch die ausgelassen feiernde Stadt. Doch angewidert von gewissen Auswüchsen, ziehen wir es vor, die Freude der wiedergefundenen Freiheit – und der überwundenen Ängste – im Familienkreise zu feiern. Diese wundervollen und zugleich barbarischen Szenen sind in so vielen Texten und Bildern geschildert worden, daß ich dem Leser meinen Bericht darüber erspare.

Die Einnahme von Dijon bedeutet den Zusammenschluß der von der Normandie über Paris anrückenden Befreier mit den vom Mittelmeer vorstoßenden Truppen. Der Weg zwischen Paris und Marseille ist frei. Wiedersehensfreude und Glück überstrahlen die Erzählung von François über die Straßenkämpfe, die erste Sitzung des Aufständischenrats und sein nur eine Woche altes Ministerium. Die Euphorie trägt mich fort, ich bin stolz auf ihn, glücklich, mit ihm diesem Alptraum aus Angst, Explosionen und allem, was der Krieg sonst mit sich bringt, entronnen zu sein.

»Ich muß wissen, was aus meinen Eltern geworden ist. Könnten wir zu ihnen fahren, nachdem der Weg jetzt frei ist?«

Sie sind unbeschadet davongekommen. Alles in Ordnung. François wird in Paris erwartet, er muß wieder hin. Aber vorher noch denkt er an die Vorbereitungen für die Hochzeit, die in Paris stattfinden soll. Fünf Wochen noch bis zu diesem großen Tag.

Irgendwann nach meiner Abreise sieht Mama meinen einstigen Verehrer aus Saint-Etienne auf dem Motorrad vorfahren. Vor dem Haus steigt Pierre ab.

»Guten Tag, Madame, ist Danielle da?«

»Nein, sie ist nicht da.«

Mit dem breitesten Lächeln fährt er fort:

»Ich wollte Sie um Erlaubnis bitten, sie mitzunehmen und meinen Eltern vorzustellen« …

Auch dies einer der Wechselfälle des Krieges, der die einen zusammenführt und andere trennt. Segen? Fluch? Ich hätte in einer anderen Familie glücklich werden können, aber … Ich bedaure nichts.

Mit Christine arbeite ich mein Programm für die Feierlichkeiten aus. Ihre Schneiderin, Madame Bideau, fertigt mein Hochzeitskleid an: schwere weiße Seide aus den sorgsam gehüteten Reserven, großer weißer Tüllschleier und ein Strauß Edelweiß. Genau so, wie es sich ein Mädchen erträumt für die Hochzeit mit dem, der fortan ihr Erwählter ist.
Paris gehört uns. Wir besitzen nichts, und alles ist möglich.

Der 28. Oktober war mein erster Tag als Frau. Einundfünfzig Jahre danach bin ich immer noch überrascht, mit dem Manne verbunden zu sein, den ich erwählt habe für gute wie für schwere Tage.

Zweiter Teil
1945 – 1981

Ich bekenne, daß ich gelebt habe –
mit François Mitterrand

»Was liest du?«

»Aux frontières de l'Union française[1].«

»Warum? Die Geschichte ist doch überholt; was suchst du darin?« – »Ein paar Etappen meines Lebens.«

Was habe ich damals gemacht, als die Welt ihre Richtung änderte, die Kolonialreiche zerbrachen, sich die menschlichen Beziehungen radikalisierten?

Wie fand inmitten der Ereignisse jener Nachkriegsjahre die unter dem Tod ihres ersten Säuglings leidende Kindfrau und Gattin eines Politikers einen Platz, ihren Platz?

Wann schärften sich mit der Lust an der Begegnung mein Urteil und meine Weltkenntnis, wann keimten in mir erste Vorideen von »France-Libertés«? War es zur Zeit der Französischen Union oder schon früher?

Lesend, nachdenkend und im Gespräch suche ich Antwort auf immer die gleiche Frage: Kann ich zurückblicken auf eine Vergangenheit, die reich war an Eindrücken und Empfindungen – solchen, die ihre Bestätigung erfahren in Gedanken, im Widerspruch oder auch in neuer Energie nach kurzer Verzagtheit? Oder empfinde ich an der Schwelle zu meinem letzten

---

1 Titel eines 1953 erschienenen Buches von François Mitterrand (»An den Grenzen der Französischen Union«; letztere umfaßte das Mutterland, die Überseedepartements und Überseeterritorien sowie die assoziierten Gebiete und Staaten).

72

Lebensabschnitt Verdruß und Enttäuschung, weil ich meine Zeit mit Nichtigkeiten vertrödelt, sie an Unwertes verschwendet habe, trauere ich verpaßten Begegnungen nach?
Hätte ich alles besser oder schlechter machen können? Hätte ich mich mehr fügen sollen oder mehr aufbegehren?
Bin ich an den Scheidewegen meinem eigenen Streben gefolgt, oder habe ich mich führen lassen?
Was hätte ich aus meinem Leben gemacht, hätte ich François nicht erwählt?

Nach dem äußeren Anschein hatten François und ich wenig gemein. Es bedurfte eines Krieges, einer Invasion, der Gefangenenlager und des Widerstandes, um zwei Wesen zusammenzuführen, die weder äußerlich noch innerlich dazu bestimmt schienen, daß sich ihre Wege kreuzten.
Charente – Burgund: Unsere Heimatregionen liegen weit voneinander entfernt. Im ersten Drittel dieses Jahrhunderts mußten wir, als mein Vater in Dinan tätig war, um mit dem Wagen von Cluny quer durch Frankreich in die Bretagne zu gelangen, unterwegs in Montrichard übernachten, im Schwarzen Bock oder Weißen Kreuz – ich weiß es nicht mehr …
Nach der Schulzeit schrieb sich der Begabteste der Mitterrands an der Pariser Universität ein; ich war jünger und noch in der Schule; mein Studienort wäre Lyon gewesen. Da ich zwölf Jahre nach Roger und zehn Jahre nach Madeleine (die sich später Christine nannte) zur Welt kam, wuchs ich wie ein Einzelkind auf; François war das fünfte Kind einer zehnköpfigen Großfamilie.
Wir kamen aus völlig verschiedenen Milieus: Ich war die Tochter eines Freidenkers, er genoß eine religiöse Erziehung; auch das war – obwohl beiderseits großzügige Anschauungen herrschten – nicht dazu angetan, uns einander näherzubringen.

Und während ich unter der Ungerechtigkeit, der Unduldsam-
keit, der Willkür und dem grausam herrschenden Gesetz des
Stärkeren litt, überwand der Kriegsgefangene François im
Stalag IX A den natürlichen Hang zum »Jeder ist sich selbst
der Nächste« und beteiligte sich mit ein paar anderen an der
notwendigen Lagerorganisation, damit alle in Würde die
Gefangenschaft überstehen konnten. Brote, Päckchen und
Gemeinschaftsdienste wurden gleichmäßig und gerecht verteilt ... Die buntgewürfelte Gruppe wurde zum Embryo einer
geordneten Gesellschaft, wuchs unter prekärsten Umständen
nach und nach zu einer menschlichen Wertegemeinschaft
zusammen.
Es folgten Flucht und Entlassung aus dem Kriegsdienst, ein
kurzer Aufenthalt in Vichy, wo François Päckchen für die
Kriegsgefangenen packte; so lernte er bald schon die Leute
kennen, die falsche Kennkarten herstellten, Fluchtwege kar-
tographisch skizzierten und wußten, wie man beides in einem
harmlosen Lebensmittelpaket versteckt. Diese Kontakte öff-
neten ihm die Türen zum Widerstand. Und siehe da, plötzlich
befanden wir uns auf dem Terrain, das uns zusammenführen
sollte.
Wir stammen aus verschiedenen Regionen. François fühlt sich
in der Welt der von hohen Mauern umstandenen Dorfhäuser
des Saintonge[2] zu Hause, wo man sich in diskreter, vielleicht
überdiskreter und ein wenig prüder Zurückhaltung hinter
Fensterläden verbarrikadiert, deren zwei aneinandergelehnte
Flügel kaum einen Lichtstrahl durchlassen.
Bei uns im Mâconnais zeigen zwar auch bemooste Steinmau-
ern die Grundstücksgrenzen an, aber sie lassen die Ereignisse
und Vorkommnisse hemmungslos durch, und während sie

---

2 Im oberen Aquitanischen Becken an der französischen Westküste gelegenes histori-
sches Gebiet, heute etwa Charente-Maritime. (Anm. d. Übers.)

»ihren Garten machen«, raunen sich die Nachbarn den neuesten Dorfklatsch zu. Auf unserem Weg zueinander haben wir alles über den Haufen geworfen, was uns vorbestimmt schien, und schlugen unsere Zelte dort auf, wo es keinerlei Einfriedung gibt: mitten im Wald. Lächeln Sie nicht über diese Bemerkung, wenn Sie heute durch die Lichtung von Latche wandern und ein Schilderhäuschen mit Wachtposten entdecken – Sicherheit verpflichtet!

Das Wunder unserer Begegnung geschah. Was haben wir daraus gemacht? Wir gründeten eine Familie.

»Monsieur François Mitterrand, Minister für das Überseeische Frankreich, und Madame.«

So meldet schon 1950 der Ausrufer die geladenen Gäste am Eingang zum Salon Murat im Palais de l'Elysée. Pikiert fragt etwas in mir: »Warum nicht Monsieur François Mitterrand, Minister usw., und Madame *Danielle Mitterrand*?« Was soll das!

Doch wer kennt schon François Mitterrand? Und gar Madame? Hat sie überhaupt einen Vornamen?

Er ist ein Minister unter vielen anderen, die Presse schert sich wenig um ihn, noch macht er keine Schlagzeilen. Sicher stört seine manchmal unbequeme Sicht der Dinge die selbstgefällige und vom Schirm der Institutionen geschützte Politik von damals. Nur nichts ändern, nur auf nichts hören, was vom allgemein Akzeptierten abweicht, es könnte ja zu Zwischenfällen kommen …

Heute wähnen viele, sie wüßten bestens Bescheid, nur weil sie Montaldo, Philippe Alexandre und andere bittersüße Lästermäuler und ihre erfundenen Schmähgeschichten gelesen haben. Dennoch hat sich der gesunde Volksverstand nicht täuschen lassen, auch nicht von Werken etwas geneigterer Autorinnen wie Catherine Nay oder übergescheiter Chronisten. Was hat man nicht alles erzählt, geschrieben, verbogen, verzerrt, erdichtet, bis hin zur glatten Diffamierung!

Und Danielle Mitterrand? Haben die Schreiberlinge auch nur einen Gedanken daran verschwendet, was die von ihrem Gekritzel angerichtete Desinformation ihr antat, ihr, die an der Seite dieses allzuoft geschmähten Mannes ausharrt?

Hätte nicht schon Pablo Neruda den Titel verbraucht, ich hätte dieses Buch so überschrieben: »Ich bekenne, daß ich gelebt habe« ... mit François Mitterrand.

»Kolonienverschleuderer, Kommunistensöldling, Vaterlandsverräter« – nennt man so meinen Mann?

Natürlich glaube ich kein Wort, denn ich höre ihn selbst. Zu weit ist er seiner Zeit voraus, zu sehr Visionär – und darum stört und beunruhigt er.

Zur Zeit der Französischen Union (mit diesem Begriff ersetzte die Verfassung vom 27. Oktober 1946 vorteilhaft die alte Formel »Frankreich und seine Kolonien« und das noch ältere »Kolonialreich«) hatte sich die Vorstellung großer Zusammenschlüsse der Geister bemächtigt, sich zusammentun, um gemeinsam besser leben zu können. Zur Zeit besagter Französischer Union kam unser Land als muslimische Nation gleich hinter Pakistan. 1950 entwickelte François als Minister für das Überseeische Frankreich in Kenntnis der Statistiken den Vorschlag, die Beziehungen der Regierung mit den Notabeln Nord- und Schwarzafrikas neu zu ordnen. Einige befanden sich im Exil, andere kamen gerade aus dem Gefängnis oder standen mit einem Fuß drin. Am Tisch unseres Speisezimmers in der Rue Guynemer nahmen nicht wenige hohe Würdenträger aus diesen Ländern Platz. Es waren isolierte, ihrer gerechten Verantwortung beraubte und von den Staatsangelegenheiten ausgeschlossene Männer, die Manifeste oder Bücher geschrieben hatten und bei der übergroßen Mehrheit der Politiker und für die Kolonialverwaltung Verantwortlichen allesamt als gefährliche Störenfriede galten. Mamadou Konate aus dem Sudan, Ouesa Koulibali von Obervolta, Leopold Senghor aus dem Senegal und Sekou Touré aus Guinea hießen meine Gäste; jeder sprach mit François über die Zukunft seines Landes, und stets ging es um die Selbstregierung unter Fortbestand der engen, privilegierten Beziehungen mit Frankreich. Doch dieses visionäre Herangehen an die Dinge lag wohl nicht auf der Linie der Dreiparteienregierung von Georges Bidault, in der immerhin in Fortsetzung zur de-Gaulle-Zeit von 1945 Kommunisten, SFIO und MRP beisammensaßen und ein breites Spektrum der Denkströmungen darstellten.

1947, unter Ministerpräsident Paul Ramadier, ging dann gar nichts mehr. Die KP stellte sich quer und zog aus der Regierung aus. Sein ganzes strategisches Können mußte der zum Minister für die Ehemaligen Kriegsteilnehmer ernannte François aufbieten, um sich den Zugang zu seinem Amtszimmer zu erkämpfen. Es war eine Kraftprobe mit seinem kommunistischen Vorgänger Laurent Casanova, auf dessen Streikaufruf hin das Personal die Amtsräume besetzt hatte. Wurde für seinen Amtsantritt auch nicht der rote Teppich ausgerollt, so dürften die Schwierigkeiten François doch erst richtig stimuliert haben, und sein Weg kommt mir vor, als läse ich einen Abenteuerroman, in dem sich die ausgefallensten Knoten schürzen. Am Ende wird alles ins Lot kommen, ich vertraue ihm. Ein paar Monate, bevor der dreißigjährige François Minister wurde, war er nach einem Wahlkampf, in dem er im Departement Nièvre und seinem heimischen Morvan als Pionier auf Wählerjagd ging, ins Parlament gewählt worden.
Ich begleitete François, und obwohl ich mit Jean-Christophe

im achten Monat schwanger war, konnten die endlosen Fahrten meiner Begeisterung nichts anhaben. Wie viele holprige Wege haben wir zurückgelegt? Einmal waren wir im dichten Nebel verloren und landeten in einem Gehöft; wir entdeckten erstaunt, daß noch eine Petroleumlampe den Hof erhellte! Wir fragten nach dem Weg und verirrten uns erneut. Völlig erschlagen, richteten wir uns im Auto zum Schlafen ein, denn wir wußten nicht, wo wir waren, und zur weiteren Suche fehlte uns die Kraft. Und doch war es ein schönes Abenteuer für die sechs oder sieben Personen, die an ihre Sache glaubten. Rund um die Uhr war diese kleine Mannschaft mit Plakatkleben und dem Erstellen handschriftlicher Werbezettel beschäftigt.

Es handelte sich um eine Listenwahl; die Namen der anderen auf der Liste erfuhren wir erst zwei Tage vor Wahlkampfbeginn. Das von ein paar jungen Sympathisanten spontan verteilte Programm und die Einladungen zu den Kundgebungen mußten wohl ihr Publikum erreicht haben, denn die Säle in den Bürgermeisterämtern und Schulen waren prall gefüllt. Hin und wieder besuchte ich die Frauen irgendwelcher Ortsgrößen oder engagierte Bäuerinnen und konnte mich mit meinem dicken Bauch etwas ausruhen.

Ich sage engagierte Bäuerinnen, denn die Frauen in dieser Gegend hatten scharenweise und sehr aktiv am Widerstand teilgenommen. Das hatte ihnen Autorität verschafft. Und sie gaben in der öffentlichen Meinung den Ausschlag.

François gewann den Parlamentssitz; wenige Wochen später, am 19. Dezember 1946, kam unser Baby zur Welt, und wir feierten Weihnachten voller Hoffnungen und Zukunftspläne.

Das Ministerbüro setzt sich aus François' politischen Freunden zusammen. So sind die Gespräche mit den engsten Mitarbeitern naturgemäß lebhaft. Im Augenblick geht es um die Entschädigung für Kriegsteilnehmer und Heimkehrer aus der Gefangenschaft, um die Renten der Witwen und die Studien-

78

beihilfen für kriegsgeschädigte Kinder, aber auch die Wiedereingliederung der deportierten Frauen, die keine Familie mehr vorfanden, ist nicht gerade ein leichtes Unterfangen. Als Frau des Ministers übernehme ich von Amts wegen den Vorsitz in einer Kommission für die Verteilung der Subventionsleistungen an die Waisen, eine Aufgabe, bei der mich mehrere Generalsfrauen als Beauftragte für soziale Fragen der Armee unterstützen.

Wie ich mir die Schilderung der Einzelfälle anhöre, taucht vor meinem geistigen Auge das Gesichtchen des kleinen Jungen auf, dessen Vater an der Front fiel. Er kennt ihn nur vom Foto auf dem Kaminsims oder als vage und ferne Silhouette, die die Mutter, um das Kind zu trösten, belebt, mit einigen Strichen versieht, sprechen läßt. Bis sie eines Tages sagt: »Dein Papa kommt nicht wieder. Aber wir lieben ihn und werden ihn immer lieben; er wird uns sehr fehlen.« Das Unglück schmettert eine ganze Familie nieder. Da mich das Schicksal per Zufall in diese Kommission berufen hat, muß ich jetzt die Höhe der Entschädigungsleistung festlegen. Das auf ein paar Seiten in dürren Worten geschilderte Drama wird mit zweitausend Franc bedacht. Wiegt das einen fehlenden Vater auf? Das Dossier ist geschlossen, das nächste bitte …

Nein, das kann ich nicht. Dazu braucht man nicht unbedingt mich. Zwar strebe ich in dieser Umgebung keinen besonderen Platz an, aber ich entfalte erste, bescheidene Wirksamkeit; ich bin zu scheu, um mein Widerstreben kundzutun, bin zu idealistisch oder, wie manche meinen, zu unrealistisch, und so liegt noch ein weiter Weg vor mir, bis ich mich durchzusetzen lerne.

Wie wäre es, wenn ich mich mit den im Stenokurs erlernten Fertigkeiten nützlich machte? Als Stenotypistin könnte ich in den Besprechungen von François hilfreiche Dienste leisten, wäre ihm zugleich öfter nahe. Warum also nicht seine Mitarbeiterin werden? »Fände ich nicht gut«, sagt er. »Ich halte nichts davon, wenn man Arbeit und Familie vermischt.« Im Grunde hat er recht, ich verfüge nicht über genug Zeit; Christophe fesselt mich ans Haus, und mit der baldigen Geburt von Gilbert wird das noch problematischer.

Szenerie und Interessenschwerpunkte verändern sich, als meinem Mann das Informationsministerium übertragen wird. Ein anderer muß sich nun der Kriegsrenten und der Deportierten annehmen.

1949 hält eine delikate Entscheidung das gesamte Ministerium in Atem: 455 oder 819 Zeilen? Sie wissen nicht, wovon ich rede? Ich rede vom künftigen Fernsehsystem. Soll sich Frankreich für das in Europa und Amerika gängige System entscheiden? Es ist zwar schon veraltet, aber alle bedeutenden Hersteller verteidigen es mit Klauen und Zähnen. Sollen wir den Geldbeutel unserer Unternehmen begünstigen, die schon vorproduzieren, um demnächst den Markt zu überschwemmen, oder sollen wir auf die Zukunft setzen?

Es vergeht kaum eine Woche, ohne daß ich vor der Tür einen Fernsehapparat mitsamt Vertreter antreffe: »Ein Geschenk der Firma, Madame.«

Da geraten sie freilich bei François an den Falschen. »Du bittest den Herrn, sich gefälligst mitsamt seinem Apparat aus dem Staub zu machen.« Es kommt noch besser; bin ich mal außer Haus, stehen bei der Rückkehr ein Empfänger im Wohnzimmer und die Antenne auf dem Dach.

»Was ist das?«

»Haben Sie bestellt, Madame«, sagt die Zugehfrau.

»Ich habe überhaupt nichts bestellt!«

Ein paar Stunden später befindet sich das Ganze wieder auf dem Rückweg in die Firma, die es mit solcherlei Nötigung versucht hat.

Also was denn nun, 455 oder 819? Ein Dilemma, über das ich einen ganzen Roman schreiben könnte.

François entscheidet sich für den Fortschritt, der sich schnell durchsetzen wird, für die 819 Zeilen also.

Damals gab es in ganz Paris nur wenige private Fernsehapparate, und wir zählten nicht zu diesen Privilegierten. Wir glaubten auch durchaus den Augenblick abwarten zu können, an dem wir der Freuden des Fernsehens teilhaftig würden!

Das neue Ministeramt bringt zahlreiche Reisen mit sich, vor allem nach Afrika, wo Funkstationen der Einweihung harren. Als erstes fliegen wir in den Kongo. Es ist Juli 1949; nach Abschluß der offiziellen Feiern in Brazzaville dürfen wir Ferien machen und die große Rundreise antreten, die wir auf einer Afrikakarte eingezeichnet haben.

Mit dem Gouverneur und seiner Frau, mit denen wir uns etwas angefreundet haben, und einigen weiteren Reisebegleitern, die zu uns stoßen, brechen wir zur Entdeckung eines Kontinents auf.

Erste Etappe ist eine Elefantenjagd auf den Teke-Hochebenen[3]; zu meiner großen Freude werden keine Tiere getötet, dafür waten wir mit Wonne in dem Flußarm, der ihnen als Tränke dient. Nach der Rückkehr ins Lager kreist das Gespräch um die Ereignisse der vergangenen Nacht. Man stelle sich vor: Zu vorgerückter Stunde kündigt sich von ferne mit beängstigendem Gebrüll ein Löwe an. Der Schreck fährt uns in die Glieder, als er plötzlich mit zwei, drei Sätzen zwischen unsere Feldbetten springt, daß der Boden bebt, und sich dann mit dem fürs Picknick bestimmte Lämmchen wieder aus dem Staube macht! In der Dunkelheit errät François meine Angst.

---

3 Vom Bantustamm der Teke bewohnter Teil des südwestlichen Kongo. (Anm. d. Übers.)

»Du klapperst mit den Zähnen, Danielle, hast du Angst?«
»Nein, mir ist bloß kalt.« Nach Meinung des Jagdaufsehers
bestand für uns keinerlei Gefahr, die Moskitonetze hätten uns
Schutz geboten ... Wer das glaubt ...

Wir sehen, wie ein zehnjähriger Knabe auftaucht, einen Stab
in der Hand. Er sucht seinen Vater, einen unserer Führer.
Kilometer um Kilometer ist er durchs Halbdunkel geirrt, bis
er das Lager fand.
»Papa, Papa, ich habe unterwegs den Löwen gesehen; er
schlich unter dem Baum durch, auf den ich geklettert bin. Er
sah ganz traurig aus auf der Suche nach seinem Weibchen.«
Ich traue meinen Ohren nicht. Ist das nun gefährlicher oder
weniger gefährlich als bei uns die Straße zu überqueren, wozu
wir unsere lieben Kinder an der Hand nehmen? Welcher Heranwachsende wird die Raubtiergesellschaft besser bestehen,
in die er hineinwächst? Der ganz auf sich Gestellte? Oder der
Schutz und Hilfe genießt? Wer weiß das schon.

Über Ubangi-Chari, Tschad und den anglo-ägyptischen
Sudan erreichen wir die Quellen des Nils, dem wir bis Kairo
folgen. Dann überqueren wir das Rote Meer und landen in
Jordanien. Da man von Amman aus das nahe Jerusalem mit
dem Wagen erreichen kann, besichtigen wir die heiligen Stätten im arabischen Stadtteil. Nach der Rückkehr erzähle ich
alles meiner Schwester und meinen Eltern und stelle fest, daß
dies eine gute Methode ist, mir über die zahllosen Empfindungen und aufgestauten Eindrücke der Reise klarzuwerden.
Den ganzen Unterschied zwischen den Gesprächen mit hohen
Kolonialbeamten und den Aussagen der Einheimischen herauszuarbeiten – Stammeshäuptlinge, Jäger, Geschichtenerzähler, was immer.
Wenn man sie reden hört, dann spielt eine ganz andere Musik.

Die Entdeckung eines Kontinents, seiner Bevölkerung mit ihren gestammelten und ohnehin nur selten gehörten Sehnsüchten, seiner Gegensätze auch, hat mir wichtige Einsichten gebracht. »Afrika ist offenkundig in Bewegung geraten«, sagt François, »aber die Verwaltung praktiziert weiterhin den Autoritarismus; oft geht die Kolonisierung mit Verachtung der Eingeborenen einher und ähnelt dann einer ›Apartheid‹, und die Anziehungskraft des dort zu verdienenden Geldes verfälscht die menschlichen Beziehungen.« Und er fährt fort: »Allmählich bildet sich ein Fronde-Geist heraus, der Unwille wächst, die Forderungen mehren sich; man muß zuhören, sonst entsteht unwiderruflich eine Konfliktlage.« Er denkt an den jungen Buscharzt und Absolventen der »Ecole Normale«[4], der schon 1944 eine afrikanische Bauerngewerkschaft und zwei Jahre später das »Rassemblement Démocratique Africain« (RDA)[5] gründete; da er in Frankreich keine Unterstützung fand, tat er sich mit der kommunistischen Internationale zusammen. Ich spreche von Félix Houphouët-Boigny. Von allen Seiten verdächtigt, als sehr gefährlich eingestuft, beschuldigt, Verbrecher bei sich versteckt zu haben, von Verhaftung bedroht, mußte er ins Exil flüchten. Doch die Ivorer[6] blieben mit dem Manne solidarisch, in dem sie ihr Oberhaupt sahen. Natürlich muß man mit Leuten wie ihm über die Zukunft reden. François' »zweifelhafte« Gesprächspartner sorgen für Unruhe – in den Pariser Salons floriert der Antikommunismus der Vereinigten Staaten. Dieser junge Minister führt eine höchst verdächtige Sprache, er ist gefährlich.

---

4 Sehr angesehene Lehrerakademie in Frankreich. (Anm. d. Übers.)
5 1946 in Bamako gegründete Parteiföderation in Französisch-Westafrika und Französisch-Äquatorialafrika und dort während der Entkolonisierung stärkste politische Organisation; ihr erster Vorsitzender war Félix Houphouët-Boigny. (Anm. d. Übers.)
6 Heutige Bezeichnung der Bewohner der Elfenbeinküste; jetzige Staatsbezeichnung auch deutsch »Côte d'Ivoire«. (Anm. d. Übers.)

Dieser Ruf hängt François auch noch an, als er 1950 unter Federführung des damaligen Ministerpräsidenten René Pleven von Staatspräsident Vincent Auriol mit dem Ressort für das Überseeische Frankreich betraut wird. Schnell gelangt Houphouët-Boigny zu der Überzeugung, daß er seine »Verwandtschaft« mit der KP »lösen« (welche Sprache!), kurzum, aus ihr austreten muß, wenn er nicht an den Rand gedrängt werden will. Folglich gesellt er sich im Dezember 1951 zu François in der »Union Démocratique et Socialiste de la Résistance« (UDSR).

Sich alles anhören, die mehr oder weniger langfristigen Bestrebungen der einen und anderen ausloten, die großen Lobreden auf Kulturen und Stammes- oder Religionstraditionen richtig einschätzen, die auf Unabhängigkeit gerichteten Autonomiebestrebungen aufspüren – all das beherrscht François meisterhaft. Synthesen, gekonnte Analysen – mir entgeht kein Komma. Je nach an der Macht befindlicher Partei heißt die Alternative Zusammenarbeit oder Gewalt, Verachtung oder Verständigung; insgesamt halten sich einstweilen Hoffnung und Besorgnis die Waage. François ist zwar Minister, aber es hängt keineswegs alles ausschließlich von ihm ab, selbst wenn er eine Präferenz äußern kann. Er muß seine hartleibigsten Parlamentskollegen überzeugen, die ihrerseits eine bestimmte Richtung der öffentlichen Meinung widerspiegeln.

Ich registriere Konzeptionen: »Auf eitle Konkurrenz zur Eroberung der Märkte verzichten, hinterhältige Propagandakampagnen aufgeben, die nur die Auflehnung der Einheimischen bewirken und Unruhen stiften, die niemandem nützen.« Ich nicke. »Den Millionen mit unserer nationalen Geschichte verbundenen Moslems Glaubenssicherheit bieten; sie weder demütigen noch an den Rand drängen, die Fehler der jüngsten Vergangenheit vermeiden, in der Gewalt oft über die Klugheit siegte; staatliche Macht wird nur respektiert, wenn sie auf Gerechtigkeit gründet.« Ich applaudiere. Wie wohltuend, nach über vierzig Jahren wieder in diesen Texten zu lesen! Aber der Regierungsapparat ist schwer in Bewegung zu setzen, scheint noch nicht begriffen zu haben, daß die Entwicklung längst im Gange ist. Er muß aber begreifen, sonst kommt es zum Mißverständnis, zum Wutausbruch, zum Versuch des Sich-Losreißens – mit unabsehbaren Folgen.

Außerdem haben die Franzosen in diesen fünfziger Jahren ganz anderes im Kopf. Sie wollen ihr kriegsverheertes Land wieder aufbauen – Afrika mobilisiert die Gemüter nicht.
Ich selbst erfahre in jenen Jahren inmitten von Milchfläschchen und Windeln, Impfungen und Liebkosungen, Bauklötzchen und Spieleisenbahn, Besorgungen und Küchenarbeit, wie die Welt aussieht, in der wir leben. Während ich staunend zusehe, wie Christophe und sein zwei Jahre jüngerer Bruder Gilbert heranwachsen, entdecke ich, was sich andernorts tut.

Schon bei der Rückkehr von der ersten Reise nach Algier, Oran und Tizi-Ouzou hatte François, damals noch Minister für die Ehemaligen Kriegsteilnehmer, seine politische Umwelt beträchtlich schockiert, als er vorschlug, den algerischen Behörden in einer nach eigenem Gutdünken bestellten Regierung die Selbstverwaltung zu übertragen und nur die Außen- und Verteidigungspolitik bei Frankreich zu belassen. Hat er wenigstens Georges Dayan, seinen Stubenkameraden aus der Militärzeit, überzeugen können? Ich bin nicht sicher. Jedenfalls dringt er nicht durch mit seinen Warnungen vor dem Zorn im Maghreb, der wächst, »weil sich Frankreich nicht an seine eigenen Prinzipien kehrt«.
»Er betreibt den Ausverkauf unserer nordafrikanischen Gebiete und steht im Sold der Araber und Kommunisten!« Was haben wir uns alles anhören müssen.

Noch haftet mir der Sturz der Regierung Mendès France nach einer dramatischen Debatte über Algerien im Gedächtnis – welche Enttäuschung für François! Damals Innenminister, mußte er erleben, wie sein eben erst eingebrachter Entschließungsantrag dem Vergessen anheimfiel. Damit sollten den Algeriern endlich gleiche Bürgerrechte zugestanden, allen Kindern der freie Schulbesuch und gleiche Rechte wie den Kindern der in Algerien lebenden Franzosen eingeräumt werden. Wiederum eine verpaßte Chance.

Selbstverständlich ziehen die großen Weingutbesitzer, die für diesen Diskurs taub sind und viel später durch das berühmte »Ich habe euch verstanden« Ermutigung erfahren werden, trotz der Logik der Ereignisse die Fortsetzung des Krieges vor. Sie wollen alles auf ewig für sich behalten, jeder Gedanke an eine Niederlage, die sie zwänge, ihre Ländereien mit anderen zu teilen, ist für sie völlig unannehmbar.

Auf seiner »Reise durch die Offizierskasinos« ermutigt General de Gaulle die französische Armee, bis zum sicheren Sieg für das Recht Frankreichs, in Algerien zu bleiben und zu kämpfen. Immerhin lassen ihn zur gleichen Zeit Argumente, weiß ich von woher, nicht völlig kalt, bewegen ihn schließlich sogar zur Aufnahme von Verhandlungen. Dieses Friedenstechtelmechtel gefällt freilich »den tapferen und stolzen Generälen« ganz und gar nicht, die den prophezeiten Sieg noch nicht völlig erreicht haben. Sie spüren, daß sich hier etwas anbahnt, und befürchten, der Hase könnte woandershin laufen.

So entsteht die »Geheimarmee« OAS. Alles steht bereit, um dem glatten Ablauf des Referendums über die Selbstbestimmung zu verhindern. Attentate, dubioseste Allianzen, gemeine Verleugnungen, Entführungen, Rebellionsversuche, Schießereien, Beschimpfungen füllen Tag für Tag die Zeitungsspalten.

Welch eine Zeit! Ein Vulkan vor dem Ausbruch.

Wir stehen mitten drin; man schreibt den 22. April des Jahres 1961.

Am selben Tag heiratet Roland Dumas. François ist Trauzeuge; in einer schönen Familienresidenz in Bordeaux, die der jungen Braut Anne-Marie gehört, feiern wir das glückliche Ereignis im Kreise ihrer zahlreichen Brüder, Schwestern und Freunde. Am Spätnachmittag kommt inmitten eines Gewitters die Sensationsmeldung vom Putsch der Generäle in Algerien, Blitze durchzucken den wolkenschweren Frühlingshimmel, und der Donner rollt, als wollte er die Gerüchte übertönen.

Zu Fuß, zu Pferd, per Auto! Die Franzosen, alle Franzosen, werden aufgerufen, mobilzumachen und die Kasernen zu besetzen, um die rebellierenden Streitkräfte daran zu hindern, sich den Putschisten anzuschließen.

Die Nachrichten überstürzen sich. Der staatliche Rundfunk hämmert Weisungen und Durchhalteparolen.

Ah, wie sie Angst haben, die Gaullisten, wie die Panik ihre Reihen erfaßt!

Rolands Hochzeitsgäste sind ratlos und besorgt, besteigen dennoch schleunigst ihre Autos und fahren auf der Nationale 10 nach Paris.

Die Radiostationen spucken weiter ihre Appelle.

»Aber ja doch, ja doch, wir werden die subversiven Panzer aufhalten. Zu Fuß, zu Pferd, mit dem Auto«, echoen wir ironisch. Vom Innenministerium aus ermahnt Michel Debré die Bevölkerung:

»Verhindert, daß sich die verbrecherischen Generäle in Frankreich zu den Verrätern in Algier gesellen.«

Hat ein politisches Erdbeben das 8. Arrondissement erschüttert? Ich weiß es nicht. Jedenfalls gelangen wir über eine stark befahrene Autobahn ungehindert nach Paris und in unsere Wohnungen. Zu anständiger Stunde in unserem Bett liegend, hören wir uns im Rundfunk den Ablauf der Ereignisse an: Es hat nicht den Anschein, als habe sich die Hauptstadt erhoben.

Immerhin mußten wir noch zwei Tage warten, bis uns beruhigende Nachricht über die Absichten der Generäle in den Kasernen erreichte. Und der »neue« de Gaulle, der der Befriedung, kann in aller Ruhe die Konferenz von Evian eröffnen.

Ich möchte die Zeit haben, die damalige Presse nachzulesen, um meinen Lesern ein paar Passagen ins Gedächtnis zu rufen, worin die avantgardistischen Empfehlungen von François bis zum Übelwerden verdreht wurden, seine offensichtlich zur Unzeit vorgetragenen Vorschläge für eine Verständigungspolitik … Und wann, bitte schön, wär's denn gelegen gewesen? Mußten erst Hunderttausende als Märtyrer sterben, zahllose Familien das Land und die Friedhöfe verlassen, in denen ihre Vorfahren ruhen? Worauf galt es zu warten? Auf die späte Einsicht und Kehrtwende eines rettenden Generals de Gaulle vielleicht?

Ich lerne, jawohl, immer noch lerne ich und begreife immer deutlicher, daß die weiterzigsten und visionärsten Ideen stets wie ein Chagrinleder schrumpfen vor den kurzfristigen wirtschaftlichen, finanziellen und geostrategischen Interessen. Gefragt ist wüste Polemik, die Parlamentsdebatten sind am toten Punkt angekommen. In der gehobenen Gesellschaft wie in den Zeitungsspalten darf alles und sein Gegenteil behauptet werden. Welch eine Verschwendung von geistiger Energie; man jubelt sich hoch, steigert sich in alles mögliche hinein und verliert den Kontakt zur Realität. Und das Ganze endet in Bitterkeit, im Haß jener, die ihre armselige oder üppige Habe verloren. Die keineswegs grundlose Aggressivität und Ranküne der Repatriierten schaffen ein ungutes Klima.

Und die »Harkis«, diese Algerier, die wie die Franzosen aus dem Mutterland als Berufssoldaten in der französischen Armee kämpften, als Algerien noch ein französisches Departement war? Noch 1988 oder 1989 leben sie teilweise in den bei ihrer Ankunft hastig errichteten Ghettodörfern. Ich erinnere mich an den Besuch bei einer solchen Familie, die sich am Projekt eines Verbindungs-Komitees in der Region beteiligen wollte. Am aggressivsten waren die nach Ende des Unabhängigkeitskrieges in Frankreich geborenen Kinder: »Was sind wir, Madame? Wir sind weder Algerier noch Franzosen, wir sind nichts als ›Harki-Kinder‹. Niemand nennt uns anders, nie werden wir wie die anderen sein dürfen.« Es nützte gar nichts, daß ich ihnen sagte, sie bildeten sich das nur ein; ich konnte sie nicht überzeugen, denn ich glaubte es selber nicht.

Überhaupt, was ist aus der französischen Jugend der Nach-Algerien-Kriegzeit geworden? Auf das Grauen der absurden Schlachten (so absurd wie ohnehin alle kriegerischen Konflikte) reagiert sie mit desillusionierten, sarkastischen Reden. Unter den damals Eingezogenen gab es zum einen jene, die gekämpft haben, um ihr Hab und Gut vor Ort zu verteidigen, besser gesagt, die überzeugt waren, daß sie zur Verteidigung ihres Vaterlandes den Reichen und Großgrundbesitzern zu Hilfe eilen mußten (für die sie brave »unbekannte Soldaten« bleiben würden); und zum andern jene, die einfach gehorcht haben, weil der Soldat zu gehorchen hat. Angesichts der von beiden Seiten verübten Greuel kehrten sie mit Wut im Bauch zurück.

Und dieser blödsinnige Krieg erzeugt auch noch Rassisten wider Willen: »Ich habe in Algerien gekämpft, Madame; die Araber? Mörder, Nichtsnutze, Drecksäcke – weg damit.«

Erschreckend!
Auch die Gegenseite vergißt nicht. Auch für sie war es eine grausame Zeit, selbst wenn sie das Recht errang, ihre Geschichte selber schreiben zu dürfen.

Das erinnert mich an einen Besuch im Unabhängigkeitsmuseum in Tananarive in Madagaskar. Ich betrachtete die Fotos und Zeichnungen, aber ich las auch die Zeugnisse von Massakern, die unsere Truppen verübt hatten. Als ich diese Dokumente entdeckte, konnte ich einfach nicht glauben, daß 1960 französische Soldaten Madagassen von Armeehubschraubern aus ins Meer kippten. Schamrot murmelte ich meiner Begleiterin zu: »Mir wird übel als Französin, als Bürgerin der Heimat der Menschenrechte.« Ich dachte nicht, daß mich außer ihr jemand hören konnte. Noch am selben Abend erging sich Präsident Ratsiraka, der mich zum Abendessen in sein Palais eingeladen hatte, in betrübten Entschuldigungen und versprach mir, den Konservator zu tadeln, weil er mir jenen Teil der Ausstellung über den Unabhängigkeitskrieg gezeigt hatte.
»Aber das haben Sie doch nicht wirklich vor, Herr Präsident? Ich bitte Sie im Gegenteil, ihn zu loben; Ihr Museum ist hervorragend gestaltet, und wenn dieser Teil unserer gemeinsamen und beiderseits grausamen Geschichte verdammenswert ist, dann müssen sich jene, die sie schrieben, und ihre Nachkommen ihm trotzdem stellen. Verleugnen wir Franzosen die Greuel der Religionskriege oder die Deutschen die Greuel des Faschismus? Wir möchten, daß all jene, die immer noch nicht kuriert sind, einmal durch diese Ausstellung gehen …, dann sehen sie, wie die Geschichte über sie urteilen wird.«

An dieser Stelle frage ich mich, wie es um die Fähigkeit der

Mächtigen und Entscheidungsträger bestellt ist, eine friedliche Welt zu erbauen. Zwar reden sie bei jeder Gelegenheit davon, aber es kommt ihnen nicht in den Sinn, die Ursachen der Ungerechtigkeit anzugehen, denen Revolten und Aufstände entspringen. Immer noch besitzen die Privilegierten die ganze Macht. Man sollte dem System zu Leibe rücken, das die »sozialen Verwerfungen« hervorbringt (die Präsident Jacques Chirac so gern im Mund führt). Und den eigentlichen Bösewicht zur Vernunft bringen, das System des allmächtigen Geldes. Der Gegen-Macht von unten, die François so teuer war, obliegt es, die Ideale hochzuhalten, Pläne zu schmieden und zu verwirklichen, den Nachweis des Möglichen zu führen, sich zu engagieren für den Bau einer anderen, einer besseren Welt.

Es ist gar nicht so einfach

Und die Kinder? Als Christophe zur Welt kam, war ich in Gedanken bei meinem ersten Baby, Pascal, der zu meinem großen Kummer drei Monate nach der Geburt verstarb und dessen Andenken nun über der Geburt seines kleinen Bruders schwebte. Oft mischte sich in die Freuden- und Glückstränen die schmerzliche Erinnerung an den Tod des ersten Kindes. Daß daher meine Zärtlichkeitsgesten beiden Kindern gleichermaßen galten, hat vielleicht unbewußt zu Christophes empfindsamem Charakter beigetragen.

Christophe war ein hübscher, kräftiger und gesunder Junge, aber ich hatte solche Angst, es könnte ihm etwas zustoßen, daß ich ihn nie aus den Augen ließ. In meiner ständigen Sorge um ihn wurde ich seine Sklavin; keinem Menschen vertraute ich ihn an, einzig meiner Mutter. Als sich zwei Jahre später Gilbert zur Familie gesellte, war der größere Bruder unglücklich und wollte sich nicht damit abfinden. »Er frißt Mama auf«, begehrte er besorgt und zugleich wütend auf, wenn ich dem Kleinen die Brust gab.

Die Kinder wurden größer und besetzten meinen Alltag. Sie tobten durch die Wohnung, gerieten sich in die Haare, und oft war ich mit meiner Geduld am Ende. Wenn es das Wetter zuließ, wanderte ich mit ihnen durch den Jardin du Luxembourg. Meine Bekanntschaften in diesem schönen Garten beschränkten sich auf den Eselsführer und den Karussellbesitzer.

Schon waren die beiden zehn und acht Jahre alt. Ich gab mir alle Mühe, sie zur Ehrlichkeit zu erziehen, ihre Entdecker-freude anzuregen, sie die Schönheit der Landschaft bewundern zu lehren, in ihnen die Liebe zur Familie und die Achtung vor dem Nächsten zu wecken. Wenn Mama da war, löste sie mich ab. Sie war sanfter und hatte mehr Zeit, hatte Einfluß auf die beiden und vermochte sie zu besänftigen. Kurzum: Sie erzog sie, während ich, vielleicht weil ich noch zu jung war, sie eher dressierte, und das lief nicht so recht. Ihre Geheimnisse vertrauten sie ihr an. Eines Tages hörte ich überrascht ein Gespräch mit:

»Wenn du es warst, mußt du es mir sagen. Ich weiß, daß du die Wahrheit sagst, und ich vertraue dir auch weiter und stelle mich trotz allem vor dich. Wenn du mir sagst, du seist nicht schuldig, dann glaube ich dir, weil ich weiß, daß du offen bist, und ich werde dich verteidigen«, sagte sie.

Worum es ging, brauchte ich gar nicht zu wissen; ich verließ mich auf ihre Klugheit.

Gerne wäre ich wie sie gewesen, denn schon in meiner Kindheit hatte sie dieses pädagogische Gespür. Ich weiß noch, wie sie mir das »ruhige Gewissen« erklärte, als ich sie danach fragte:

»Sag mal, Mama, wo ist mein Gewissen? Ist es ruhig?«

»Das kannst nur du selber wissen, mein Schatz, aber ich gebe dir einen Tip: Wenn du etwas tust, was du mir verschweigen möchtest, dann hast du kein ruhiges Gewissen.«

Ja, ich möchte wie sie sein, aber oft weilen meine Gedanken woanders, bei denen, die in meinem Alter noch studieren und mit denen ich gerne beisammen wäre. Aber meine Gören ... fesseln mich ans Haus; damals war ich noch nicht reif genug, um den ganzen Wert dieser Jahre zu ermessen. Ich fühlte mich wohler als Tochter mit der Mutter in der Nähe, weniger als eine für kleine Kinder verantwortliche

Mutter, die dafür gerne die Ausgelassenheit ihrer Jugend opfert.

Bald kamen sie in die Schule; abends mußten sie über sich ergehen lassen, daß ich ihnen vor dem Einschlafen aus Brunos »Tour de France par deux enfants« vorlas. Viel später beichteten sie mir, sie hätten immer schnell die Augen zugedrückt, damit ich meinte, sie schliefen schon, und ihnen die Fortsetzung erspart blieb.

Da mir tagsüber nun mehr Zeit blieb, versuchte ich die Einsamkeit der Ehefrau eines stets im Wahlkampf befindlichen Abgeordneten dadurch zu mildern, daß ich mich ernsthaft der Buchbinderei zuwandte. Das Buchbindermilieu faszinierte mich. Bei der Konzeption und möglichst vollkommenen Ausführung eines Werkes verblaßten die Gewissensfragen, Schrecken und Ungewißheiten der Politik. Irgendwie atmete ich freier im Geruch von Leim, Papier und Leder. Ich genoß die kollegiale, ja kameradschaftliche Atmosphäre. Dabei hätte ich das so befriedigende Arbeiten in dieser Zunft beinahe nie kennengelernt …

Solange die Kinder noch klein waren, mußte ich ja zu Hause bleiben; deshalb war eine Kammer im sechsten Stock in eine Buchbinderwerkstatt verwandelt worden. Dort war von meinem Tisch aus alles in Reichweite, wenn ich ein Werkzeug oder das passende Papier suchte.

Das Radio war meine einzige Verbindung zur Welt: den ganzen Tag über füllten Nachrichten, Kommentare und Musik die Stille. Da ich mit niemandem redete, verlor ich den Geschmack an Konversation und Debatte. Ich lebte wie eine Einsiedlerin, zog mich völlig in mich selbst zurück. Nach und nach geriet ich in einen Abgrund der Gesellschaftsphobie, aus dem ich nicht mehr herausfand. Bis ich mich eines Tages mit dem Buchbindemeister unterhielt, zu dem ich immer ging, um die Einbände meiner Bücher mit Prägetiteln versehen zu lassen, und zu ihm sagte, ich würde nicht weitermachen. Daraufhin lud er mich ein, bei ihm in der Rue Visconti mit seinen Leuten zu arbeiten; das tat ich, bis François 1981 Präsident wurde.

In Erinnerung an diese kritische Zeit habe ich eine Initiativgruppe von »France-Libertés« unterstützt, als sie daranging, ein Haus für isoliert auf dem Lande lebende Frauen einzurichten. Während ihre Männer auf dem Feld arbeiten oder auf dem Markt sind, müssen diese Frauen Hof, Kinder und Tiere hüten und gehen keiner eigenen Beschäftigung mehr nach. Sie kommen kaum mit jemandem anderen in Berührung, der Abend findet sie genauso vor, wie sie morgens aufgestanden sind, nur müder und vernachlässigter. Ihr rein passiver Kontakt zur Gesellschaft beschränkt sich auf Telefon und Fernsehen.

Wenn sie an einem eigens für sie geschaffenen Ort zusammenkamen, wo ihre Kinder in einer Krippe versorgt waren und sie sich in einer Bibliothek und in Werkstätten entfalteten, konnten sie ein völlig neues Selbstwertgefühl entwickeln.

»Mein Leben hat sich vollkommen verändert«, sagte mir eine von ihnen, »ich kann jetzt meinen Führerschein machen, mit anderen zusammensein und das tun, was mir Spaß macht. Da ich viel bewußter für meine Kinder lebe, bereichert sich auch ihre Persönlichkeit. Ich bin mit mir selbst im reinen.«

Wie gut konnte ich sie verstehen, hatte ich doch selbst in meiner Buchbinderzeit dieses Einsiedlerleben mitgemacht. Bis ich endlich bemerkte, daß es mir gar nicht bekam.

Wenn man nicht aufpaßt, kann die Einsamkeit eine Persönlichkeit zerstören.

Eine harte Schule

Im Winter 1958 macht mir Gilbert Sorgen; eine Mittelohrent-zündung verschlimmert sich zur eitrigen Mastoiditis. Schon in den ersten Januartagen 1959 muß er sich einer schweren Innenohroperation unterziehen. Ich sende einen Hilferuf aus:

»Mama, kannst du kommen? Ich brauche dich. Wir könnten uns in der Klinik in Gilberts Krankenzimmer ablösen.«

Seinen zehnten Geburtstag feiern wir an seinem Bett; er hat jetzt das Alter, wo Kinder »Mau-Mau« spielen, und Mama sitzt von morgens bis abends bei ihm und »klopft« mit einer Eselsgeduld Karten.

Die beiden verstehen sich so gut, daß Gilbert zur Genesung nach Cluny mitreist. Für meine Mutter füllt die Anwesenheit ihres kleinen Gesellschafters die schreckliche Lücke, die der Tod meines Vaters im Vorjahr gerissen hatte.

Wie erleichtert bin ich über Gilberts Abwesenheit, als im Oktober desselben Jahres 1959 ein Schicksalsschlag die ganze Familie trifft, von dem wir uns fast nicht erholt hätten; er erschütterte François zuerst physisch, danach psychisch.

»Hallo? Madame Mitterrand?« Es ist spät in der Nacht.

»Ja.«

»Hier spricht Polizeipräfekt Papon. Auf Ihren Mann ist ein Attentat verübt worden. Aber Sie können beruhigt sein, er ist unversehrt ...« (Jawohl, es ist wirklich *der* Maurice Papon, der mittlerweile über sein Verhalten als Präfekt in der Vichyzeit Rechenschaft ablegen muß ...; mir ist übrigens nicht erinnerlich, daß man General de Gaulle je eine unwürdige Freundschaft für Herrn Papon vorgeworfen hätte, der immerhin sein Polizeipräfekt war ... Ich kann einfach nicht umhin – man verzeihe mir meine Ranküne –, eine Parallele zur Bousquet-Affäre[1] zu ziehen.)

Attentat? François? Unversehrt? Kann ich das glauben? Welcher Schock! Nur mit Mühe begriff ich, was da vorging. Dabei war ich vorgewarnt; seit Wochen war ich Tag und Nacht mit Anrufen wie diesem belästigt worden:

»Wenn dir Schwarz steht, kannst du schon mal deinen Kleiderschrank füllen; wirst bald die Knochen von deinem Alten zusammenlesen ...« Es folgten häßlichste Flüche.

Die Angst ist überstanden. »Du bist nicht verletzt, es wird alles gut, man wird die Mörder suchen, sie aburteilen. Wer kann dich bloß so im Visier haben, daß er dich umbringen will?«

Doch die eigentlichen Überraschungen kommen erst noch. Einige Tage später verkünden die Zeitungen, Anstifter der schmachvollen Inszenierung sei kein anderer als François Mitterrand selbst. Wer glaubt eine solche Verleumdung?

Sicher nicht seine Freunde. Doch wer sind seine Freunde? Sie sind schnell gezählt.

Für mich bedeutet 1959 eine Zäsur.

Wieder einmal gerät alles ins Schwimmen.

Die Freunde? Sind es die Sonntagsbekanntschaften? Bis zum 15. Oktober dieses tragischen Jahres 1959 ließen mich an den berühmten Wochenenden, an denen sie umgeben von ihrem

---

1 René Bousquet war der für die Polizei zuständige Generalsekretär der Vichy-Regierung, der 1942 der Pariser Polizei den Einsatzbefehl für die Judenrazzia gab; vgl. Anm. 1 auf S. 40. (Anm. d. Übers.)

Hofstaat, in dem stets die Stars der Woche oder des Monats brillierten, die »Freunde Lazareff« an ihre Zuneigung glauben: »Guten Tag, Liebste, wie geht's dir heute, bist du allein? Ist François noch im Nièvre? Macht ja nichts, laß dich von uns ablenken, hier bist du zu Hause.« (Hätte ich daran Zweifel haben sollen?) Nach dem Mittagessen spielten wir Karten, hechelten sämtliche Abwesenden durch und rissen Witze. Die gleichaltrigen beiderseitigen Kinder spielten im Park Verstecken.

Die Freunde ... Fand ich sie unter den Parlamentskollegen, die sich vor gar nicht so langer Zeit ihrer Beziehungen zu François rühmten und bei den Ministerempfängen drängelten? Auch sie stets von der Partie »bei Pierre und Hélène«.

»François, eine Zeitung wie ›France-Soir‹ muß sich doch vor dich stellen, zumal Pierre Lazareff sie leitet. Er kennt dich und kann sich unmöglich von dieser monströsen Polemik beeinflussen lassen. Ich werde ihn aufsuchen.«

»Ach, diese Salonlöwen werden es nicht wagen, auf Distanz zur Regierung zu gehen; bleib lieber da, du holst dir bloß eine Enttäuschung«, antwortet er.

Ich ging trotzdem hin. Während ich die Stufen zur Haustür erklomm, dachte ich: Sie werden alle da sein, meine sonntäglichen Bridgepartner, die Scrabble-Spielerinnen, denen ich mit meinen Buchstabenreihen Paroli bot, die Klatschbasen auf den Sofas ums Feuer im Atrium.

Die Tür geht auf, ich stehe als Schattensilhouette im Gegenlicht der Nachmittagssonne, alle Köpfe wenden sich mir zu. Niemand sagt ein Wort, die Gesten erstarren, Verblüffung zeichnet die unbeweglichen Gesichter. Kein Wort, nicht einmal Guten Tag ... Ich selbst bin wie versteinert, stehe regungslos im Eingang. Als erste kommt mir Hélène entgegen und streckt mir die Hand hin.

98

»Komm doch rein, kleine Danielle.«

»Ich wollte Pierre sprechen, kann ich ihn sehen?«

»Er sitzt in seinem Arbeitszimmer.«

Ein Sturm in meinem Kopf weht an diesem Herbstsonntag alle Illusionen fort; welch elende Art zu entdecken, wie seelenlos Zufallsfreundschaften sind. Seit jenem Tag weiß ich, daß man in der Not ganz allein auf sich gestellt ist und nur auf die wenigen, über Jahre erprobten Getreuen zählen kann; an den Fingern einer Hand lassen sie sich abzählen, aber sie stehen unverbrüchlich zu einem. Damals entdeckte ich die unfehlbare Methode, wie man falsche und vorgebliche Freunde erkennt.

»Guten Tag, kleine Danielle« (Pierre empfängt mich mit offenen Armen – so jedenfalls sieht es aus),»wie geht's dir in dieser scheußlichen Zeit? Du weißt, daß wir in Gedanken bei dir sind. Ist ja grauenhaft, was da mit François passiert, wir verstehen einfach nicht, was los ist. Er besitzt immer noch unser Vertrauen, aber …«

»Halt. Adieu, Pierre, ich habe dir nichts mehr zu sagen. Wenn ihr ihm vertraut, dann gibt es kein *aber*.« Ich mache auf dem Absatz kehrt.

Die wahren Freunde wandten kein *Aber* ein. Das ist ein abgekartetes Spiel gegen ihn, sagten sie; wir kennen ihn zu gut und wissen, daß er zu einem so abgefeimten Schurkenstreich unfähig ist. Wir wollen mit ihm zusammen das Ränkespiel aufdecken. So sprechen wahre Freunde. François war klüger, er wollte mir den Affront in Louveciennes ersparen.

Seit diesem Tag sehe ich klarer und deutlicher. Viele von damals sind aus meinem Gesichtskreis verschwunden, ich traf mich nicht mehr mit ihnen, grüßte sie nicht einmal, wenn wir uns zufällig begegneten. Bin ich nachtragend? Nein. Sie haben mich getäuscht, mir falsche Gefühle vorgegaukelt, am liebsten hätte ich sie nie kennengelernt.

In diesem Oktober 1959 fühlt sich François wie in einem finsteren Tunnel, dessen Ende nicht absehbar ist. Er vergegenwärtigt sich sämtliche Etappen auf dem Weg in dieses Unausdenkliche, um herauszubekommen, in welchem Augenblick er in die Falle lief. Welcher Unmensch konnte so hinterhältig sein und ein solches Komplott schmieden, ohne daß François den geringsten Verdacht schöpfte?

Vor 1959, nach 1959. Seither bin ich mit meinem Lächeln und den freundlichen Umarmungen sehr geizig geworden. Bitter habe ich erfahren müssen, daß die Sonntagsbegegnungen nichts sind als Selbsttäuschung, die irgendwann verfliegt, und daß eine Freundschaft nicht viel wert ist, wenn ein uneingestandener Groll sie vergiftet.
Wir machen einen nicht enden wollenden Alptraum mit. François geht sämtliche Stationen durch, wieder und wieder.
Ich suche unseren Nachbarn auf, den ich gern habe wie einen großen Bruder und dem François vielleicht erzählen kann, wie er alles erlebt hat; wenn ein Dritter zuhört, läßt sich vielleicht ein winziges Indiz aufspüren, das uns entgangen ist. Ich vertraue ihm uneingeschränkt. Er sitzt eine Nacht lang bei uns am Bett und versucht das Häkchen zu finden, gerät in Wallung, leidet aufrichtig mit. Als der Morgen anbricht, verläßt er uns, will seine Bekannten in Regierungskreisen befragen; am Ende macht er sich das Urteil des Justizministers zu eigen.
Während des anschließenden Gesprächs führt sein mißtrauisches »Aber« zum endgültigen Bruch. So erfahre ich, daß auch er kein Freund von François gewesen ist. Zu groß ist die Enttäuschung, das unter solchen Umständen erfahren zu müssen, und so entschwindet auch er aus meinem Leben.

Als es François nach einem qualvollen Jahr der Deduktionen und Recherchen gelingt, das Knäuel der Intrige zu entwirren, als er endlich die schlagenden Beweise beisammen hat, die ihn von jedem Verdacht reinigen, findet sich niemand mehr, der zu einer Urteilsfindung bereit wäre. Die »Angelegenheit« ist vertagt ... Anstatt zuzulassen, daß die im Sold der damaligen Mehrheit stehenden Meinungsmanipulatoren namentlich ans Licht gezerrt werden, zieht »man« es vor, das Ganze auf sich beruhen zu lassen. Was kümmert sie schon, daß ein Mann, sein Name, seine Ehre in den Schmutz gezerrt worden sind; was kümmert es sie, daß diese ganze Gemeinheit für ihn und die Seinen seelische Folterqualen bedeutete – das Unheil ist angerichtet, sollen wir doch sehen, wie wir damit fertig werden. Ich bleibe dabei: Die Unterstellung, alles sei selbstinszeniert gewesen, war von Anfang an als Ersatzlösung vorgesehen, sollten die Kugeln ihr Ziel verfehlen!

Der für den Prozeß anberaumte Ortstermin spricht Bände: Alle sind postiert, das Fahrzeug steht im richtigen Schußwinkel – die Maschinenpistole ist scharf geladen, versteht sich. François besteht darauf, selbst am Steuer seines Peugeot Platz zu nehmen, wo er an jenem Abend gesessen hatte.

»Nein, nein, Monsieur Mitterrand, wir nehmen eine Puppe.«

»Aber wieso, wenn mich niemand töten wollte? Sie schießen doch eine MP-Garbe auf Tür und Fenster in Höhe des Fahrers, stimmt? Und Sie wollen mich natürlich nicht treffen, nicht wahr? Also setze ich mich jetzt an meinen Platz.«

»Nein, nein, das ist zu gefährlich.«

Ich überlasse es dem Leser, seine Schlüsse zu ziehen.

Der Lebensreflex war an jenem Oktoberabend vor dem Garten des Observatoire schneller gewesen als die Schüsse der Attentäter; François war blitzschnell über die Hecke gehechtet und »unversehrt« entkommen, wie Monsieur Papon vorgab, von ein paar Kratzern abgesehen.

Zum Urteil kam es nicht. Damit wurde François die Möglich-

keit genommen, sich vor aller Augen von jeder Schuld reinzu-
waschen. Heute frage ich mich, ob sich der kurz zuvor
geschaffene »Service d'action civique« (wie der sogenannte
Ordnungsdienst der gaullistischen Bewegung hieß) vielleicht
auf Kosten von François ein bißchen Übung verschaffen wollte. François galt jedenfalls als gefährlicher Gegner, gefährlich ... für den noch allmächtigen Herrn General Staatspräsidenten. Damit wage ich mich vielleicht zu weit vor, aber dies
schoß mir durch den Kopf, und heute sage ich es frei heraus.
Überhaupt: Wozu brauchte man in einem Rechtsstaat eine
Ausnahmepolizei, die oft genug von sich reden machte? Trotzdem mußte man sich mit dem genannten Ordnungsdienst
SAC abfinden, bis ihn der sozialistische Staatspräsident
François Mitterrand 1981 auflöste.

Welch harte Schule!
Ende 1959 habe ich die wesentlichen Werte und die daraus zu
ziehenden Folgerungen erkennen gelernt. Daraufhin habe ich
meine persönlichen Bekanntschaften aufs genaueste geprüft,
habe nur das echte Gold bewahrt und alles Talmi – manchmal
ostentativ – weggeworfen. Ich wollte keine halbherzigen
Freundschaften und lauwarmen Engagements mehr; vielleicht verlange ich zuviel, aber es tut mir nicht leid.
Es verging einige Zeit, bis diese Wunde vernarbte. Vor allem
dauerte es lange, bis ich wieder Geschmack am politischen
Handeln fand. Ich mußte zuerst wieder lernen, die Politik als
edles Aktionsfeld anzuerkennen, und das ging nur, wenn ich
die fragwürdigen Gestalten, die sich in ihr tummeln, entschlossen ausblendete. Die emotionale Kraft der kleinen, ver-
schworenen Gemeinschaft, welche die Welt neu gestalten will
und mit äußerem Schein und überflüssigen Großkundgebun-
gen nichts im Sinne hat, nimmt seitdem in meiner Weltvorstel-
lung einen sehr breiten Raum ein.

Den eigenen Lebensstil mit dem einer öffentlichen Gestalt zu harmonisieren, ist alles andere als ein Kinderspiel! Nach 1959 gähnte ein Loch. 1965 hat François wieder den Fuß im Bügel, besteigt ein neues Schlachtroß. Ein neues Datum, ein neues Ziel:

»Arme Danielle, schon wieder wirst du Schläge einstecken müssen, Tiefschläge von denen, die ihn vernichten wollen. Es grenzt an Tollkühnheit, wenn er gegen de Gaulle antritt.«

Den Attentatskugeln entronnen, der sogenannten Observatoire-Affäre endlich ledig, hat er sein letztes Wort noch nicht gesprochen.

Ich muß gestehen, daß die letzten Urlaubstage im September 1965 in Hossegor relativ friedlich dahinglitten. Den ganzen Sommer über hatten zahlreiche Besucher den Innenhof zu einem täglich belebteren Versammlungsort verwandelt. Nacheinander oder gleichzeitig kamen Charles Hernu, Roland Dumas, Georges Dayan, Louis Mermaz oder auch Claude Estier. François und seine Freunde erarbeiteten vor der Rückkehr nach Paris ein mögliches Wahlkampfschema. Bevor ich das Haus schloß, konnte ich noch in aller Ruhe die Sandbeeren einmachen und dabei von den letzten Sonnenstrahlen meine Sommerbräune abrunden lassen. Letzte abendliche Besuche in der baskischen Bar, zu deren ausgesuchten Platten die Menschen hingebungsvoll und schon ein wenig wehmütig tanzten. Die große Trennung stand bevor. Noch einmal badete man um Mitternacht im Meer und spazierte im Mondschein über die Dünen und erlaubte sich Vertraulichkeit und leisen Überschwang. Und die letzten genüßlichen Nachmittage am Strand, wo sich die Fauleren am Scrabble ergötzten und die Sportlichen dem Volleyball frönten, schmeckten nach Ausklang; so endete ein Sommer der fröhlichen Erinnerung.

»Warum ausgerechnet Hossegor? Da seid ihr doch beide nicht zu Hause?«

Ganz einfach, weil ich vergangenes Jahr auf der Ile de Ré höchst unschöne Ferien verbracht habe.

Fast den ganzen August, an fünfundzwanzig von dreißig Tagen, hat es geregnet, daß man nicht die Nase vor die Tür zu strecken wagte, und ich war eingesperrt mit zwei Kindern, deren Ältester noch nicht einmal drei war, dazu in einer lausigen Hütte ohne Wasser und Gas (das gab's damals noch), in der ein 40-Watt-Birnchen in einem düsteren, feuchten Zimmer funzelte. Da ich engen Gassen und Kleinstädtchen keinen Reiz abzugewinnen vermag, brütete ich schwärzeste Gedanken.

Trotz der idyllischen Schilderungen der Studentenurlaube, die mir François angedeihen ließ, wenn er mal Zeit fand, mich am Wochenende zu besuchen, hätte mich nichts in der Welt zu einem neuen Versuch bewegen können.

Da ich für das folgende Jahr keinerlei Pläne hatte, wären wir zu meinen Eltern nach Cluny gefahren, hätte mich nicht die Einladung eines Freundes gereizt, zusammen ein großes Haus in Hossegor zu mieten.

Und so entdeckten wir 1951 entzückt Hossegor.

Ein praller Sommer voll Sonne und Hitze und Strand, soweit das Auge reichte. Die ansässigen Hossegorer und die noch recht seltenen Sommergäste akzeptierten uns sofort, und so ließen wir uns verführen; wir mieteten ein Sommerhaus und buchten gleich fürs nächste Jahr.

Ein paar Jahre später bauten wir selber, und dieses Haus sah die Kinder groß werden. Spielkameraden, ein kleiner Flirt hie und da und dann eine Liebe ließen sie in dieser Gegend Fuß fassen, und als wir siebzehn Kilometer weiter unser endgültiges Feriendomizil Latche entdeckten, bedeu-

tete das für sie kein Fortgehen, sondern eher ein Wurzel-
schlagen.

An die Stelle der kleinen Sommervilla in Hossegor trat das vor
Jahrhunderten in den Landes von Harzschröpfern[2] erbaute
Haus. Von Pinien, Korkeichen und Erdbeerbäumen umgeben, steht es in einer Lichtung mitten im Wald. Hier war von
nun an unser zweites Zuhause; ein richtiges Haus, in dem uns
die Seelen der einstigen Bewohner beschützten, auch wenn
wir sie nicht kannten.

Wir sind immer noch in Hossegor, als mich am 9. September
1965 ein Anruf erreicht:
»Hallo Danielle, ich habe soeben meine Kandidatur für die
Präsidentschaftswahl angemeldet.«
Das überrascht mich zwar nicht, aber ich lasse ein gewisses
Widerstreben erkennen, daß François gegen einen Dinosau-
rier antritt, den mehr als die Hälfte der Franzosen verehrt und
fürchtet wie einen Totempfahl. Er hält alle Zügel in der Hand:
eine Polizei, die ihm aus der Hand frißt, Kommunikationsmittel, die meisterhaft und mit unverhohlener Bitterkeit gegen
den Konkurrenten eingesetzt werden.
Aus dem Alptraum der Observatoire-Affäre erwacht, sträu-
be ich mich gegen die Hindernisse, Fallen und Hinterhalte,
die zwangsläufig auf uns warten. Wieder sollen wir wilder
Polemik trotzen, der Gemeinheit die Stirn bieten. Ein weiteres Mal trifft der General auf seinem Weg auf François,
und ich gebe mich nicht der Illusion hin, daß er ihn schonen
wird.
»Arme Danielle«, sagt bekümmert eine Freundin, als sie die
Nachrichten hört.
Ich habe keinerlei Lust, zurückzufahren … Aus ist es mit der

---

2 Harzschröpfer ritzen die Pinien an und sammeln das ausfließende Harz.

Ruhe, dem gerade erst wiedergefundenen Frieden und der Gelassenheit. Wahlkundgebungen stehen uns bevor, Reisen von Ost nach West und Nord nach Süd im Auto oder in zufällig sich bietenden Flugzeugen, pedantisch zugeteilte Sendezeiten. Da François bis dahin der Zugang zum Fernsehen systematisch verwehrt wurde, hat er wenigstens den Reiz des Neuen auf seiner Seite.

Doch schon erwacht wieder der brave kleine Soldat. »Was soll das heißen, ›arme Danielle‹?« Das wird ein Zuckerlecken! Und los geht's. François weiß, was er tut; ich werde ihn nicht allein lassen. Die UDSR stellt ihn auf, SFIO, Radikale und Kommunisten unterstützen ihn; die vereinigte Linke wird sich selbst als Alternative betrachten und durchsetzen können ... für die Zukunft.

In der Rue Guynemer herrscht ständiges Kommen und Gehen; dabei faßt das enge Wahlkampflokal problemlos die kleine Mannschaft, die die Reisen plant, Säle mietet, über Plakate beschließt, die Einschreibungen in die Unterstützungskomitees registriert.

Die Gruppe ist anfänglich klein, aber bald schon strömen die Helfer herbei. Die Gutwilligen werden aktiv, auch mit sehr geringen Mitteln ... Da die Kundgebungen immer mehr Zulauf finden, schält sich eine Bewegung heraus, spöttisch beäugt von den Gaullisten, die sich an die Umfragen halten, wonach François angeblich auf nicht mehr als 15 Prozent kommen wird. »Es gibt nicht einmal eine Stichwahl«, tönen sie.

Vermutlich merken sie gar nicht, daß sich nach und nach der Gedanke einer vereinigten Linken in den Köpfen einnistet. Die Begeisterung, das Glücksgefühl der Gemeinsamkeit, weisen den Aktiven und den noch ungläubigen Sympathisanten den Weg. In unseren immer dichter gefüllten Reihen läßt sich jeder etwas einfallen, strengt seine Vorstellungskraft an,

106

und François gewinnt Aufmerksamkeit. Nach vorne muß man blicken, wenn man möglichst viele Skeptiker mitreißen will. Der Kandidat der Linken tut es und wird zum Sprecher der gesamten Opposition. In der ersten Abstimmungsrunde fügt François dem General die völlig unerwartete Demütigung zu, mit 44,64 gegen 31,72 Prozent in die Stichwahl gehen zu müssen. Sollte der Sozialismus als eine Option für die moderne Gesellschaft erkannt worden sein?

Euphorisch, mitgerissen von der Dynamik der Ideen, werfe ich meine eigenen Vorschläge in die Debatte. Noch sind sie eine Art Versuchsballon oder Flaschenpost, klingen mir selbst wie launige Einfälle.

Es wäre doch toll, wenn eine sozialistische Regierung einen Gehaltstarif einrichtete, bei dem die Volksschullehrer und Krankenschwestern ganz oben rangierten. Ohne sie geht schließlich gar nichts. Ohne Krankenschwestern stürben die Patienten den Chirurgen unter den Händen, und wie erlangten unsere Studenten ihr hohes Wissen ohne die richtigen Volksschullehrer? Und wer schwere, aber unverzichtbare Arbeit verrichtet, soll um so besser bezahlt werden, je unattraktiver und gefürchteter sie ist; fahren wir nicht dank der Müllwerker mit Vergnügen durch unsere sauberen Städte? Ein paar weitere Ideen finde ich richtig: Der Staat soll das Geld kontrollieren und gerecht verteilen; in der Außenpolitik soll die unverbrüchliche Achtung der Menschenrechte Vorrang haben vor Wirtschaft, Handel und Finanzen.

Wär' doch nicht schlecht. Was haltet ihr davon? Lächelt von mir aus ... Bin ich vielleicht etwas zu revolutionär?

»Na ja, jedenfalls zu simplistisch. Die Utopistin Danielle versteht nicht viel von ›Realpolitik‹.«

Oh, aber ja doch, ich verstehe bereits einiges davon, und immer mehr, je größer meine Erfahrung wird.

Wenn ich dreißig Jahre später in den Streikwochen vom Dezember 1995 höre: »Wir haben es satt, immer nur als Wirtschaftsfaktor und nie als Menschen behandelt zu werden«, dann weiß ich – und nicht nur ich –, daß die heutige Politik, die der weltweiten Diktatur des Geldes gehorcht, von der Straße mit immer mehr Mißtrauen betrachtet und immer schärfer verurteilt wird. Utopist ist man ganz ohne Zweifel, wenn man zu früh recht hat.

So werden 1965 die ersten Schritte getan. Zusammen mit Waldeck-Rochet, der vor knapp einem Jahr nach dem Tode von Maurice Thorez Generalsekretär der KP geworden ist, kommen in der Gewißheit, daß nur eine vereinigte Linke gegenüber der Rechten eine Alternative darstellt, zu den Versammlungen in unserer Wohnung auch Neulinge, deren Reden mir gefallen.

Natürlich wissen wir, daß wir dieses Mal nicht gewinnen werden. Aber wir setzen ein Fanal und erschließen gewisse Gemüter. Nicht die Menschen bekämpfen wir, sondern die herrschenden Ideen und die Politik, der diese Menschen dienen.

Nie werde ich müde zu sagen, wie wohl ich mich neben dem Manne fühlte, der nicht etwa auf einen unmöglichen Sieg setzte, sondern den Nachweis führen wollte, daß sich das Volk der Linken nach der Vereinigung sehnte.

Welche Freude, beisammen zu sein, unter Aktiven und Sympathisanten. Nun will ich keineswegs vorgeben, die Parteiapparate hätten sich nicht auch gegenseitig mit einer Art organischem Mißtrauen beäugt, aber bestimmte, die Einheit beschwörende Veranstaltungen, wie etwa die letzte Kundgebung an der Porte d'Orléans am 17. Dezember 1965, lösen auch in der Erinnerung noch Emotionen aus, wie ich sie im politischen Kampf selten erfahren habe.

Meine Rivalin, die Politik

Während meine Feder die Mühsal eines öffentlichen Lebens nachzeichnet, wandere ich noch einmal den Weg seit unserem Hochzeitstag. Als ich an jenem Morgen am Arme meines Mannes unter den gekreuzten Säbeln der Offiziere des von Oberst Patrice befehligten Bataillon Liberté hindurch die Kirche Saint-Séverin verließ, glaubte ich noch, ich sei in all seinen Gedanken. Das Festmahl im Kreise seiner und meiner ganzen Familie, der Schwestern, Brüder und Freunde, ist noch nicht zu Ende, da entdecke ich meine erste und wichtigste Rivalin: die Politik. Noch ehe wir die Hochzeitstorte angeschnitten haben, zeigt François Zeichen der Ungeduld; er fragt seine Tischnachbarin, wie spät es sei, und flüstert mir dann ins Ohr:

»Ich muß weg, die Verantwortlichen der Kriegsgefangenenbewegung erwarten mich im Elysée-Matignon.«

»Ein Termin? Heute, an unserem Hochz...? Ich komme mit.«

»Wenn du willst.«

Im Brautkleid in der Ecke eines verrauchten Sitzungssaales dämmert mir, daß ich auch seinen Daseinsgrund ehelichen muß. Doch am Abend versuche ich ihm das Versprechen abzunehmen, mir einmal im Jahr die letzte Oktoberwoche zu schenken, in die unsere beiden Geburtstage und unser Hochzeitstag fallen.

Im Jahr darauf befinden wir uns zu diesem Datum in Nizza. Ja schon, aber weil dort die MNPGD tagt, die Bewegung der Kriegsgefangenen und Deportierten ... Nichts zu machen. Ich werde mich wohl damit abfinden müssen, daß sie Vorrang hat, diese Politik, die sich überall breitmacht. Immerhin, als er auf der Promenade des Anglais sagt: »Komm, Danielle, laß uns zum Essen mit den andern gehen«, reitet mich der Schalk: »Mein Herr, ich kenne Sie gar nicht.«

»Ach was, Danielle, sei nicht kindisch, komm.«

»Mein Herr, Sie belästigen mich.«

Ich setze das Spiel fort, bis wir herzlich lachend an einem Tisch der Kongreßteilnehmer Platz nehmen. Ich beobachte sie. Sie durchkreuzen meine Pläne, und wer sind sie überhaupt, daß sie sich in mein Leben einmischen?

Ich sehe auch, wie gekonnt mein Mann mit den jungen Frauen dort flirtet. Mit der Zeit finde ich das zwar ärgerlich, aber es trifft mich nicht tief. Als Frau und Mutter seiner Söhne, treu auf Posten – er soll nicht meinen, daß er mich damit in- und auswendig kennt.

Manchmal amüsiere ich mich süßsauer, so etwa an dem Tag, an dem wir im Justizministerium an der Place Vendôme Wohnung beziehen. Es ist sehr kalt, und in unserer Wohnung in der Rue Guynemer ist die Zentralheizung ausgefallen.

Wir könnten doch für ein paar Tage erstmals die Privaträume im Ministerium in Anspruch nehmen. Dort empfängt mich zu meiner großen Überraschung ein wunderschöner Strauß von hundert Rosen, der an den »sehr lieben Minister« adressiert ist. Mit boshaftem Vergnügen bedanke ich mich bei der Absenderin:

»Die Liebenswürdigkeit Ihrer uns zugedachten Sympathiebezeugung ist der Großzügigkeit des Geschenks ebenbürtig. Ich bin zutiefst gerührt« usw., usw. »Mit dem Ausdruck meiner angenehmen Empfehlung.« *gez.:* Danielle.

Schließlich wurde ich solcher mehr oder weniger geistvoller Spielchen und der manchmal surrealistischen Situationen überdrüssig; unser Zusammenleben fand neue, festere Wurzeln in der Familie. Wenn man sich gegenseitig von Herzen zugetan ist und aufrichtig beisammenzubleiben wünscht, sind auch gelegentliche amouröse Abwege durchaus denkbar.

Die Geburt von Mazarine[1] war für mich weder Enthüllung noch Drama; ich nahm sie hin. Den »guten Freundinnen«, die sich darob die Mäuler zerrissen, wandte ich den Rücken zu. Die zwischen François und mir geschmiedeten Bande der gemeinsamen Freuden und Leiden, der tapfer ertragenen Widrigkeiten, der Ängste und der leidenschaftlichen Begeisterung, der gewonnenen und verlorenen Kämpfe versprachen für die Zukunft noch liebevollere Zuneigung und festere Verankerung. Freundschaft, Zärtlichkeit, vereintes Handeln, Pläne, gemeinsames Streben und Hoffen – alles wies auf ein langes Zusammenleben hin.

Miteinander gestalteten wir das Zuhause für uns, unsere schon erwachsenen Kinder und die künftigen Enkel.

Der Tod unseres ersten Sohnes Pascal im Säuglingsalter, der Tod der geliebten »Mama«, wie wir sie alle nennen, alle erlittenen Schmerzen woben ein unzerreißbares Netz der Zuneigung. Wenn man älter wird, vergehen die Jahre immer schneller, und die mit François gelebte Zeit erscheint mir aus heutiger Sicht geradezu kurz.

Nie habe ich mich in meinem Leben mit ihm gelangweilt, weder in Freud noch in Leid. Nie brauchte ich zu lügen; was beiderseits unausgesprochen blieb, genügte vollauf, um Bescheid zu wissen. Es gab nichts Banales, nichts Mittelmäßiges zwischen uns, und ich bedaure nichts. Für die, die uns liebten, waren François und Danielle unzertrennlich, waren

---

1 Außereheliche Tochter von François Mitterrand. (Anm. d. Übers.)

nicht ohne einander zu denken. Christophe und Gilbert hielten mich an der Hand und ließen mich teilhaben an ihren kleinen Kinderproblemen, später an ihren Jugendkümmernissen; noch heute, da sie erwachsen sind, ist die Nabelschnur nicht völlig durchschnitten, und wir bilden eine festgefügte Familie, mag es auch denen mißfallen, die lauter dummes Zeug denken, sagen oder schreiben.

Meine stets gegenwärtige und aufmerksame Schwester teilte meine Freuden und Sorgen. Sie belebte meinen Alltag, den sonst wohl manchmal die Einsamkeit verdüstert hätte. Die »Gouze-Schwestern« erregten bei den uns Nahestehenden Rührung oder leichten Spott und ließen meinen Schwager Roger witzeln: »Zum Glück hat mich Danielle akzeptiert; Christine hätte sich sonst scheiden lassen müssen ...«

Immer mehr dringe ich ins politische Leben von François ein, und aus dem Dabeisein wird Mitmachen. Ich begnüge mich nicht mehr mit der Rolle der aufmerksamen und wissensdurstigen Zeugin, sondern es drängt mich zum Handeln.

Hätte ich das auch geschrieben, wenn mein Schicksal den von meinen dem Lehrberuf verbundenen Eltern vorgezeichneten Verlauf genommen hätte? Aus Neigung wäre ich Grundschullehrerin oder aus Karrierestreben Universitätsdozentin geworden und hätte dort meine Erfüllung gefunden. Da ich nun einmal so veranlagt bin, hätte ich meinen Blick auch auf die Welt gerichtet und meine Schüler dazu angehalten, deren Abenteuer aufmerksam zu verfolgen, so wie ich selbst gleich bei Kriegsende, angespornt durch Churchills Rede in Zürich, die ersten Europabestrebungen sehr bewußt erlebt habe. Ich hätte mich für die französischen Europaschulen stark gemacht, und wenn es sie nicht gegeben hätte, hätte ich sie gegründet, wie wir das in der Stiftung »France-Libertés« im

Verein mit einigen Schuldirektoren taten. Sie wissen nicht, was das ist? Es handelt sich ganz einfach um einen Schultypus, der die Kinder europäischer Länder schon im zartesten Alter zusammenbringt, damit sie sich kennenlernen und mit Hilfe moderner Informations- und Kommunikationsmittel ihre jeweilige Sprache, Lebensweise, ihre Sitten und Gebräuche entdecken können.

»Guten Tag, wie heißt du?«

»*Me llamo María López. ¿Cómo te llamas, tú?*«

»Jean Morin.«

»*And you? What is your name?*«

Oder zu den ganz Kleinen gewandt, indem man ihnen ein Buch zeigt:

»Du nennst das ein *Buch*, der kleine Engländer neben dir sagt dazu *the book*.«

So lernen sie das Dasein der anderen kennen, die manchmal anderer Hautfarbe sind. Sie reden miteinander, begegnen sich.

»Und wer sagt zum Hund *el perro* und *el gato* zur Katze? Weißt du's, Adrien?«

»Mein Freund Emmanuel.«

»Er ist Spanier; ist er Ausländer oder kommt aus dem Ausland?«

»Nein, nein, das ist mein Schulfreund.«

Na also!

Wenn diese Kinder groß sind, wird ihnen in Briefwechseln und Reisen ganz Europa vertraut. Es entsteht eine europäische Kultur, in der unsere verschiedenen Kulturen beheimatet sind, die wir um so besser wahren, als wir sie anderen bekanntmachen.

Immer versuche ich, mein Bestes zu geben, immer suche ich das Positive der Lage zu sehen, in der ich mich gerade befinde, auch wenn sie eher mißlich ist. Mit Sicherheit hätte ich meinen Schülern die Leseleidenschaft beigebracht und aus meiner Schule einen Raum des Traums, der Befreiung aus dem Alltagstrott, der Begegnung und des Austauschs gemacht, in den sie gerne gekommen wären. Einen Garten hätte ich angelegt, damit sie die Pflanzen lieben und hegen lernen, und wir hätten Tiere aufgezogen, die sie gepflegt, geachtet und liebkost hätten.

Sechzig Jahre später hätte man in einem kleinen Dorf, am liebsten im Burgund oder Beaujolais, auf einen Grabstein schreiben können:

Hier ruht eine glückliche Lehrerin
Denn sie lehrte mit Leib und Seele.

Mai 1968

In der Rue Guynemer gegenüber dem Palais du Luxembourg dringt der Lärm des Studentenaufstandes durch die Fenster unserer Wohnung. Wir schreiben Mai 1968.

»Wiederum ist es die Jugend, die die alten Strukturen aufbricht und die etablierten Regime erschüttert«, schreibt François später.

Die De-Gaulle-Regierung rafft sich noch einmal auf, schlägt die Revolte brutal nieder und stellt auf kurze Sicht wieder die Ordnung her. Die Utopie, Unordnung und Anarchie des Aufstandes waren allerdings der alternativen politischen Bewegung, die sich seit einigen Jahren formierte, wenig dienlich. Ihr als zu konventionell und zu gemächlich empfundenes Vorgehen im Rahmen der bestehenden, wenngleich angefochtenen Gesetze überforderte die Geduld einer Jugend, die nicht mehr an den rechtmäßigen Machtwechsel glaubte.

»Und was meinst du dazu, François?« Vermutlich hat er nicht die Zeit gefunden, es mir zu sagen, aber heute weiß ich, daß er etwa so hätte antworten können: »Indem sie die Auflehnung zur Lebensregel erkor, hat die Jugend den Kampf um die Gerechtigkeit neu entfacht und an uralte Wahrheiten erinnert.« Ja, in diesem Sinne hätte er geantwortet, denn mittlerweile kann ich es in »Ma part de vérité« nachlesen, das er 1969 verfaßte.

Ich übersetze das so: Ein Tritt in den Ameisenhaufen mischt die Karten anders und bringt neue zum Vorschein.

Wer konnte die Herausforderung annehmen?

Mendès France? Er geht mit sich zu Rate.

Umgeben von seinen Anhängern orakelt er in seiner Ecke: »Soll ich hingehen oder soll ich nicht?« Gemeint ist natürlich: nach Charléty[1].

Sich in Einigkeit stark zeigen, gemeinsam Wegweisungen vorschlagen, zeigen, daß man da ist, bereit zum Machtwechsel – so lautet das Ziel von François.

Unsere Umgebung wartet gespannt, wie sich Pierre Mendès France entscheidet. Eine Radiomeldung löst die Spannung.

»Er« ist tatsächlich hingegangen, aber heimlich, hat keinen Ton gesagt, vor allem auch seine politischen Verbündeten nicht unterrichtet.

In der Wohnung geben sich die Besucher die Klinke in die Hand.

Schnell ein T-Shirt für Roland Dumas, der mit einer Platzwunde und blutüberströmtem Kopf vom Boulevard Saint-Michel kommt.

»Sie wollen uns etwas sagen«, berichtet Roland, »aber wir müssen uns vor den Extremisten hüten, die sich unter die Studenten mischen, Agitatoren, die Bäume absägen, Gewalt predigen, Autos anzünden, mutwillig zerstören und plündern.«

Welches Ziel verfolgen sie damit, sofern sie eines haben? Sie wollen die Bevölkerung verschrecken, die armen Bauern, die befürchten, die Schreckenszeit der Revolution kehre zurück und erhebe ihr Medusenhaupt, und sich deswegen zu Hause

---

1 Im dortigen Stadion begehrte eine riesige Studentenversammlung gegen die Gesellschaft auf, in der sie lebte.

verbarrikadieren und bei der nächsten Wahl in Massen für die Rechte stimmen.

Die Manipulation war jedenfalls vollkommen gelungen. Und die Wiedergewinnung des verlorenen Terrains? Na hören Sie! Nichts als Trümpfe in der Hand der Ordnungskräfte, die es sich im passenden Augenblick nicht nehmen lassen werden, die zuvor von Medien und Regierung geschickt terrorisierten Menschen zu beschwichtigen. Libertinage und Verbindungen zur Haschischszene beunruhigen die Gesellschaft, die darauf nicht vorbereitet ist. Sie wird alles en bloc verurteilen, die wohlbegründeten Forderungen ebenso wie die schlimmen Auswüchse.

Einige verirrte »Revolutionäre«, denen die Ereignisse über den Kopf gewachsen sind, finden den Weg zu uns; es kommt zum Dialog, François redet, analysiert, skizziert die Entwicklung der nächsten Tage, warnt vor dem Rückschwung des Pendels. Konnte er sie überzeugen? Ich weiß es nicht.

Ich meine sie trotz der Auswüchse verstanden zu haben, schlage mich voll auf ihre Seite, spüre aber auch die Verärgerung von François, der mitansehen muß, wie die langsam und mühsam vormarschierende Linke an den Barrikaden von Saint-Michel aus dem Tritt kommt und sich in den Windungen der Sorbonne zu verlieren droht.

De Gaulle verschwindet von der Bildfläche, Marcellin ist am Werk, de Gaulle taucht wieder auf – der Ausbruch für eine Veränderung des Lebens versackt in den Absprachen der Rue Grenelle: Lohn- und Gehaltsanpassung, Verkürzung der Arbeitszeit, Bildung von Gewerkschaftssektionen in den Unternehmen... Aus unseren enttäuschten Revolutionären werden die »Achtundsechziger«. Heute sprechen die inzwischen erwachsen Gewordenen wehmütig über diese verpaßte Chance. Sie haben sich ihren kritischen Geist bewahrt, finden sich in großer Zahl in den Verbänden, Aktionskomitees und

118

Bürgerbewegungen, beobachten oft mißtrauisch die Erstarrung der Politiker- und Parteien-Kaste, aber auch der Gewerkschaften, die nicht über ihre Nasenspitze hinausblicken.

Diese Generation hat zu ihrer Zeit mit ihrer Revolution gut daran getan, am Baum der Macht zu rütteln, auf den sie nicht etwa selbst klettern, von dem sie vielmehr jene herunterschütteln wollte, die sich an ihm festklammerten. Jene mit den tauben Ohren, die nichts wußten und nichts wissen wollten von der Mühsal der Bevölkerung und von einer Jugend, die von einer anderen Welt träumte.

Auch sie ist gealtert, und das Salz ihrer Revolte ist schal geworden.

Dennoch lebt ihr Geist fort und findet seine Anhänger im Rahmen der Menschenrechtsorganisationen, die sich zum Fürsprecher der Unterdrückten in aller Welt machen. Ob es gegen die Unterdrückung durch das Großkapital oder durch eine Staatsdiktatur geht – immer sind sie dabei.

Auch in den letzten Dezemberwochen 1995 waren sie dabei, auf der Straße in Paris und in der Provinz, mit ihren Kindern, die jetzt die Studenten sind. »Nein zur Diktatur des Geldes, Ja zu den Menschenrechten.«

Die frustrierenden Gebote der Staatsräson interessieren sie nicht. Freiweg reden sie, freiwillig sind sie zum unentgeltlichen Handeln bereit, und diese Gegenmacht, die jede Macht braucht, nimmt Gestalt an, äußert sich, spornt an und weckt die schlafenden Sehnsüchte der Massen.

1971 – Eine gewaltige Hoffnung

Hat sich der Reiz der Abonnementsbelege für die Zeitschrift »Dire« allmählich erschöpft, die die Convention für die Republikanischen Institutionen herausgab? Die vielen Stufen bis in den dritten Stock des uralten Gebäudes ohne Aufzug in der Rue du Louvre konnten mein selbstloses Engagement nicht dämpfen. Die wenigen Nummern, die ich selbst als »hervorragend« einschätzte, fanden nicht genug Abnehmer, und so ging unsere Zeitschrift ein. Meine nutzlos gewordene Energie mußte sich andere Betätigungsfelder suchen.

Ich bewege mich zwischen der Buchbinderei, der Familie, der Überwachung des Baufortschritts in Latche, den Wahlen, Kundgebungen und Versammlungen, Fehlschlägen, Siegen, Rivalitäten, Konkurrenzkämpfen und gegenseitigen Übervorteilungen und dazwischen ein paar heilsamen Erfahrungen im Dienste einer immer klarer werdenden Vision: Wir brauchen eine große Linkspartei.

1971 in Epinay ist es soweit. Ein großer Tag an der Seite von François. Es geht um alles oder nichts; heute abend entscheidet sich, ob es die Sozialistische Partei geben wird oder nicht. Im letzteren Falle muß eine neue Strategie der Linken erfunden werden ... Doch greifen wir nicht vor.

Juni. Es herrscht das Gedränge der großen Tage und der großen Redeschlachten; in immer neuen Angriffswellen soll eine veraltete und abgehalfterte SFIO[1] erobert werden.
Mir entgeht kein Wort der Debattenbeiträge. Mit hellwachen Ohren lausche ich allem, was geredet wird. Wie beiläufig geselle ich mich zu den Einzelunterhaltungen, in denen die wirkliche Stimmung erkennbar ist, während auf der Tribüne die Redner miteinander Katz und Maus spielen. Aus allem Gesagten muß man die Nuancen, die Grundtöne und Nebentöne heraushören, muß vor allem interpretieren können, darf nicht den Worten auf den Leim gehen ... Und die Redner reden und reden, als gebühre dem der Preis, der die größte Verwirrung stiften kann. Stunde um Stunde schwanken wir zwischen Gewißheit und schwerstem Zweifel über den Ausgang hin und her. Wie dem auch sei: Allein die Abstimmung wird Klarheit bringen und entscheiden. Behalten wir die Nerven.
Die ersten Regionalverbände verkünden die Zahl ihrer Mitglieder und ihre Position für oder gegen die Schaffung einer Sozialistischen Partei; da in alphabetischer Reihenfolge vorgegangen wird, sind als erstes die kleinen dran – Ain, Aisne, Allier ... Die Bouches-du-Rhône muß man abwarten, bis ein erster Nadelausschlag die Tendenz anzeigt ... Danach Cantal, Corrèze, Doubs ... Die Schere schließt sich gefährlich. Wie werden die Departements Nord und Pas-de-Calais entscheiden? Es wird spannend ... Ich sitze neben François, sein sphinxhaftes Gesicht bildet den Kontrast zu meiner Erregung, die sich in der gequälten Frage Luft macht:
»François, und wenn du keine Mehrheit bekommst? ...«
(Mißmutig): »Dann habe ich eben verloren.«

---

1 »Section Française de l'Internationale Ouvrière« – »Französische Sektion der Arbeiterinternationale«: 1905 (nach dem internationalen Sozialistenkongreß in Amsterdam von 1904) gegründeter Zusammenschluß der Hauptgruppen des französischen Sozialismus. (Anm. d. Übers.)

Die letzten Verbände haben abgestimmt – Hurra! wir haben gewonnen, die PS erblickt das Licht der Welt. Ich begegne dem Blick von Guy Mollet ... Friede seiner Asche: Wenn Blicke töten könnten, dieser hätte mich erdolcht. Ich küsse François und seufze ihm ins Ohr: »Du hast gewonnen.«

Die »kleine Mannschaft« springt auf, beglückwünscht sich, und um ein Uhr in der Früh sitzen wir um den Tisch einer elsässischen Bierstube und verzehren eine Choucroute. Ob Sie es glauben oder nicht: Pierre Joxe, kein anderer als unser immer etwas gestrenger und wenig zum Spaßen aufgelegter Pierre Joxe, lacht, daß die Wände wackeln. Wir sind Kameraden, die einen schönen Coup gelandet haben. Eine Partei, die das nächste Mal gewinnt. Mögen mir die Verlierer dieses Tages den Ausbruch verzeihen; im übrigen schlossen sich uns viele von ihnen bald an.

Nie hat ein Parteitag in solcher Euphorie geendet; die Struktur steht, das Instrument liegt bereit, die Linke hat jetzt die Chance, die Macht zu übernehmen. Die Rose in der Faust ist noch Knospe, sie wird erblühen, und das in ganz Europa. Die nächste Präsidentschaftswahl findet 1976 statt; die Zeit liegt vor uns.

In diesem Jahr können wir erstmals unsere Ferien im neuen Haus in Latche verbringen. Eingeschossig, steht es leicht erhaben über einem Maisfeld, das ein naher Nachbar gepflanzt hat.

Man gelangt zu ebener Erde hinein, alles Gebälk ist frei sichtbar, die Einrichtung modern. An alle vier Ecken des Wohnraums schließt ein Schlafzimmer an; hier sind wir zu Hause. Im Winter versammeln wir uns ums Kaminfeuer, und im Sommer leben wir mit weitgeöffneten Fenstern und Türen im Freien. François sitzt unter seiner Eiche, meine Schwester und ich spielen auf den Liegestühlen in der Sonne Scrabble, die treue

Freundin Annie zählt die Gewinnpunkte und konsultiert das Wörterbuch.

Der einstige Schafstall unserer fernen Vorgänger wird zum Schlaf- und Arbeitszimmer für François umgebaut. Sein Tisch, seine Bücher und die vom Architekten Pouillon geschenkte Weltkarte nehmen drei Viertel des Raumes ein, in den er sich gerne zurückzieht, wo er nachdenkt und schreibt. Die rindlederbezogenen Sessel und die Couch bringen das Lokalkolorit. Bewohnbar ist das Haus seit knapp einem Jahr, jetzt können wir dorthin Freunde einladen. Der gerade fertiggestellte Tennisplatz, ebenfalls mit einem heute für Gäste reservierten »Park«[2] daneben, entstand unter der Patronage von »Mama«, die so rührend anzusehen war, als sie das von Gilbert und Christophe veranstaltete Turnier eröffnete. Die Fotoapparate klickten; damals weilte sie noch, umgeben von ihren Schwiegersöhnen und Enkeln, unter uns. Seit einiger Zeit ermüdet sie leicht, wie ich finde. Ihr Herz hat vieles durchmachen müssen; nur noch mit Mühe kann sie sich auf der Lichtung bewegen; ihre diskrete Anwesenheit schenkt uns Ruhe und Trost. Sie sitzt unter einem Pflaumenbaum, an den langen Nachmittagen leistet ihr Noisette[3] Gesellschaft. Um Mama entfaltet sich das Leben der Hausbewohner im ländlichen Rhythmus des Ferienmonats August. Wir spüren, daß ihre Tage gezählt sind; der befreundete Arzt, der sie versorgt, läßt uns darüber nicht im unklaren, und von dem Tage an kümmere ich mich unablässig um sie. Einige Wochen später muß sie nach Lyon ins Krankenhaus, erholt sich aber wieder soweit, daß sie nach Paris kommen kann, wo sie ein Zuhause erwartet ...

Im November desselben Jahres 1971 hat sie uns verlassen. Meine Welt war aus den Fugen. Jetzt war ich Waise. Nie werde

---

2 So nennt man in der Region einen Schafstall.
3 Eine damals blutjunge Eselin, die immer noch unter uns weilt.

ich wieder sagen können: »Mama, kannst du mir sagen, wie
das damals war, als ...«
Alle Orientierungen, die sie mir gab, werden mir fortan fehlen. Jetzt stehen mein Bruder Roger, Christine und ich in der
vordersten Linie. Darauf war ich nicht vorbereitet.
Aber das Leben muß weitergehen.

Die Sozialistische Partei richtet ihr Hauptquartier in bescheidenen Büroräumen ein, Place du Palais-Bourbon Nr. 7. Dort
geht es zu wie in einem Bienenstock, nur daß die Bienen
Ideen haben, Informationen zusammentragen, Vorschläge
machen, planen und handeln. Die Mitgliederzahlen steigen.
Man glaubt an uns.
Schon im dritten Mandatsjahr zeigt Georges Pompidou beunruhigende Krankheitssymptome. Die nächste Wahl ist erst für
1976 vorgesehen, aber nun gilt es, die Partei beschleunigt vor-
zubereiten, denn immer deutlicher schreitet die Krankheit
des amtierenden Präsidenten voran.
Am 2. April 1974 werden die Fernsehprogramme unterbrochen, die Nachricht wirkt wie ein Hammer – Georges Pompidou ist tot.
Christine und ich liegen in der Loggia in Latche, stumm sehen
wir uns an. Alles überstürzt sich, und die nächsten Tage vergehen wie im Flug.
Ist die Partei bereit?
Verzeihen Sie mir, Madame Pompidou, wenn ich als Streiterin
der Sozialistischen Partei zu direkt und in Ihren Augen vielleicht
grausam bin. Ich kann mir – und Sie haben es mir sehr viel später anvertraut – sehr wohl Ihren Kummer in jenen Monaten vorstellen, in der die Krankheit so schwer erträglich wird unter den
erbarmungslosen Augen der Kameras. Auch der Verrat der
Machtgierigen blieb nicht aus, und er schmerzte um so mehr, als
sie in Ihrer eigenen Umgebung immer zahlreicher wurden.

Jedenfalls muß die PS startbereit sein.

Aber wer ist ihr Kandidat? Für mich und alle, die François in den langen, schweren Jahren bis zur Entstehung der Partei treu geblieben sind, ist das gar keine Frage. So daß niemand seinen Namen in die Debatte wirft und alle Welt erwartet, daß er es selber tut. Aber da kennt man ihn schlecht, und ich merke sehr wohl, daß er eine Bewegung sich formieren und zu seinen Gunsten äußern sehen möchte. Er sagt nichts.

Daraufhin meldet sich da und dort schüchterner, aber unübersehbarer Ehrgeiz, kleinkarierte Hausmachtstrategien werden entworfen; solange François schweigt, kann man darauf spekulieren, er werde verzichten, wie er es 1969 tat, als das »Ticket« Defferre-Mendès in die Schlacht zog.

Diesmal aber, wo die Aussicht auf einen möglichen Sieg den Appetit reizt, wird das Schweigen des »offenkundigen Kandidaten« immer störender. Zwar sorge ich mich nicht über Gebühr, aber ärgerlich ist es schon. Die ihm Nahestehenden rätseln, sind durch die Gerüchte über andere mögliche Kandidaten beunruhigt. Rocard gibt verschämte Töne von sich; allerdings wiegen seine 3 Prozent von 1989 nicht schwer in der Waagschale. Die Mendès-Fans werden ungeduldig, drängen ihn zur Kandidatur. Mendès France zögert.

»Jetzt schießen die Kandidaturen ins Kraut«, sagt François zu mir, »die Klugheit rät dazu, sie sich totlaufen zu lassen. Wozu jetzt meinen Namen in die konfuse Debatte werfen?«

Und er wartet weiter.

»Auf was wartet er bloß?« empört sich sein nächster Freund Georges Dayan.

»Daß ihr ihn bittet!« erwidere ich.

Wie es weiterging, wissen Sie.

Welche Wahlschlacht!

Union der Linken, das Volk der Linken geeint: das war gut, man fühlte sich wohl dabei.

Die zahllosen persönlichen Briefe beschäftigen mich mehrere Stunden pro Tag; sie wollen beantwortet werden, man muß argumentieren oder sich auch ganz einfach für Ermutigung und Unterstützung bedanken. Monatelang lerne ich aus diesem Austausch mit Leuten unterschiedlichsten Milieus und verschiedenster Berufe viel über das Leben meiner Zeitgenossen, ihre Schwierigkeiten und Hoffnungen. Allmählich gewinne ich einen Eindruck von dem, was mir bevorsteht, wenn François gewählt wird; aber loben wir den Tag nicht vor dem Abend ...

Die Zahlen sprechen eine klare Sprache, die Sozialistische Partei benötigt sämtliche Stimmen der Linken. Die Überreste der PSU, genauer: die Leute, die sich um Michel Rocard scharen, nehmen zu, und sie geben sich wichtig. Ob die Anführer der CERES-Strömung, das heißt der Überreste der SFIO, ein ehrliches Spiel treiben, weiß ich nicht, will es aber gerne glauben. Die Gewißheit, daß die Union in den Reihen der aktiven Sozialisten und Kommunisten unumstritten ist, beruhigt mich doch sehr.

Auf den letzten Kundgebungen versagen die Stimmbänder François den Dienst; jeder weiß irgendein todsicheres Mittel, wie er wieder zu Stimme kommen kann – Wunderpastillen, -säfte, -tees und -sirups zuhauf treffen ein. Eine Handvoll Getreuer kümmert sich um ihn, er eilt von Veranstaltung zu Veranstaltung und rüttelt weiter die Massen auf.

Knapp vor dem Ziel überholt ...

Seien wir gute Verlierer, aber die Enttäuschung ist gewaltig. Als wir Château-Chinon verlassen, ist uns das Herz schwer. Um uns herum fließen Tränen, machen sich Trauer und

Ernüchterung breit. Immerhin blasen Jérôme Savary und sein Magic Circus, die den ganzen Tag über alle Einwohner der Stadt und des ganzen Morvand zu Tanz, Gesang und munterem Treiben animiert hatten, zu neuer Hoffnung und verabschieden uns mit einer ohrenbetäubenden Musik. Jetzt auch nistet sich ein kleines, schwarzhaariges Knäuel in unserer Familie ein: die Labradorwelpe Julie auf meinen Knien. »Sie wird Sie trösten«, sagt mir der großzügige Spender, »ist erst ein paar Wochen alt.« Sofort erobert sie meine Liebe und läßt selbst die Traurigsten wieder lächeln.

François rät mir, für sie eine Hundehütte zu kaufen (die sie nie bewohnen wird). Im Bazar de l'Hôtel de Ville: »Ach, Madame Mitterrand, wie unglücklich bin ich heute morgen, habe den ganzen Wahlkampf über so sehr gehofft.«

Ein paar Meter weiter: »Aber das ist doch Madame Mitterrand! Welche Enttäuschung, Madame, es ist zum Heulen; dabei konnte ich endlich bedenkenlos meinen Kandidaten wählen ...«

Wohin ich komme, bilden sich kleine Grüppchen, werden größer. Ich versuche angesichts so vieler Sympathiebekundungen meine Gefühle zu beherrschen, aber inmitten der Gartenmöbel, vor den Hundehäuschen und -körbchen verläßt mich plötzlich die Kraft, ich setze mich auf eine Parkbank und lasse meinen Tränen freien Lauf. Wiederum ist es François, der wenige Stunden später vor den versammelten Parteistreitern den Ton anschlägt:

»Ohne Pause noch Erlahmen.«

»Der Sozialismus – eine Idee, die ihren Weg macht.«

Und diese Idee müssen wir allen nahebringen, die wir bislang noch nicht überzeugt haben.

Gewissenhaft beantworte ich hundert und aberhundert Briefe mit den Worten, die François in seiner Dankrede an die Wähler benutzt hat: »Ohne *Pose* noch Erlahmen« ... Rückblik-

kend höre ich meine Lehrerin fragen:»Und für wen *posieren* Sie, Mademoiselle?«
Niemand machte mich auf den Fehler aufmerksam; erst viel später fiel er mir auf.

Inzwischen sind meine Kinder erwachsen und selbständiger, und so werfe ich mich aktiv ins Getümmel; ein Weg tut sich mir auf.
Da mir das feine Gespinst der Einflußnahmen, Strategien und ausgeklügelten diplomatischen Manöver nicht viel sagt und ich dafür auch wenig begabt bin, betätige ich mich vor allem in kleineren, spontaneren Gruppierungen und Bewegungen.
Die parteinahe »Solidarité Internationale« wird mein Aktionsfeld. Ich bin überzeugt, daß sich im zwischenmenschlichen Bereich einiges bewirken läßt. So bieten sich meinem Kampfgeist konkrete Ziele. Zwar bleiben mir die parteiinternen Probleme nicht fremd, aber ich schaue mir lieber an, was in der Welt vorgeht; die weltweite Betrachtungsweise lenkt unbewußt mein Vorgehen.
Mit den Nachrichten vom Volksaufstand gegen die Privatmilizen in Salvador und vom Militärputsch in Afghanistan schiebt sich die Weltkarte in meinen Gesichtskreis. Deren Mittelpunkt ist für uns natürlich Frankreich. Allmählich ist mir bewußt geworden, daß viele, die – sei es links oder rechts – sich ganz auf die Rivalität um die Macht konzentrieren, darüber vergessen, daß die Menschheit unteilbar ist und wir mehr und mehr aufeinander angewiesen sind.
Noch kann ich mir die Zukunft nicht ausmalen, aber in feinen Strichen nimmt »France-Libertés« erste Konturen an.

Und die Kinder?
Inzwischen sind sie zu Männern gereift. In der Präsidentschaftswahl von 1974 kämpfte Christophe bereits auf der Insel

128

Réunion für seinen Vater. Mit gutem Ergebnis, wenn man die Stimmauszählung ansieht, denn François gewann in dem Übersee-Departement die Mehrheit. Da er das Wahlergebnis dieser fernen Insel einige Stunden früher kannte, wartete Christophe in Hochstimmung auf das Auszählungsergebnis im Mutterland.

Gilbert wurde 1973 aktiv und kandidierte bei den Parlamentswahlen im Beaujolais als Ersatzmann für André Soulier.

Männer sind sie geworden – und sind doch immer noch meine Kinder.

Christophe heiratete bereits 1975. Ich freue mich, eine junge Frau bei uns begrüßen zu dürfen, Minouche, zumal sie in die Rue de Bièvre und damit in meine unmittelbare Nähe zieht.

Und Gilbert? Auch er trat zwei Jahre später in den Stand der Ehe. Es dauerte nicht lange, und ich hielt voll Freude eine Enkelin in den Armen.

Sonntag, 10. Mai 1981

Wieder reißt mich François in einen Strudel der Ereignisse, der sich schon seit Monaten angekündigt hat. Die Sozialistische Partei hebt ihn ohne erkennbares Zögern als ihren Kandidaten auf den Schild, und alle Welt steht bereit, um Überzeugungsarbeit zu leisten, zu argumentieren, zum Volk zu sprechen. Die Kundgebungen sind bestens organisiert, es gibt kaum irgendwelche Pannen. Ich weiß nicht, ob sich die Beteiligten noch erinnern.

Hinreißend!

Die sozialistische Hymne nach der Musik von Theodorakis, die Lahme zum Marschieren bewegen könnte, ließ die Parteikämpfer singen, tanzen und brüllen, sobald François angesagt wurde.

Stets in der ersten Reihe sitzend, bemerke ich sorgenvoll seine Müdigkeit, aber er begeistert mich wie alle anderen.

Die Journalisten fragen: »Wie sehen Sie Ihre Rolle als erste Dame des Landes?«

»Alles zu seiner Zeit. Ich werde schon wissen, was ich zu tun habe, wenn erst ...«

»Immer noch Zweifel?«

»Abwarten.«

Wir schreiben Mai 1981.

Heute ist Sonntag, der 10. Mai 1981.

Ein Wahltagmorgen wie andere zuvor. Was nun geschieht, hängt nicht mehr von uns ab.

Wie jedesmal begeben wir uns nach Château-Chinon. Bei der Abfahrt um 9 Uhr begrüßt uns das entlang der Straße versammelte Unterstützungskomitee der Rue de Bièvre und wünscht uns Glück. Wir treffen um 13 Uhr ein und geben noch vor dem Mittagessen unsere Stimme ab. Die Pforten des Rathauses sind weit geöffnet, und die Bevölkerung erwartet uns.

Hände strecken sich uns entgegen, Kinder bieten ihr Gesichtchen dem erwarteten Kuß. Die Freundlichkeit der Einwohner, die uns anspornen wollen, begleitet uns zur Erfüllung unserer Bürgerpflicht. »Hat gewählt«, und klack! tönt der Holzhammer auf dem Tisch. Journalisten und Fernsehkameras, Blitzlichtgewitter, Applaus.

Wir schlendern zum Hotel Vieux Morvan, hinter uns die Einwohner der Stadt, die sich mit den Freunden der großen Anlässe vermengen. Aus der ganzen Umgebung sind sie gekommen, aber manche haben auch den weiten Weg von Paris, Lyon, Marseille und anderswoher nicht gescheut.

Bei Tisch geht es geräuschvoll zu, vor Erregung heben wir alle die Stimme, jeder will den andern im Erzählen hübscher Geschichten übertrumpfen, um uns die Zeit zu vertreiben …

Mein Schwager Roger schöpft aus seinem Repertoire; François kennt es schon auswendig, aber er lacht, als hörte er alles zum ersten Mal.

Christine und ich begeben uns in das für uns reservierte Hotelzimmer; wir spielen Scrabble und achten nicht auf den laufenden Fernseher, der die Spannung mildern soll.

Um sechs Uhr nehmen wir die Zahl der Enthaltungen zur Kenntnis; sie läßt sich beliebig interpretieren, je nachdem, ob man dem Optimismus oder dem Pessimismus zuneigt.

Seitdem ich meinen Wahlzettel in die Urne gesteckt habe, erlebe ich das Geschehen gewissermaßen in Klammern ... bis zur Verkündung des Resultats. Ich fliehe die Aufregung, verstopfe mir die Ohren vor den manchmal sehr originellen Prognosen, und bleibe allein mit Christine. Schon ab 18 Uhr verkünden sich autorisiert gebende Quellen den sicheren Sieg für François. Ich will es nicht hören, sondern warte das amtliche Wahlergebnis ab.

Halb acht, Viertel vor acht – François ist mit einigen Freunden zu mir heraufgekommen; sie wissen schon Bescheid und verbergen nur schlecht ihren Jubel.

Acht Uhr, die Würfel sind gefallen; eine passende Musik, die Erkennungsmelodie der Tagesschau: Das Urteil der Wähler wird verkündet, und Zeile um Zeile erscheint das Gesicht des Gewählten ...

François Mitterrand ist Präsident der Republik.

François ergreift meine Hand, wir sprechen kein Wort. Draußen erhebt sich tosender Jubel. François flüstert mir zu: »Was geschieht uns?«

Vor dem Vieux Morvan und im Speisesaal explodiert die Freude. Hurrarufe und lautes Klatschen wollen kein Ende nehmen, springen von einer Straße zur anderen über, die ganze Stadt ist im Freudentaumel.

Jean Chevier, seine Frau Ginette und sein Schwager, die Besitzer des Hotels, weinen hinter der Theke, der treue Freund Jean Dussert fällt dem Nächstbesten um den Hals – die Gefühlswoge erreicht ihren Höhepunkt.

Ich unterdrücke meine Empfindung mit einem mehr als beredten Schweigen, lasse mich umarmen, an teils unbekannte Brüste drücken, versuche nicht einmal, mir das weitere vorzustellen. Langsam beginnt es zu regnen, aber der Regen kann der Begeisterung der Menge nichts anhaben. »Auf den

Balkon! Auf den Balkon!« Ein freundschaftliches Winken von
der Terrasse stachelt den Applaus erneut an. Dann gehen wir
zu den Freunden hinunter, jeder äußert auf seine Weise seine
Freude – welch eine Atmosphäre!
François zieht sich zurück, um seine erste Dankansprache vor-
zubereiten.
Vom Rathaus in Château-Chinon aus stellt sich der neue Präsident der Franzosen ganz Frankreich und der Welt vor. Ein
sozialistischer Präsident.

Als wir den Wagen nach Paris besteigen, regnet es in Strömen.
Die Scheibenwischer versagen, Aufregung, Reparatur; end-
lich können wir abfahren.
François setzt sich vorne neben den treuen Fahrer und Freund
Pierre Tourlier; Christine, Irène Dayan und ich sitzen im
Fond. Wir reden wenig, jeder und jede hängt seinen oder
ihren Gedanken nach. Meine Schwester macht sich besorgte
Gedanken über unser künftiges Leben.
Journalisten auf Motorrädern folgen uns, hinter uns bildet
sich eine Autoschlange.
Erstes Indiz unseres veränderten Alltags: Wir brauchen keine
Maut zu entrichten. Die Kräder der Gendarmerie nehmen
uns in die Mitte, machen die Straße vor uns frei, und wir fah-
ren mit Eskorte in Paris ein.
Mit dieser Equipage erreichen wir die Zentrale der PS, wo uns
die ungewöhnliche Euphorie einer Partei empfängt, die sich
selbst an Siegestagen eher grämlich gibt.
Unter dem ausbrechenden Gewitter ist Paris wie elektrisiert,
und alle Straßen sind voll begeisterter Menschen, die ihre
Freude hinausschreien.
»Auf zur Bastille!« Ich will mitfeiern und mich gerade meinen
Söhnen anschließen: »Nein, Madame la Présidente, die
Sicherheit … Sie müssen zu Hause bleiben.«

So verbringe ich diese erste Nacht in meinem Bett, während so viele Pariser den Abend feiern wie einen 14. Juli ...

In den elf Tagen zwischen Wahltag und Amtseinführung beantworte ich zahllose Glückwunschbriefe. Für die Organisation der Feierlichkeiten des großen Tages bringt jeder sein gerüttelt Maß an Ideen, Anregungen, Ratschlägen ein; sie alle wollen, daß es ein unvergeßlicher Tag werde.

Wir steigen die Stufen zum Pantheon hinauf. François geht allein über den Platz vor dem Portal, in der Hand eine Rose. Er ehrt und grüßt die Gräber von Jean Jaurès, Victor Schoelcher und Jean Moulin. Sodann steht er einsam dort oben, der Regen rieselt ihm über das Gesicht, und unter den Klängen der »Hymne an die Freude«, die Plácido Domingo singt, blickt er auf die andächtige Menge herab.

Der plötzliche Schauer verstärkt die Empfindungen nur noch. Im Karree der Staatsvertreter und der Persönlichkeiten des öffentlichen Lebens legt sich ein Regenmantel auf meine Schultern. Ich bin Zuschauerin und Nebendarstellerin zugleich. Da wir nur wenige Schritte von der Rue de Bièvre entfernt sind, packt mich in dieser feierlichen Atmosphäre eine unbändige Lust, zu Fuß nach Hause zu gehen.

Seit der Übergabe der Amtsgeschäfte am Morgen ist François Hausherr im Elysée. Dennoch sehne ich mich danach, allein zu sein in der Rue de Bièvre, bei mir zu Hause. Ich möchte mein Gleichgewicht nicht verlieren.

Wenn der Morgen graut, wird ein anderer Tag sein, und ich werde weitersehen ...

Dritter Teil
1981–1986

Mein »Schulbeginn« im Elysée

Soweit ich zurückdenken kann, war der 1.Oktober[1] für mich wie ein Neubeginn. Jedesmal feierte ich ihn mit der Begeisterung eines neuentdeckten Alltags: Es galt, eine neue Umgebung zu verinnerlichen, man fand, manchmal gerührt, alte Schulfreunde wieder, gliederte neue Gesichter in eine vertraute Umwelt ein. Ein neues Klassenzimmer, in dem man nach einem Platz suchte, ein anderes Pult – lauter Gründe, sich zu freuen und gute Vorsätze zu fassen.

Genauso empfand ich den 21. Mai 1981.

Dieser Tag nach der Amtseinführung war für mich wie der Beginn eines neuen Schuljahres. Kaum waren die großen Feierlichkeiten der Amtsübergabe vorbei, begab ich mich in Begleitung eines Amtsdieners auf einen ersten Rundgang durch das Palais. Die Privaträume und das Büro der First Lady, das kurz zuvor Madame Giscard d'Estaing freigemacht hatte, waren Neuland für mich.

Bald werden die Zeremonie im Pantheon und das erste Festessen im großen Empfangssaal nur noch Erinnerung sein, aber welche Erinnerung!

---

1 An diesem Tag, der berühmten »rentrée« (wörtl.: »Heimkehr«), beginnt in sämtlichen Schulen und Universitäten Frankreichs nach den langen Sommerferien das neue Unterrichtsjahr. (Anm. d. Übers.)

Das anfängliche Mißtrauen des ständigen Palastpersonals gegenüber den neuen Bewohnern wandelte sich bald in wohlwollende Neugier. Wir gewöhnten uns schnell aneinander. Die Räumlichkeiten wurden mir vertraut.

Als erstes informierte ich mich bei der einzigen Sekretärin, die den Mut hatte, zu bleiben (die anderen beriefen sich auf die Gewissensklausel), wie bislang die Post gehandhabt wurde. Ich hätte durchaus so weitermachen können, entschloß mich aber letzten Endes doch, anders zu verfahren. Das war mein erster Kontakt.

An die Arbeit, es gibt viel zu tun.

Zunächst wurden die Berge von Glückwunschbriefen abgelegt, für die ich mich schon kurz bedankt hatte. Dann las ich die Neuzuschriften und stellte fest, daß die Gratulanten nun nach und nach abgelöst wurden durch Menschen, die ihre schwierige Lage schilderten. Ihre Anliegen würden fortan den wesentlichen Teil meiner Korrespondenz bilden. Wenn ich sie nicht enttäuschen wollte, brauchte ich ein Sekretariat.

Ich kann Hélène, eine ehemalige Mitarbeiterin von François, überreden, mir zur Seite zu stehen und mir bei der Organisation meines kleinen Mitarbeiterstabes zu helfen. Sie soll mich auch warnen, wenn ich mich eventuell mal gehenlasse und, möglicherweise grundlos, aufbrause, soll mich vor übereilten und falschen Reaktionen schützen, falls ich mir zu schnell die Sache eines Bittstellers zu eigen mache. Sie hilft mir, zwischen einer geradezu verbunkerten, anonymen Verwaltung und den Beamten zu unterscheiden, die eine verzweifelte Lage einzuschätzen und menschliche Beziehungen aufzubauen verstehen. Keinesfalls will ich Probleme einfach per Verfügung an die zuständigen Dienststellen weiterleiten, sondern möchte eine persönliche Handhabung, die das Vertrauen rechtfertigt, das meine oft verzweifelten Briefpartner in mich setzen.

Bald stellte ich fest, daß in der anschwellenden Briefflut

bestimmte Themen häufig wiederkehrten: keine Arbeit; keine Wohnung; Unverständnis der Umgebung; Nöte der Familien von Häftlingen; aber auch Menschenrechtsverletzungen und Probleme von Emigranten oder politischen Flüchtlingen. Hélène rät mir, den Posteingang nach bestimmten Sparten zu ordnen, für die jeweils eine Redakteurin mit Assistentin zuständig ist, die den Einsendern die geltende Rechtslage und die von der neuen Regierung beschlossenen Maßnahmen erläutern. Sie halten sich über die verabschiedeten Gesetze und Verordnungen auf dem laufenden und zeigen den Betroffenen, wie sie wieder zu einem Recht kommen können, dessen sie verlustig gegangen sind, weil sie es aus Unkenntnis nicht rechtzeitig geltend machten.

Formeln wie: »wurde an die zuständige Verwaltung weitergeleitet« oder »die Frau des Präsidenten möchte ...« sind zu vermeiden, vielmehr soll sachkundig geantwortet werden. Ist eine Telefonnummer vermerkt, läßt sich das Verfahren oft durch einen Anruf beschleunigen. »Hallo? Hier Sekretariat von Madame Mitterrand.« Stille am andern Ende der Leitung, dann manchmal empört: »Hören Sie, lassen Sie die dummen Scherze.« Manchmal greife ich dann selbst zum Hörer und sage: »Hat schon seine Richtigkeit. Meine Sekretärin möchte von Ihnen eine Zusatzauskunft, das geht am einfachsten telefonisch.«

Da ich unablässig Auskunft zu geben und zu helfen genötigt bin, beschaffe ich mir im Elysée die Antworten, die ich nicht parat habe. So frage ich beispielsweise Pierre Bérégovoy, den Generalsekretär des Präsidialamtes, den ich zufällig auf den Eingangsstufen treffe:

»Pierre, können Sie mir erklären, warum nach der Rentenerhöhung, die doch eine Verbesserung der Lebensverhältnisse bezweckte, viele Rentenempfänger schlechter dran sind? Unentwegt bekomme ich Briefe dieses Inhalts. Was ist da los?«

138

»Habe ich mir auch schon sagen lassen«, erwidert er. »Sie können erwidern, früher hätten die Empfänger sehr niedriger, unter dem Lebensminimum liegender Renten zusätzlich Leistungen aus dem Solidaritätsfonds erhalten. Diese seien jetzt weggefallen, und die Rentenerhöhung mache den Verlust leider nicht wett. Also bekämen sie weniger. Aber derzeit würden Maßnahmen getroffen, die für einen Ausgleich sorgen.«

Damit habe ich meine Antwort. In den folgenden Wochen werden die einschlägigen Klagen immer weniger, hören schließlich ganz auf.

So sehr sich Hélène bemüht, nicht immer gelingt ihr zu verhindern, daß ich aus der Haut fahre.

»Das kann doch einfach nicht sein, der Junge stirbt noch an seiner Hartnäckigkeit, und dann hat sein Vorgesetzter einen Mord auf dem Gewissen, weil er ihn nicht verstehen wollte.«

»Laufen Sie nicht gleich Sturm. Wir sollten uns erst mal erkundigen«, rät Hélène, »der Vater dieses Soldaten übertreibt vielleicht aus Sorge ein bißchen.«

Aber nein, seine Angst war durchaus berechtigt, Vorschrift ist Vorschrift … Natürlich braucht jede organisierte Gruppe Vorschriften. Doch wie wichtig und notwendig sie auch sind: Wenn sie nicht geändert werden können und übermäßig starr gehandhabt werden, dann können sie sehr nachteilig wirken. Sie bilden sich über die Jahrhunderte heraus und entwickeln sich nach den Bedürfnissen der Gesellschaft weiter. Sie sind für die große Masse erdacht, müssen sich aber auch an Ausnahmefälle anpassen lassen. Das Militärstrafrecht kennt jedoch keine Einzelfälle. Ich erinnere mich noch gut an den Brief dieses Vaters:

Mein Sohn ist ein braver Junge, ein bißchen verträumt; er ist ein Dichter, der keiner Fliege etwas zuleide tun kann. Er hat ein ordentliches Examen gemacht, sieht aber nur die guten Seiten des Lebens und hegt friedfertige Gefühle. Seine Mußestunden bringt er damit zu, Blumen und Vögel zu betrachten und zu schreiben. Aus Sorglosigkeit oder Unkenntnis hat er es versäumt, sich als Wehrdienstverweigerer aus Gewissensgründen zu melden. Als er eingezogen wurde, fand er sich in der Kaserne ein. »Ich kann bei der Feuerbekämpfungstruppe dienen«, dachte er, wußte aber nicht, daß er vorher den dreimonatigen Grundwehrdienst absolvieren mußte. Im Kasernenhof angetreten, erhält er am ersten Tag seine Uniform und eine Waffe, die er fallen läßt. »Vierzehn Tage Bau!« Nach Verbüßung der Strafe verweigert er erneut die Entgegennahme der Waffe, die man ihm hinstreckt. Der Junge wird als unbelehrbar eingestuft und schmachtet jetzt schon ein halbes Jahr im Arrest; da er Waffen ablehnt, riskiert er, ewig eingesperrt zu bleiben. Wegen der wiederholten Bestrafungen möchte mein Junge am liebsten sterben; er wird verrückt. Aus Verzweiflung hat er schon einen Selbstmordversuch unternommen.

Ich werde meinen Sohn verlieren, Madame. Was immer ich tue, es nützt nichts, ich kann ihn nicht zur Vernunft bringen, und die Armee gibt nicht nach.

Bestürzt rufe ich Verteidigungsminister Hernu an: »Wie ist das möglich, Charles? Hör' dir die Geschichte an, ein junger Rekrut wird ungerechterweise sterben ...«
Ich erzähle ihm die Geschichte und schließe mit der Bemerkung, hier werde die gnadenlose Einhaltung der Vorschrift auf die Spitze des Unverstandes getrieben. »Ist das nicht ein Ausnahmefall, den man berücksichtigen muß? Was hältst du

davon?« Der Minister bittet den zuständigen General, mich anzurufen.

»Ich verstehe ja Ihre Erregung, Madame la Présidente, aber selbst wenn er mein eigener Sohn wäre, würde ich nicht anders handeln.« Wie vor den Kopf geschlagen lege ich auf. Ich kann nichts tun. Aber ich koche vor Wut! Wenn Menschen zu programmierten Robotern werden, begreifen sie nichts mehr vom Leben; nimmt man keine Rücksicht auf eine Person, die von einem abhängt, die man in der Gewalt hat, dann versündigt man sich an der Harmonie der Gesellschaft.

Zum Glück ist sogar im Verteidigungsministerium nichts unmöglich. Ich weiß nicht, welcher »großer Manöver« es bedurft hatte, aber unser junger Dichter kehrte ins Zivilleben zurück, wurde als wehrdienstuntauglich eingestuft. Er brauchte Monate, um sich wieder zu fangen und mit mir Kontakt aufzunehmen, so sehr hatte ihn sein Mißgeschick traumatisiert.

Während der beiden je siebenjährigen Amtszeiten veränderte sich der Tenor der Briefe kaum. Nur die beiden Kohabitationszeiten will ich noch herausgreifen. Im wesentlichen ging es in dieser Zeit um das Leben der Ausländer der ersten oder zweiten Generation in Frankreich und um Emigranten ohne Aufenthaltserlaubnis.

Die ersten pauschalen Sicherungsmaßnahmen des Innenministers ließen wenigstens noch einen Diskussionsspielraum. Wir konnten uns auf einen Rechtsstaat berufen, der allen dieselben Rechte gewährleistete. Manches konnten wir mit Hilfe der Beratenden Kommission für Menschenrechtsfragen regeln. Die hundertundein willkürlich abgeschobenen Malier wurden rechtmäßig verteidigt. Auch für die ohne Urteil mit der Heimschaffung bedrohten Iraner, die den Fundamentalismus ablehnten und in Hungerstreik traten, fanden wir

Rechtsanwälte, die bereit waren, sich ihrer Sache anzunehmen.

Aber 1993 ließ derselbe Minister gleich zu Anfang der zweiten Kohabitation unverzüglich Gesetze verabschieden, die er in fünf Jahren ausgeheckt hatte und die bewirkten, daß jetzt die bösen Nackenschläge legal verabreicht wurden und niemand mehr durch die Maschen schlüpfen konnte.

Für mich sind diese Pasqua-Gesetze Maschinen zur Erzeugung Ausgestoßener. Frankreich ist ein offenes Land, und darauf sind wir alle stolz und empfinden es als Bestandteil unserer Identität; wie schade, daß Sie das nicht glauben, Herr Minister! Feiern nicht auch Sie viele Schriftsteller, Bildhauer, Gelehrte, Forscher und Sportler verschiedenster Herkunft als Franzosen, ohne zu fragen, woher sie ihr Talent, ihr Wissen, ihre Leistung und ihr Können haben, aus welcher Kultur sie schöpfen, welchen Straßen von Paris oder Landschaften der Provinz sie ihre Inspiration verdanken?

Es ist zum Erbarmen. In Ihre niedrigen Machenschaften verstricken Sie Bürger, die Sie über die wirklichen Ursachen des Übels, unter dem sie heute leiden, täuschen. Sie ermuntern sie dazu, sich von ihren Arbeitskameraden, die oft auf dem gleichen Flur wohnen, abzusondern; Sie spalten uns in »gute«, nämlich angestammte Franzosen, und »schlechte« Zufallsfranzosen. Eines Tages wird der ganzen Bevölkerung ein Licht aufgehen, wird sie die Augen öffnen und die ganze Undankbarkeit und Ungerechtigkeit dieser trügerischen Unterscheidungen erkennen.

Trotz der Wirtschaftskrise haben wir uns viele Jahre lang in einer entmenschlichten Welt den in meinen Augen ruhmreichsten Ruf bewahrt, Asylland zu sein und mit andern zu teilen.

Die Mitbürger, die Sie als einzige für »gute« Franzosen halten, wissen gar nicht, in welchen Verruf Sie unser Land bringen.

In der Beratenden Kommission für Menschenrechte (CNCDH) formiert sich dank der Mitarbeit der Menschenrechtsverbände ein erster Widerstand gegen alle Formen des Rassismus.

Was sollen wir tun mit den Briefen, deren jeder von den abartigen Auswirkungen dieser Gesetze berichtet? Niemand entkommt diesem Spinnennetz. Sie treiben die Menschen in den Untergrund, und kein Mensch kann ihnen helfen.

Seit Gründung der Stiftung »France-Libertés« im Jahre 1986 nahm ich als deren Präsidentin an der Arbeit der CNCDH teil. Unter den vorherigen Regierungen lag die Schirmherrschaft über sie beim Außenministerium. Mit der unmittelbaren Unterstellung unter den Premierminister hat Pierre Mauroy sie neu belebt. Sie setzt sich zusammen aus Vertretern von Menschenrechtsverbänden und antirassistischen Organisationen, sonstigen berufenen Sprechern der Gesellschaft – Juristen, Hochschulprofessoren, Journalisten, Gewerkschaftern – und schließlich Vertretern aller religiösen Bekenntnisse. Die Mitglieder der recht umfangreichen Versammlung beraten in Arbeitsgruppen über die Gesetzentwürfe, bevor diese dem Parlament zur Abstimmung vorgelegt werden. Die so erarbeiteten Stellungnahmen werden im Plenum ausformuliert und dann dem Rechtsausschuß im Palais Bourbon[2] übermittelt. Als uns dementsprechend der Gesetzentwurf über das Staatsangehörigkeitsrecht und den Status der Ausländer in Frankreich vorgelegt wurde, äußerten wir gewissenhaft unsere Einschätzung. Ich weiß noch den letzten Satz: »Abschließend kann die Kommission nur gegen einen Text Stellung beziehen, der uns unangebracht, wirkunglos, ja der sozialen Harmonie im Lande abträglich erscheint.« Das war am 4. Juni 1993. Ich weiß sehr wohl, daß die Beratende Kommission weder die

---

2 Sitz der Nationalversammlung. (Anm. d. Übers.)

Stelle der Regierung noch des Parlaments, noch des Verfassungsrates, noch irgendeiner anderen für die Wahrung des Rechtsstaates verantwortlichen Instanz einnehmen kann.

Aber unsere praktisch einstimmig beschlossene Stellungnahme ließ man einfach auf sich beruhen. Das Gesetz wurde verabschiedet und in Kraft gesetzt.

Geduldig wartete ich noch ab. Nach Ablauf eines Jahres mußten die Kommissionsmitglieder einen Bericht über die Auswirkungen der Pasqua-Gesetze vorlegen. Das war eine Riesenarbeit, der ich mich mit den Mitarbeitern bei »France-Libertés« und in meinem Sekretariat im Elysée gewissenhaft widmete. Nachdem wir die schriftlichen und mündlichen Aussagen eingehend geprüft und festgestellt hatten, daß ihr Tenor unbestreitbar echt war, brandmarkten wir in unserem Beitrag sämtliche Mängel und die katastrophalen Auswirkungen der Gesetzesmaßnahmen.

Der Bericht wurde der CNCDH in Vorbereitung der am 27. Januar 1994 stattfindenden Plenarsitzung vorgelegt. Gleich zu Beginn der Debatte ergriff der Vertreter der Regierung das Wort: »Wir machen Vorbehalte geltend«, sagte er, »und erwarten, daß dies auf der ersten Seite vermerkt wird.«

Vorbehalte? Zu was? Zu unserer Ehrlichkeit? Zu unserer Unparteilichkeit? Zu den berichteten, untersuchten Fällen, die von erlebter Ungerechtigkeit zeugten? Das möchte ich gerne wissen. Soll das etwa heißen, unsere Arbeit sei unseriös, nicht glaubhaft, unüberlegt und mithin verdächtig? Ich versuche, die Arbeit der Mitarbeiter meiner Stiftung zu verteidigen. Ganz offensichtlich hört man mir nicht zu, und ich verlasse die Sitzung.

Ich beteilige mich nicht an der Abstimmung und kündige ein paar Tage später meine Mitarbeit auf; nicht einmal eine Eingangsbestätigung erhalte ich. Ich warte noch ein paar

Wochen, dann veröffentliche ich meine Rücktrittsgründe in der Presse. Doch diese Entscheidung lastet schwer auf mir, denn wir haben, glaube ich, bis dahin unter den verschiedenen Regierungen der Linken wie Rechten gute Arbeit geleistet. Wir dachten, es sei nützlich, wenn wir unsere Sicht der Dinge vortrügen, die nicht immer mit der der ENA-Absolventen[3] und der Berater übereinstimmt. Sowohl mein Sekretariat im Elysée, das sich vorrangig mit Einzelfällen befaßte, als auch die Mitarbeiter der Stiftung, die die Aussagen der für die Opfer tätigen Verbände sammelten – sie alle hatten zu dem Bericht beigetragen. Daß man von ihrer Arbeit so wenig Notiz nahm, empfanden sie als Undank, ja als Schlag ins Gesicht.

Als sich François die Gründe meines Rücktritts anhört, nickt er, bemerkt allerdings einschränkend:

»Du darfst nicht einen Minister namentlich nennen.«

»Aber dieser Minister nennt seine Gesetze doch selbst die *Pasqua-Gesetze*.«

Als Präsident der Republik mußte er das natürlich sagen. Nur: Die Präsidentin von »France-Libertés« reagiert namens einer Organisation, die nicht der Regierung untersteht.

Nicht wenige in den Verbänden bekümmert dieses Aufkommen eines egozentrischen, nationalistischen Konservatismus, der sich allem verschließt, was nicht französisch ist. Mag gleich die Welt einstürzen, was kümmert es sie, wenn nur Frankreich sich bereichert, seine Privilegien wahrt, seinen starken Franc, seine Märkte und seine Tugendhaftigkeit. Fortan könnt ihr ruhig schlafen, ihr guten Franzosen; wir machen das Haus dicht und halten die Grenzen streng bewacht. Wir bleiben unter uns, ihr habt nichts mehr zu befürchten.

---

3 Die Absolventen der angesehenen Verwaltungsakademie ENA (»Ecole Nationale d'Administration«) spielen im französischen öffentlichen Leben eine bedeutende Rolle. (Anm. d. Übers.)

Aber die Welt verändert sich notfalls auch ohne uns. Manche sehen es nicht, sind zu sehr mit ihrer Nabelschau beschäftigt. Der Tag ist nicht mehr fern, an dem beim Erwachen der Tod einer Nation offenbar werden wird.

Ihr schwimmt gegen den Strom. Der mit Intelligenz begabte Mensch ist dazu geschaffen, zu kommunizieren, die Grenzen des Wissens hinauszuschieben, aus der Begegnung zu leben. Im Kontakt mit anderen wird er selbst reicher (ich spreche nicht vom Reichtum des Geldes, denn der ist eher oppressiv und engt in unserem jetzigen System den Handlungsspielraum ein). Sich mit seinen Mitmenschen auseinanderzusetzen, mit ihnen zu teilen – was könnte befriedigender sein!

Die Gepflogenheiten des Palastes

Wie geht es im Elysée-Palast zu, soweit ich betroffen bin?
Dazu muß man wissen, daß seit de Gaulle das Präsidialamt
von Militärs regiert wird. Alles liegt in ihrer Hand: Hausver-
waltung, Gesundheit, Transport, Küchenwesen. Die wenigen
Zivilisten, die sich dorthin verirrt haben, wissen das aus eigener Erfahrung.
Als ich meine Rolle als Hausherrin kennenlernen will, zahle
ich kräftig Lehrgeld.
Schon nach wenigen Vorschlägen, was eingekauft oder wie
das Haus möbliert werden soll, ist mir klar, daß man mindestens Dreisternegeneral sein muß, um Gehör zu finden.
»Aus praktischen Gründen möchte ich die Küche der Privaträume wieder in Betrieb nehmen. Das läßt sich ohne Aufwand
bewerkstelligen.«
»Aber wo denken Sie hin, Madame la Présidente, wir werden
einen Dienstplan aufstellen für mindestens zehn Mann. Sie
werden sich ablösen, d.h. nach einem Schema Dienst tun, das
der mir unterstellte Intendanzoffizier aufstellt.«
Ich finde es ungemütlich, wenn ich mich nie an dieselben Personen wenden kann, nie weiß, wem ich nun was gesagt
habe.
Die Vorgesetzten stellen das »Dienstraster« auf, wie es sich
gehört. Jawoll, Herr General, schicken wir uns drein! Trotzdem bestehe ich darauf, daß es dieselben Leute sind, die sich

abwechseln. Es dauert auch nicht lange, und Koch, Haushofmeister, Reinigungspersonal und Zimmermädchen kennen meine Gewohnheiten, erraten und erfüllen meine Wünsche, noch ehe ich einen Ton sage. Schnell begreifen sie, daß ich nicht gerne kommandiere, sondern lieber Anregungen gebe. Ende gut, alles gut.

Nur: Als ich wissen will, wie ein so großes Haus funktioniert, wie der Etat für Verpflegung, Blumenschmuck und Unterhalt – sowohl im Alltag, als auch beim Empfang von Staatschefs, Behördenvertretern oder bei Anlässen wie dem Kinderweihnachtsfest oder der »Garden Party« am 14. Juli – aussieht, empfindet man meine wiederholten Fragen als Einmischung. Wirklich seltsam, diese First Lady!

Ich wage, mich nach den Abrechnungen zu erkundigen, und finde daraufhin auf meinem Schreibtisch ein beiderseitig beschriebenes Blatt mit der Liste der bevorzugten Lieferanten und den einzelnen Haushaltsposten vor. Das muß mir reichen. Ich insistiere: »Ich möchte die Ausgaben pro Monat (Sommermonate; Wintermonate) und pro Tag (für offizielle Veranstaltungen getrennt) erfahren sowie welche Vorräte eingekauft wurden.« Den Weinkeller klammere ich aus, denn dessen Reichtum vermag ich nicht einzuschätzen, das überlasse ich lieber dem Amtskellermeister.

Vier volle Wochenenden bringe ich vom Morgen bis zum Abend damit zu, die Konten eingehend und gewissenhaft zu prüfen. Mir scheint, daß zu viele alte Gewohnheiten und diverse Bequemlichkeitslösungen die Ausgaben in die Höhe treiben. Ich stelle dem Haushofmeister einige Fragen und gebe ihm ein paar Empfehlungen: »Ich werde es an meine Vorgesetzten weiterleiten.« Verlorene Liebesmüh'. Bei dieser Gelegenheit lerne ich, daß einzig Befehle des Staatspräsidenten entgegengenommen werden, deren erster Adressat sein Kabinettschef ist, der sie wiederum an den Militärintendanten weitergibt. Bald habe ich begriffen, daß eine zeitweilige First Lady die allzu gut geölte Maschinerie nicht aus dem Rhythmus zu bringen vermag.

Vierzehn Jahre lang ergötzen wir uns an denselben »petits fours« von Potel & Chabot und Lenôtre. Nie bekamen die anderen, weniger berühmten Traiteurs oder die mittelständischen Unternehmen, die ich für konkurrenzfähig gehalten hatte, auch nur die geringste Chance.

Doch, einmal, nach langem Insistieren: Ein junger Handwerksmeister, den »Cause commune«[1] unterstützt hatte, damit er seine kleine Marmeladenfabrik errichten konnte, wurde als Hoflieferant zugelassen. Seine Erzeugnisse waren billiger und von ausgezeichneter Qualität, die Zulassung insoweit ein beachtlicher Erfolg. Ob auch für das Budget der Intendanz, vermag ich nicht zu sagen; ich war zwar nicht so tollkühn, das nachprüfen zu wollen, aber eines weiß ich: Marmelade war nie Mangelware, denn die Beschaffung bei den bestallten Lieferanten lief weiter.

Noch höre ich die Einwände, warum man die Gepflogenheiten nicht ändern wollte. Das gut eingespielte Gespann Intendanz/Lieferanten gewährleistete Perfektion, und so scheute man das Risiko einer Veränderung oder sonstigen gefahrenträchtigen Entwicklung. Meinem Wunsch nach Veränderung, meiner Lust, »anders zu leben«, waren schnell die Flügel gestutzt.

Auf eine Kraftprobe mit den Hütern des Palastes oder gar mit der französischen Armee wollte ich mich nicht einlassen. Allein gegen alle, blieb mir nichts anderes übrig, als die -zig Abrechnungsakten, die ich gewälzt und mit Glossen

---

1 Diese Vereinigung zur Förderung von Existenzgründungen wurde von Danielle Mitterrand ins Leben gerufen, die ihr vorsaß.

versehen hatte, wieder dem Kabinettschef des Präsidialamtes in die Hand zu drücken und den Dingen ihren Lauf zu lassen.

Jeder neuen First Lady, die wissen, eine Idee äußern und sie verwirklicht sehen möchte, wünsche ich viel Glück.

Mein Verhältnis zu den Köchen und Kellnern, mit denen ich zusammentraf, hat darunter aber nicht gelitten. Unser großer Meisterkoch Le Servot blieb uns, nachdem er aus dem Elysée ausgeschieden war, bis zu seinem Tode ein guter Freund. Ich bin sicher, daß sich die Köche und das verbliebene Hauspersonal gerne an unsere Zusammenkünfte und vor allem an die jährlich mit einem anderen Schauspiel verbundene Weihnachtsfeier erinnern, wenn auf den nach unseren Ideen dekorierten bunten Tischen die hübschesten Leckereien auf die Kinder warteten. An diese gemeinsamen Augenblicke denke ich gerne zurück.

Apropos Weihnachten … François' Liebe zu den Bäumen, der Kummer, den er beim Anblick der beiden prachtvoll geschmückten und in der Eingangshalle und dem großen Empfangssaal aufgestellten Riesentannen empfand, veranlaßten ihn, in seiner zweiten Amtszeit diese jährlich wiederkehrende Dekoration abzuschaffen.

Weihnachten ohne Lichterbaum? Unmöglich! Also bastelten wir einen aus kleinen, lebenden und eingetopften Tannen. Im ersten Jahr drückten wir den eingeladenen Schuldirektoren je ein Bäumchen samt Topf in die Hand, sie sollten ihn in ihren Schulhof pflanzen. Das ließen wir schnell bleiben, denn für den Rücktransport im Bus oder Zug waren sie zu sperrig, weshalb die Jungtannen in den folgenden Jahren wieder in den Wald von Rambouillet heimkehrten, in dem sie jetzt groß werden. Ob sie sich noch an Weihnachten im Elysée erinnern, als sie im Lichterglanz standen und von lärmenden, fröhlichen Kindern umringt waren? Erinnerungen einer Tanne – wer weiß?

Habe ich in den vierzehn Jahren im Palast eine kleine Spur hinterlassen? Die Kinderkrippe vielleicht, sie war mein Werk. Die Schwierigkeiten, die eine meiner Sekretärinnen als alleinerziehende Mutter zu bewältigen hatte, zeigten mir, wie notwendig sie war. Dazu mußte ich den Militärs beibringen, daß der kleine Pavillon, den sie als Garage benutzten, künftig für die Babys des Hauses bestimmt war und sie für ihre Fahrzeuge einen anderen Stellplatz suchen mußten.

Ein delikates Unterfangen. Immerhin, die Krippe ist jetzt da, und sie ist ein Kleinod. Ich bin richtig stolz auf sie. Sie hilft den jungen Müttern sehr, die im Elysée-Palast arbeiten, und zahlreiche Unternehmen und ein paar Stadtverwaltungen haben sie sich zum Vorbild genommen.

Der Elysée-Palast hat mich nie sehr beeindruckt. Ich kannte ihn auch schon; noch jung, mit zweiundzwanzig, war ich von Madame Auriol[2] eingeladen worden, als sie die Gattinnen der neuernannten Minister zu sich bat. Sie war sehr gesellig, und ihre Liebenswürdigkeit beeindruckte mich damals mehr als der Pomp des Präsidialamtes.

Während der IV. Republik habe ich François, der mehrfach Regierungsmitglied war, zu Empfängen des Staatschefs begleitet. Meine Erinnerungen aus dieser Zeit sind nicht sehr feierlich. Als protokollarisch dem Staatspräsidenten gegenüber plaziert Frau des Justizministers bestritt ich eines Abends die von der Sprachbarriere behinderte Konversation mit meinem Nachbarn zur Rechten, einem amerikanischen General, vor allem mit Gesten. Doch immer wieder mischte sich mein sehr jovialer Nachbar zur Linken, der Apostolische Nuntius, ein und brachte mich mit manchmal bübischen Geschichten zum Lachen. Wirklich, ich kann

---

2 Gattin des ersten Präsidenten der IV. Republik.

sagen, ich hätte in meiner Jugend mit dem späteren Papst Johannes XXIII. im Elysée diniert, und er sei sehr aufgeräumt gewesen.

Ein anderer offizieller Abendanlaß kommt mir in den Sinn, zu dem mir Madame Vramant, damals eine der Grandes Couturières, ein Abendkleid lieh, eine äußerst enganliegende Röhre. Es war hinreißend, aber ... ich konnte mich damit nicht setzen. Bei einem Diner wirklich ein Problem.

Nichts zu machen; ein kleines Kärtchen:»Zu unserem tiefen Bedauern sind wir an der Teilnahme verhindert ...«; ein Bote trägt's ins Elysée. François zieht seinen Smoking wieder aus, ich schäle mich aus meiner hübschen Mannequinrobe.»Sollen wir ins Kino gehen?« Um die Ecke läuft»Jour de fête« von Jacques Tati. Der ideale Film, um einen verpaßten Auftritt zu vergessen, der peinlich hätte enden können!

Mein geringes Interesse für Goldschmuck, Luxus und Flitter ist schnell erklärt. Im Gegensatz zu den in der friedvollen Zeit zwischen den beiden Weltkriegen problemlos aufgewachsenen Mädchen, die von Schlössern, Prinzen und Bällen träumten, mußte meine heranwachsende Generation Gewalt und Angst durchmachen, sich verstecken, manche kamen sogar ins Gefängnis, und so träumten wir eher vom wiedergefundenen Heim, vom einfachen Glück, von tiefer Freundschaft und von Plänen für die Neugestaltung der Welt.

Als ich daher zum ersten Mal als Ministersgattin das Elysée betrat, noch ganz unter dem Trauma meines verstorbenen ersten Kindes leidend, empfand ich das Palais mehr als Ort der Macht, die zwischenmenschlichen Beziehungen zu verändern, und weniger als Haus für Empfänge, Feste und Prunk.

Unsere Rue de Bièvre

»Meine kleine Schwester Danielle hat bisher nur in der Provinz gelebt. Sie liebt Blumen und Wiesen und braucht eine Wohnung mit viel Luft und Grün drum herum.« Patrice, der Oberst Patrice der Befreiung von Paris, macht sich auf die Suche nach der idealen Wohnung und schickt ein paar Soldaten seines Bataillons los. Bald kann er meiner Schwester die beruhigende Nachricht geben: »Das Appartement befindet sich in der Avenue du Maréchal Lyautey Nr. 25. Sie verläuft am Rennplatz von Auteuil entlang und hat viele Anlagen, in denen sich Kinder unter Aufsicht ihrer Ammen und Großeltern tummeln.«

Ein großes Wohnzimmer, das gleichzeitig als Eßzimmer dient, ein Schlafzimmer. Küche und Bad natürlich. Was will man mehr. Das ganze Gebäude ist vollständig möbliert, aber leer; vorher hatten deutsche Besatzer und französische Kollaborateure hier gewohnt, die jetzt aus Angst vor Repressalien geflohen sind. Im befreiten, aber bis zum Waffenstillstand noch wenig organisierten Paris von 1944 ist vieles möglich. Um heimisch zu werden, brauchen wir lediglich ein paar Kleiderkoffer auszupacken und das Geschirr meiner Eltern einzuräumen, das sie mir zur Hälfte überlassen haben. Es war der Tag nach meiner Hochzeit.

Ich bin bereit, mich meinem Erwachsenenleben zu stellen ...

Binnen kurzem melden sich die Hausbesitzer; die Mietforma-
litäten werden erledigt, und wir sind rechtmäßige Bewohner.
Doch ich spüre, daß unseres Bleibens nicht lange sein wird,
schon gar nicht auf Lebenszeit.

Ich langweile mich; es gibt keine schnelle Verkehrsverbin-
dung ins Zentrum, und in dem reinen Wohngebiet, fern jeder
Betriebsamkeit, fühle ich mich ganz und gar nicht wohl. Ich
will ja gerne in Paris oder in der Provinz oder auch auf dem
Land leben, aber nicht in einem tristen und seelenlosen
Wohnblock. Monatelang streife ich durch die Straßen um
Saint-Germain des Prés, beim Jardin du Luxembourg oder
bei den Seinequais, ohne recht zu wissen, was ich suche. Der
Tod von Pascal macht mir die Einsamkeit in der Wohnung in
Auteuil noch unerträglicher. Trotzdem bleiben wir vier Jahre
lang dort; auch Christophe und Gilbert werden da geboren.

Eines Tages fragt mich François:

»Möchtest du im Luxembourg-Viertel wohnen?«

Die Wohnung liegt in einem Haus, in dem sich bisher eine
Vereinigung für die Wiedereingliederung jener deportierten
Frauen befand, die bei der Rückkehr keine Familie mehr
vorfanden. Fünf Jahre nach Kriegsende ist ihre Aufgabe
abgeschlossen; die Wohnungen werden zur Vermietung frei-
gegeben. So ziehen wir in die Rue Guynemer Nr. 4. Als
Gegenleistung für die sehr geringe Miete verpflichten wir
uns, die unter der deutschen Besatzung verwahrlosten und
danach vollends verkommenen Räumlichkeiten wieder
instand zu setzen.

Dort wachsen die Kinder heran und verbringe ich die wenig
abwechslungsreichen Tage einer Mutter und Frau eines Abgeordneten, der sich sehr oft in seinem Wahlkreis im Departement Nièvre aufhält. Dort erlebe ich seinen politischen Auf-
stieg, die Erfolge, Angriffe und Schmähungen, das Observa-
toire-Attentat, die Präsidentschaftswahlen von 1965, die

Revolution von 1968, aber auch den Tod von Mama. Über zwanzig Jahre, bis 1972, bleiben wir dort.

Dennoch drängt sich uns eines Tages der Gedanke auf, dieses schöne Viertel zu verlassen. Eines Abends vertraut mir eine ältere Dame, die zur gleichen Zeit wie ich ihren Hund ausführt, ihren ganzen Kummer an; sie bewohne mutterseelenallein ein riesiges Appartement, zu dessen Unterhalt ihr die Mittel fehlten. Ein Zimmer nach dem andern habe sie zugeschlossen und lebe jetzt nur noch in Schlafzimmer und Küche. Sie erzählt mir die Ängste eines vereinsamten Lebensabends. »Ich kann nicht mehr«, sagt sie, »ich mag nicht so weiterleben.« Ich biete ihr an, bei meinen Einkäufen die ihrigen mitzuerledigen, und klopfe mehrmals pro Woche bei ihr an. Eines Tages sitze ich an ihrem Bett und plaudere noch ein wenig mit ihr, bevor ich heim muß, das Mittagessen vorbereiten. Sie erzählt mir von sich, von ihrem Mann, der ein bekannter Arzt gewesen sei und mit dem sie in dieser Wohnung glücklich, unbeschwert und sorgenlos gelebt habe. Ich spüre, daß sie von schwerer Trübsal geplagt ist und mich am liebsten bei sich behalten würde, so daß es mir schwerfällt, mich loszureißen.
»Ich muß jetzt wirklich gehen, die Familie wartet auf mich, aber ich komme später noch mal wieder.«
»Bleiben Sie doch noch ein bißchen,« bittet sie inständig. Einige Minuten vergehen mit Schweigen, dann steht sie auf und begleitet mich zur Tür.
»Bis gleich.«
Ich sitze mit der Familie bei Tisch, als das Telefon läutet; eine Frauenstimme sagt mir, nachdem sie die Tür hinter mir zugemacht habe, sei meine Nachbarin tot zusammengebrochen.
Zum ersten Mal denke ich ans Alter und seine Probleme ...
»François, wenn wir alt sind, wird deine Rente weder für die

immer teurere Miete noch für die Belastung einer solchen Wohnung ausreichen. Soll ich etwas suchen, was besser zu uns paßt und was wir uns auch leisten können, für unsere alten Tage?«

»Wäre vernünftig«, sagt er.

Ich wandere ein wenig ziellos durch die Gegend, deren Längsachse der Boulevard Saint-Germain bildet. Er ist unglaublich lang, beginnt gegenüber der Place de la Concorde und durchquert zunächst ein bürgerliches Viertel, nimmt dann auf der Höhe der Place Saint-Germain bis zur Kreuzung mit der Rue de Rennes eher intellektuell-liberale Züge an, nähert sich dem Boulevard Saint-Michel, wo er studentisch, lebhaft und lärmend wird; von der Rue Saint-Jacques bis Maubert-Mutualité ist er dann eher volksnah, weniger vornehm, mehr vom alten Vorstadt-Paris des Marais und der Ile Saint-Louis geprägt. Das wär' etwas für uns! Einem Häuserinselchen zwischen Rue de Bièvre, Rue des Bernardins und Rue Maître-Albert droht der Abriß.

Die Häuser in meiner Gasse sind vorwiegend von Clochards besetzt. Ein paar Gebäude werden schon von Immobilienfirmen renoviert. In den andern wohnen in der dritten oder vierten Generation zu Beginn des Jahrhunderts nach Frankreich eingewanderte Kabylen. Couscous-Restaurants, wohin das Auge blickt.

Fast schon gebe ich die Hoffnung auf, dort etwas Passendes zu finden, aber eines Tages begegne ich einer jungen Maklerin, die mir beim Essen sagt, sie verkaufe auftragsweise die Wohnungen eines Hauses mit Toreinfahrt in der Rue de Bièvre Nr. 22. Noch am selben Nachmittag drücke ich das Tor zu einem Innenhof auf, in den die Haupttreppe des Gebäudes mündet. Welch herrliche Stiege! Ende des 17. Jahrhunderts entstanden, nimmt sie mehr als ein Viertel der ganzen Baulichkeit ein. Ich steige in den ersten Stock, suche mir sorgfältig die noch verläßlichen Trittstufen aus. Die höheren Stockwerke sind überhaupt nur zu erreichen, wenn man sich am Treppengeländer hochzieht. Es ist Juni. Durch ein großes Fenster fällt Licht in eine Art Verschlag, wo ein vielleicht etwas angetrunkener Mann friedlich schlummert. Ein Sonnenstrahl huscht über seine Füße, und fast beneide ich den Schläfer und stelle mir vor, wie ich das Zimmer einrichten würde. Genau dort läge ich in einem sonnenüberfluteten Bett.

Von diesem Verschlag aus würde ich das gesamte Haus rund um die zwar verfallene, aber großartige Treppe erneuern. Ob es mir gelingt, die Kinder und François zu überzeugen, daß hier meine Suche endet?

Für uns allein ist das Ganze viel zu groß und zu teuer; also muß ich schnellstens jemanden überreden, Miteigentümer zu werden. Stéphane, ein Freund aus Widerstandstagen und Rechtsanwalt in Grenoble, sucht eine Wohnung für seine Tochter, damit sie in Paris weiterstudieren kann; er wird unser Partner. So teilen wir uns in die Quadratmeter und beginnen gemeinsam mit den Renovierungsarbeiten. 1973 können wir endlich einziehen.

Seither habe ich dort mein Nest gebaut. Christophe, der ältere meiner beiden Söhne, wohnt dort, und Anne-Catherine, die studentische Mitbesitzerin, teilt unsere Freuden und Leiden wie eine eigene Tochter. Das ist in wenigen Strichen die Geschichte der Rue de Bièvre Nr. 22, die viele Touristen fotografieren und zahllose mehr oder weniger wohlgesinnte Neugierige beäugen. Vielleicht interessiert es sie, daß man von der Wohnküche im Parterre über eine Wendeltreppe in mein Zimmer im ersten Stock gelangt. Nimmt man das Schlafzimmer von François im zweiten Stock hinzu, das bereits schräge Wände hat, dann hat man schon das Wesentliche beisammen. Der Raum, in dem ich arbeite und schreibe, liegt auf dem Speicher, der zur Bibliothek ausgebaut wurde. Dort trifft man auf zwei moderne Schreibtische, den von François und den meinigen. Die Wände stehen voller Bücher. Das übrige Gebäude hinten im Hof bewohnen Christophe, der drei Zimmer auf zwei Etagen sein eigen nennt, und Anne-Catherine, ebenfalls drei Zimmer. Jetzt wissen Sie alles über das »Stadtpalais« der Mitterrands.

Eigentlich mag ich das gar nicht schreiben und tue es nur, weil ich an die Leute denke, die keine Ahnung haben und unentwegt von unserer prachtvollen Residenz faseln. Sie munkeln von unserem Schloß in Chinon, das es natürlich weder in Chinon noch in Château-Chinon gibt; ebensowenig gibt es den böswillig angedichteten Palast in Venedig oder was sonst noch in der Gerüchteküche brodelt. Von den Nummernkonten in der Schweiz und den Aktienpaketen ganz zu schweigen. Dennoch sind wir eine vom Schicksal verwöhnte Familie.
Wenn ich mich so ungeschminkt äußere, dann tue ich es auch für alle, die sich nichts haben vormachen lassen. Für jene, die mir das ganze Jahr über schreiben und mir ihre Zuneigung und Unterstützung bekunden. So können sie unseren wahren Lebenszuschnitt erfahren.

Anfänglich atmete die Rue de Bièvre einen Hauch Provinz. Jeder kannte jeden, man grüßte sich und half sich gegenseitig. Die Kinder spielten Murmeln oder Ball, denn die Straße ist wenig befahren.
»Mitterrand! Hörst du mich?«
»Was gibt's, Hamdi?«
»Wirf mir schnell die Schlüssel zum Auto runter, sonst wird's abgeschleppt, die Flics sind im Anmarsch!«
Ich finde mein Auto wohlbehalten wieder, ordnungsgemäß

geparkt von meinem Nachbarn, dem Altwarenhändler von gegenüber.

Meine Hausschlüssel vertraue ich, wenn ich weggehe, dem Schuster an der Ecke an, falls während meiner Abwesenheit die Kinder oder Freunde kommen. Etwas weiter bereitet mir das algerische Restaurant die Couscous, an denen sich meine Gäste ergötzen, wenn ich nicht selber die Zeit zum Kochen finde. Und, und, und... Die jungen Freunde meines Sohnes, denen dieser Lebensstil gefällt, haben gleich nebenan eine Wohnung gekauft.

Auch Roland Dumas fand Geschmack am besonderen Flair dieser Straße. Er zog hierher und richtete auch seine Anwaltspraxis hier ein. Max-Pol Fouchet war schon vor uns da. Noch sehe ich ihn am 1. Mai auf dem Heimweg vom Markt mit den Maiglöckchen in der Hand einen Blick durchs Küchenfenster werfen und Guten Morgen winken.

Pittoresk und freundschaftlich, das war unsere Gasse und ist es heute noch. Seit ein paar Jahren ist sie wohl ein bißchen vornehmer geworden. An die Stelle des Altwarenhändlers, des Schusters und des Kohlenhändlers an der Ecke sind Kunstgalerien und Reiseagenturen getreten.

Aber wenn man sie zu beschwören versteht, ist die Seele des Viertels gegenwärtig und lebendig. Das ist unsere Rue de Bièvre.

Reisen nach Kolumbien

Bevor ich auf die Tätigkeit der Stiftung in Kolumbien zu sprechen komme, möchte ich kurz beschreiben, wie ein offizieller Besuch üblicherweise vorbereitet wird und abläuft (nach amtlichem Sprachgebrauch heißt die erste feierliche Auslandsreise des Staatschefs – aber nur seine – in ein bestimmtes Land »Staatsbesuch«, seine weiteren und die Reisen anderer Regierungsmitglieder, soweit sie mit Feierlichkeiten verbunden sind, heißen »offizieller Besuch«, sonst »Arbeitsbesuch«).

Im September 1985 begeben sich der Präsident der Republik und seine Gemahlin auf Einladung des kolumbianischen Staatspräsidenten zum Staatsbesuch nach Kolumbien.

Der Termin wird zwischen den beiderseitigen Protokollabteilungen vereinbart. Einen Monat vor Beginn des Besuchs reist eine Delegation von Beratern und Sicherheitsbeamten vor Ort und regelt detailliert die Ankunft, die Begegnungen mit den Regierungsvertretern, die Anlässe, bei denen Reden gehalten werden, die Zusammenkünfte mit der Presse, und legt die gesamte Reiseroute fest. Für die mitreisende Präsidentengattin wird ein »Damenprogramm« aufgestellt. Die Essensmenüs werden abgesprochen, ebenso Ruhezeiten und Gesprächstermine – nichts bleibt dem Zufall überlassen. Das Ablaufprogramm, das uns vor der Abreise überreicht wird,

Mein Vater Antoine und
meine Mutter Renée,
geb. Flachot

Als Zwölfjährige auf der
Terrasse »meiner« Schule in
Villefranche-sur-Saône

François streift mir den
Ehering über – unter
Papas wachsamem Blick

François bewundert
mich in dem von
Madeleine Vramant
entworfenen Modell-
kleid

Die elf Welpen meiner Labradorhündin Julie

Frühstück im Familienkreis in der Rue Guynemer

Mit Fidel Castro in einer Landwirtschaftlichen Genossenschaft auf Kuba

Der erst kürzlich aus dem Gefängnis entlassene Nelson Mandela kommt bei
seinem ersten Parisbesuch zu uns in die Stiftung

Auf der Ausstellung »Die Welt der Kunst«: Die von Ben bemalte Mauer
zum Thema: Nieder mit Ausgrenzung, Desinformation und Heuchelei

Begegnung mit dem Dalai-Lama (1989)

Die Träger des »Prix de la Mémoire« 1993

Mit Rigoberta Menchu und Anita Texier bei der Begegnung mit den Indios

In einer von »France-Libertés« getragenen Schule in Vietnam

Meine Elefantendame
Kaveri, ein Gastgeschenk
von Raja Ghandi zum
französischen Indien-Jahr

Bewundernde Blicke für
Philippe Découflés
architektonische Leistung
bei den Olympischen
Spielen in Albertville

enthält sämtliche notwendigen Angaben – wie lange eine Fahrt oder ein Flug dauert, wieviel Zeit für welche Unterhaltung oder Besichtigung vorgesehen ist. Alles auf die Minute genau.

Daraufhin machen sich die Mitarbeiter ans Werk: Lebensläufe der Persönlichkeiten, Beschreibung der Besichtigungsziele, kurzer Abriß der Geschichte des Landes; soweit ich betroffen bin, erkundigt sich mein persönlicher Referent nach der Aktivität von Hilfsorganisationen und sonstigen Initiativgruppen und sagt mir, wen ich empfangen oder aufsuchen könnte.

Dann die Kleiderfrage. Ist es heiß? Oder kalt? Die Garderobe muß dem angepaßt sein. Für die offiziellen Abendessen ist langes Abendkleid für die Damen und dunkler Anzug für die Herren oder Abendrobe und Smoking vorgeschrieben. Ich delegiere jedenfalls und bitte um Vorschläge; ist die Auswahl getroffen, unterziehe ich mich den Anproben.

Für mich besteht die Reisevorbereitung vor allem darin, daß ich möglichst viel über das Gastland, seine Geschichte und derzeitige Politik wissen will. In meiner ganzen Schulzeit habe ich nicht so viel gebüffelt.

Zu Hause in der Rue de Bièvre stehen zahllose Reiseführer.

Zunächst versuche ich, meine recht verschwommenen Schulkenntnisse hervorzukramen, die ich dann vervollständige; ich büffle wie ein Schüler, der ins Abitur geht. François hänselt mich:

»Du nimmst es zu genau. Du gehst doch in kein Examen. Geh' einfach hin, mach' die Augen auf und hör' zu.«

Nein, ich will nicht plötzlich dumm dastehen. Ich will auf ein paar – wenngleich eben erst erworbene – Kenntnisse zurückgreifen und mit Verstand reagieren oder die richtigen Fragen über wichtige Geschichtsdaten, Schriftsteller, Maler, Bildhauer und Denkmäler stellen können. Vielleicht will ich Ehre einlegen ... Aber es ist schon angenehmer, wenn man die Ereignisse und Aussagen versteht und einordnen kann. Wenn ich die offiziellen Dokumente mit den bei der Stiftung vorhandenen Dossiers vergleiche, reden sie oft eine ganz andere Sprache. Stets bin ich für das Unbekannte aufgeschlossen und brenne darauf, aus der Begegnung mit einer Bevölkerung und aus der Entdeckung eines Landes zu lernen, die ich bislang nur aus Büchern kannte.

Am Tag der Abreise stoßen François und ich auf dem Flughafen Roissy zu einer Delegation von Persönlichkeiten, die mit den bilateralen Beziehungen zu tun haben – Diplomaten, Kultur- und Wirtschaftsberater.
Mich selbst begleitet meine wichtigste Mitarbeiterin im Elysée, und sofern sich die Stiftung in dem Gastland betätigt, was oft der Fall ist, schlage ich die Mitnahme des oder der für das betreffende Programm Verantwortlichen vor. Es macht mir gar nichts aus, meine Doppelstellung auszuspielen, um die Kontakte im humanitären Bereich zu verbessern.
Das Gepäck wurde schon am Vorabend abgeholt. Ein letzter Kammstrich des Friseurs, ein letzter prüfender Blick der Kammerzofe auf meine Kleidung, dann fahren auch sie wenige Minuten vor uns zum Flughafen. Zur festgesetzten Minute verlasse ich (die First Lady Frankreichs) an der Seite von François (dem Präsidenten der Republik) das Elysée – Protokoll verpflichtet. Im Dienstwagen, an dessen Kühlerhaube der Stander weht – Sie haben ihn in den vierzehn Jahren bestimmt schon mal gesehen: weißer Grund, darauf in blauer Stickerei eine mit einem Olivenbaum verschlungene Eiche –, fahren wir durch das Tor. Auf dem gegenüberliegenden Bürgersteig in der Rue Saint-Honoré hat sich inzwischen eine kleine Zuschauermenge angesammelt und wartet auf die Ausfahrt der präsidialen Wagenkolonne. Inwieweit ihre Anwe-

162

senheit auf einer zufälligen Besorgung im Viertel oder auf echter Neugier beruht, weiß ich nicht.

Wir erreichen Roissy. Die Motorradeskorte, die das Fahrzeug geleitet, fährt den festgesetzten Weg, der vorher von den Polizisten freigemacht wurde.

Ich versetze mich in die Lage eines irgendwo in einem »organisierten Stau« eingeklemmten Fahrers, der flucht, weil auch er es eilig hat. François teilt übrigens meine Gefühle für die belästigten Bürger. Aber, na ja.

Am Eingang zum Ehrensalon des Flughafens erwarten uns stets dieselben Persönlichkeiten: der Premierminister, der Polizeipräfekt von Paris, der vor Ort zuständige Präfekt. In einem großen Raum stehen aufgereiht die Delegation und die Gäste, denen wir nun vorgestellt werden und die wir begrüßen. Sehr protokollarisch schütteln wir mehr oder weniger lustvoll Hände. Dabei begegne ich manchmal völlig anonymen Blicken, und gelegentlich umarme ich jemanden, der oder die mir innerlich nahesteht.

Durch die eine Tür hereingekommen, begibt sich das Präsidentenehepaar nun in Begleitung des Premierministers durch eine andere in ein gemütlicheres kleines Zimmer zu einem Höflichkeitsplausch, damit die Delegation Zeit hat, im Flugzeug Platz zu nehmen. Das geht aber für mein Gefühl recht schnell. Die Schiebetüren werden aufgeschoben, die Chefstewardeß sagt: »Wenn mir Frau Präsidentin folgen wollen.«

Zwischen der Republikanischen Garde in Habachtstellung und mit präsentiertem Säbel schreite ich erhobenen Hauptes über den langen roten Teppich. Schießt mir irgendein Schabernack durch den Kopf? Aber nein doch, Ordnung muß sein, und ich verweise jede Anwandlung von Ulk hinter ein hoffentlich nicht zu entzifferndes Lächeln.

Schnurgerade stehen sie aufgereiht, egal, ob es regnet oder stürmt oder das Thermometer vierzig Grad im Schatten anzeigt – sie zucken nicht mit der Wimper. Man hat ihnen bei-gebracht, daß die Ehrenbezeigung für den obersten Magistrat des Landes ein großes Privileg ist, das man sich notfalls auch unter Schmerzen verdienen muß. François begrüßt den befehlshabenden Offizier, wie es sich gehört – das alles steht haarklein im »Ablauf«. Das gehört zur Rolle des Obersten Befehlshabers alias Präsident der Republik, und er legt den Weg zum Flugzeugeinstieg mit martialischem Schritt zurück. Und ich? Ich wähle die kürzeste Diagonale, weiche lediglich, wenn es geregnet hat, den Wasserpfützen aus, verstecke mich ansonsten hinter einer dunklen Brille. Wieder sind am Fuß der Flugzeugtreppe ein paar Hände zu schütteln, dann steige ich ein. Das Flugzeug wird von der militärischen Flugbereit-schaft gestellt, ein Riesenvogel, Airbus oder Concorde.

Die Delegation sitzt in den rückwärtigen drei Vierteln oder zwei Dritteln des Fluggastraums, während der vordere Teil als eine Art Suite eingerichtet ist: ein Salon für Gespräche und Essen, hinter Vorhängen verborgen je eine für »Monsieur« und »Madame« reservierte Schlafkabine. Alles fein säuber-lich geordnet.

Die Sitzgurte sind geschlossen, Zeitschriften liegen bereit, der Start reißt uns durch die Wolken in den immerblauen Him-mel. Die Crew ist meistens dieselbe, die Stewardeß immer. Im Laufe der Jahre wandeln sich die während der ersten Flüge herrschende Zurückhaltung und Distanz in komplizenhafte Sympathie. Bald schon kennt sie unseren Geschmack, unsere Gewohnheiten, unsere Anliegen – es entsteht ein menschli-ches Miteinander. Ob Tag oder Nacht, ich lege mich stets sehr schnell hin; im Liegen werde ich besser mit meinen Kreislauf-problemen fertig. Das leise Zischen der Belüftungsdüsen wirkt einschläfernd auf mich, und ich sinke in tiefen Schlum-mer.

»Madame, ich muß Sie leider wecken.«

Der Bordlautsprecher läßt sich vernehmen:
»Wir haben den Sinkflug zum Flughafen von Bogotá begonnen; bitte schnallen Sie sich an, schlagen Sie die Tische zurück, richten Sie Ihre Sitzlehne auf und stellen Sie das Rauchen ein.«
Ein Besuchstag beginnt.

Stets begrüßt uns am Fuß der Treppe der Staatspräsident, nachdem vorher der Protokollchef und der französische Botschafter ins Flugzeug kamen, um François abzuholen. Zwei hübsche Mädchen in Landestracht gehen vor der Frau des kolumbianischen Präsidenten, Madame Betancourt, her. Sie reichen mir die rituellen Sträuße, davon einer in den Farben Frankreichs, der andere in den Farben des Landes. Ich danke ihnen mit einem kleinen Kompliment.
Während die Nationalhymnen erklingen, stehen die beiden Präsidentenpaare auf einem überdachten Podium, pfeilgerade, die Hände brav an die Seiten gelegt, und warten, bis die protokollarischen einundzwanzig Böllerschüsse verhallt sind. Unsere Gatten nehmen die Parade des Ehrenbataillons ab. Dann gesellen sie sich wieder zu uns zur Begrüßung und Vorstellung der Persönlichkeiten. Auch das steht alles haarklein in einer Broschüre.
Zur ersten Verschnaufpause im Ehrensalon, wo Getränke und Häppchen gereicht werden, ist die Presse geladen. Alles bleibt brav in der Reihe. Zwei kurze Ansprachen: Begrüßung, gefolgt vom Dank für den herzlichen Empfang. Wiederum alles fein säuberlich geregelt. So also beginnt ein typischer Staatsbesuch.

Im Wagen nach Bogotá kommt es zum ersten Gespräch mit der First Lady von Kolumbien. Unterstützt von einem Dolmetscher für Französisch und Spanisch, machen wir auf dem

Weg vom Flughafen zur Residenz miteinander Bekanntschaft. Schnell spüre ich, daß unser Verhältnis offiziell und höflich bleiben wird. Zwar interessieren sie meine humanitären Anliegen, soweit es um ihr Land geht, aber die Verteidigung der Menschenrechte in der Welt reißt sie nicht gerade vom Stuhl. Dennoch bietet Kolumbien als riesiges Terrain für Aktivitäten zugunsten unterprivilegierter oder behinderter Kinder genügend Gesprächsstoff. Ich höre ihr mit Interesse zu. Sie läßt mich wissen, sie sei Präsidentin des »Bienestar«, eines von der Regierung getragenen Verbandes. Finanziell sei er vom Staat abhängig. Er unterstütze Waisen, in Not Geratene, Ausgestoßene. Am Ende der Amtszeit ihres Mannes werde sie die Aufgabe nach geltender Übung der Gattin des nächsten Präsidenten übergeben. Während dieses Aufenthalts besuchten wir gemeinsam die Einrichtungen von Bienestar und einige Indianermuseen und hörten die üblichen politischen Erklärungen; dieser Staatsbesuch lehrt mich vieles. Ich entdecke das Land, und die in der kurzen Zeit gesammelten Eindrücke machen mir Lust, wiederzukommen. Noch weiß ich nicht, daß der Grund für meine Wiederkehr einen Monat später das Drama von Armero sein wird.

Eine Gruppe von Vertretern nichtstaatlicher Organisationen, Ärzten und humanitären Helfern hat mich eingeladen, sie auf einer Goodwill-Reise zu begleiten, bei der auch gemeinsame Projekte besprochen werden sollten.

Armero – wer könnte es je vergessen. Auf den Fernsehschirmen konnte die ganze Welt »live« den Todeskampf eines kleinen Mädchens miterleben, das eingeklemmt war, während um sie herum das Wasser unaufhaltsam stieg. Die Hilfsmannschaften vermochten sie nicht aus der tödlichen Umklammerung zu befreien. Ein unerträgliches Schauspiel.

Wenige Tage später überflog ich im Hubschrauber die schlammbedeckte Region. Stunde um Stunde suchte ich wie die andern angestrengt diese beklemmend öde Kloake ab in der Hoffnung, irgendwo noch ein Zeichen von Leben zu entdecken. Unentwegt drehte der Hubschrauber seine Kreise. »Schauen Sie, dort drüben, da bewegt sich etwas, irgend etwas Lebendes. Schneller, schneller!« Endlich können wir es erkennen. Es lebt. Etwas lebt. Das Tier hebt instinktiv den Kopf, folgt uns mit dem Blick. Ein Rind. Ich breche in Tränen aus. Die Gefühle sind übermächtig. Was immer es ist, es ist ein Leben, ein Leben, das zugrunde geht in dieser Todeswelt. Wir geben die Suche auf. Der Abend bricht herein, wir fliegen zum Stützpunkt zurück. Unvorstellbar, was die Bewohner erlitten: die Erregung, die Panik, die Konfrontation mit dem Schrecken, dem Unausweichlichen; die Kehle ist wie zugeschnürt. Die Journalisten wollten von mir das unsagbar Unerträgliche erfahren; ich hoffe, sie haben mein Schweigen verstanden.

Am nächsten Tag begegne ich denen, die noch fliehen konnten. Sie sitzen in einem Auffanglager und werden mit dem Nötigsten versorgt. Auch sie bringen kein Wort heraus. Ein angedeutetes Lächeln, das vielleicht sagen will: »Sie verstehen zwar unsere materielle Not, aber unser Leid können Sie nicht erfassen. Erzählen Sie es weiter, und vergessen Sie uns nie.«
Ein Zeichen für uns, mehr als das, ein Grund, uns aufzumachen und mit ihnen die Zukunft ins Auge zu fassen. Haben sie das begriffen, als sich unsere Blicke kreuzten? Ich weiß es nicht. Unverzüglich wird ein Hausbauprogramm beschlossen, an dem sich die Stiftung beteiligt. Wir sind inzwischen im Kontakt mit unseren Partnern vor Ort und fühlen uns im Einklang mit der Bevölkerung.

Sodann gilt es zu handeln, andere von der Notwendigkeit des Handelns zu überzeugen, Quellen für die solidarische Finanzierung zu finden ..., Spenden, die keine andere Belohnung erwarten als das Gefühl, Schwestern und Brüdern geholfen zu haben. Wer sich mokiert oder kritisiert, verpaßt viele gute Gelegenheiten, wo ihm Schweigen besser angestanden hätte. Ich spreche von denen, die stets jede Hilfe für eine notleidende Bevölkerung in Zweifel ziehen.

Ich möchte Sie teilhaben lassen an der Bewegung, die mich zutiefst ergriff, als mich nach dem gegen mich gerichteten Attentat im irakischen Kurdistan im Juli 1992 Opfer im Krankenhaus empfingen, mich umarmten und murmelten: »Gott sei Dank sind Sie unversehrt und haben nichts abgekriegt. Danke für alles, was Sie getan haben, um auf unser Unglück aufmerksam zu machen und uns beim Weiterleben zu helfen.«
Diese Herzensgüte verschlägt mir die Sprache.
Was soll ich sagen ... Einzig der kleine Junge, dem ein Splitter der mir zugedachten Bombe den Leib aufgerissen hat und dem ich im Krankenhaus von Sulaymanijja die Wangen streichelte, allein er könnte das Nichtbegreifen ausdrücken, das ich in seinen Augen las.
Ich will ihn um Vergebung bitten, um Vergebung für die Verbrecher, die ihr Ziel verfehlt und Unschuldige getötet haben. Seine Wunden sind die meinen. Wenn ich noch lebe, verdanke ich das dem Schicksal, das mich drei Kilometer vor der Attentatsstelle das Fahrzeug wechseln ließ? Doch ach, die meinen Platz einnahmen, sind in der Explosion der Autofalle, die mich töten sollte, bei lebendigem Leibe verbrannt. Ja, ich will leben, um Sie dazu zu überreden, sich denen anzuschließen, die trotz soviel Ungerechtigkeit nicht resignieren. Während ich im Krankenhaus war, suchte Bernard Kouchner die Lei-

chenhalle auf, in der die verkohlten Leichen aufgebahrt lagen. Der Schmerz der Familien drückt mich zu Boden. In solchen Augenblicken zweifelt man an seinem Verstand. Ich habe bisher nie darüber gesprochen, denn es läßt sich nicht beschreiben.

Kehren wir nach Armero zurück. Jahre später bin ich wieder an der Unglücksstelle. In den für sie erbauten Häusern fand ich die Überlebenden wieder. Wir gingen durch das wenige Kilometer von Armero entstandene Behelfsdorf Villa Armelita. Ich spürte, wie noch jetzt ein kleiner Funke Vertrauen und Hoffnung in ihren Augen aufschien. »Sie haben uns nicht vergessen, und Sie sind jetzt bei uns.«
Sicher empfinden viele humanitäre Helfer genau wie ich und verstehen, was ich meine.
Da liegt Armero, und seine Seele lebt fort im Friedhof, der – Ironie des Schicksals – von der Schlammflut verschont blieb. An diesem Ort der Einkehr versammelt sich die heute etwas weiter entfernt untergekommene Bevölkerung. Das Leichentuch der Vorfahren verewigt das Andenken an das gemarterte Armero.

Nach dieser Katastrophe und unserer Hilfeleistung sind Bande entstanden, fanden durch die Stiftung »France-Libertés« konkreten Ausdruck an anderen Orten, entwickelten sich weiter. Ein Programm gilt Kindern in einem Kulturzentrum. Zum mitten auf dem Lande gelegenen Barrio Trinidad gelangen wir mit Hilfe einer »chiva«, wie die Einwohner die klapprigen, über und über mit Figuren und naiven Bildern bemalten Busse nennen. So erreichen wir die Schule. Die Stiftung hat hier mitgeholfen. Eltern, Lehrer und Kinder erwarten uns in einem blumengeschmückten Raum; der Imbiß, die fröhlichen Gesänge und Unterhaltungen bringen uns einander noch näher.

Zum Besuch eines anderen Projektes im Amazonasgebiet nehmen wir das Flugzeug.

September 1992. Im kolumbianischen Amazonasgebiet erwartet uns Jean-Marc Fischer, früher Mitglied der Ärzteorganisation Aide Médicale Internationale, der anschließend bei der Indiobevölkerung verblieb und ihr einen Teil seines Lebens widmete.

Eines Tages schrieb er mir:

»Sie müssen unbedingt herkommen. Man spricht hier von ›France-Libertés‹ und von Ihnen, als gehörten Sie zur Familie, aber man muß den Leuten auch zeigen, daß es Frankreich auch als Volk gibt. Sie müssen kommen.«

In Paris wird die Reise bei »France-Libertés« vorbereitet. Ein Kundschafter hat die Reiseroute festgelegt, macht sich aber Sorgen wegen der problematischen Anfahrt.

Meine Co-First-Lady Ana Maria Gaviria[1], die ich kennen und schätzen gelernt habe, bietet von sich aus an mitzukommen, und schon sind die Schwierigkeiten bereinigt.

Ein Flugzeug bringt uns bis Pedrera. Von dort aus transportiert uns ein Hubschrauber bis Providencia, womit wir zwei Tage im Zug und sechs Tage im Motorkanu sparen. Plus drei Stunden Fußmarsch durch den Wald.

Ich bin ja sonst ganz mutig, vielleicht manchmal waghalsig, aber hier habe ich das Angebot akzeptiert. Einen Augenblick lang habe ich allerdings schon überlegt, das dürfen Sie mir glauben. Diese Mission büßte etwas von ihrem wohltätigen Charakter ein, wenn sie mit Transportmitteln bewerkstelligt wurde, die sich die Stiftung nicht leisten konnte.

Die vierzehn Stämme der Umgebung sind vertreten. Manche

---

1 Nachfolgerin von Madame Betancourt.

mußten eine mehrtägige Fahrt im Einbaum auf sich nehmen. Sie wollten dabeisein, wenn in der großen »Maloca« die Versammlung stattfand: ein großer, viereckiger Platz, dessen Schilfdach auf allen vier Seiten bis zum Boden reicht. Von der Decke baumeln Hängematten – der Schlafplatz der Häuptlinge.

Sie bitten die beiden hohen Damen herein, die ihnen vom Himmel gefallen sind. Aber während der ganzen Versammlung ergreift keine einzige Indiofrau das Wort. Sie hocken in den Ecken, wo das Dach am niedrigsten ist. Die Männer erzählen uns von ihrem Leben und ihren Problemen, die Häuptlinge sind im vollen Staatsschmuck erschienen, die andern in der heutigen »Weltuniform«: kurze Hose, T-Shirt und Turnschuhe.

Alles in der »Maloca« ist organisiert: wer redet, wer Notizen macht, wer mit einer fertigen Bittschrift auftritt. Jeder spricht in seinem Dialekt; die Verständigung wird durch die dreifache Übersetzung verlangsamt. Die Stunden verrinnen.

Unsere franko-kolumbianischen Delegationsmitglieder widerstehen nur schwer dem Schlaf. Ich sehe, wie meiner Mitarbeiterin Anita der Kopf auf die Brust sinkt und andere nur mühsam ein Gähnen unterdrücken. Allmählich glaube ich fast, daß das Amt das Verhalten diktiert: Ana Milena und ich sitzen sehr gerade, legen größte Aufmerksamkeit an den Tag, wenn wir jeweils angesprochen sind, das heißt abwechselnd, je nachdem, ob Französisch oder Spanisch geredet wird. Während sich die Indios in ihrer Sprache äußern, wechseln wir ein paar Worte der Ermutigung. Das Palaver dauert bis tief in die Nacht.

Endlich schließen die Häuptlinge die Sitzung, um sich schlafen zu legen. Sämtliche Hängematten werden herabgelassen, pro Person eine, auch eine für Ana Milena und eine für mich, denn wir haben Häuptlingsrang.

Mich erfaßt Panik:

»Erklären Sie ihnen, Jean-Marc, sagen Sie ihnen, ich hätte ... Platzangst, sie werden das verstehen, sie treiben doch Sternkunde, sie werden verstehen, daß sich im Zeichen des Skorpion Geborene vor dem Dunkel fürchten und ich nicht hier schlafen kann. Ich muß im Freien liegen, in der ›Maloca‹ gleich nebenan, die für die Delegation vorgesehen ist; sie ist nicht geschlossen, sondern der etwas erhöhte Fußboden wird nur von einem leichten Dach geschützt. Unsere Hängematten hängen schon dort.«

»Ach so?« sagen die Häuptlinge überrascht und verwundert.

Mit Ana Milena, ihren beiden Kindern und unseren Begleitern machen wir es uns bequem. Als erstes werden die Moskitonetze aufgehängt, dann die Schlafsäcke nach Vorschrift ausgebreitet. Als ich den meinigen entfalte, entdecke ich geradezu einen Sarkophag für Temperaturen von vierzig Grad unter Null. Ich habe allerdings der Kammerzofe im Elysée nur wenig erklärt, und so konnte sie durchaus meinen, ich erklömme eine Bergspitze in den Anden.

Ich versuche, in das Monstrum zu schlüpfen. Das erste Bein kriege ich ohne große Schwierigkeiten hinein, fürs zweite brauche ich schon eine Stütze. Ich setze mich auf die Hängematte, die aber noch eingerollt ist und mehr wie ein Seil reagiert.

Mein Nachbar Jean-Jacques, der über meine Sicherheit wacht, ist ebenfalls mit seinem Schlafsack beschäftigt, sieht mich hoffnungslos verstrickt und ruft:

»Vorsicht, Madame, Sie fallen gleich runter, Sie fallen runter, Madame..., Sie sind heruntergefallen.«

Allgemeines Gelächter, es will nicht aufhören, donnert wie ein Wasserfall. Als die Ruhe wiedereingekehrt scheint, prustet einer von neuem los und alle Welt macht's ihm nach.

Ana Milena liegt schon in der Hängematte, hat den Walkman aufgesetzt und summt die Melodie mit. Es dauert einige Zeit, bis sie begreift:

»Was ist passiert?«

»Madame ist aus der Hängematte gefallen.«

Sind wir übermüdet, überreizt oder ist die Situation nur so komisch – jedenfalls lachen wir erneut hemmungslos.

Ich sitze mit dem Monstrum zwischen den Beinen auf der Erde, komme mir vor wie eine Ente, die eben ein Kaninchen ausgebrütet hat, und betrachte mit scheelsüchtigen Augen den einfacheren Schlafsack von Jean-Jacques.

»Na sagen Sie schon, daß Sie meinen Schlafsack haben wollen.«

Ich überlasse ihm meinen Sarkophag.

Letzten Endes ist es ganz einfach; man braucht lediglich den Schlafsack unten in die Hängematte zu legen, um sich vor der Feuchtigkeit zu schützen, die nachts vom Boden aufsteigt.

Mitten im Wald kann man zwischen zwei Geisteszuständen wählen: Entweder fühlt man sich von der Umgebung behütet, oder sie macht einem angst.

Ich entschied mich für ersteres.

Wir sind allesamt todmüde. Vor dem Einschlafen erhält jede von uns eine Taschenlampe für den Fall, daß wir nachts herausmüssen.

Ganz auf unser Wohlergehen bedacht, hat man uns eine Dusche eingerichtet; mit Rücksicht auf unsere Nacktheitsscheu ist sie mit undurchsichtigen Vorhängen versehen. Vier riesige Wasserfässer unterschiedlicher Größe; die kleineren sind schnell von der Sonne erwärmt, aus den andern fließt je nach Umfang immer kälteres Wasser. Ein Plastiksieb dient uns als Brausekopf.

Nie habe ich das Glücksgeschenk Wasser mehr geschätzt.

Mein Erholungsschlaf wird bei Sonnenaufgang, also sehr früh, von kehligem Lachen aus der Häuptlings-»Maloca« unterbrochen.

Verdutzt frage ich:

»Machen sie sich über uns lustig?«

»Überhaupt nicht«, erwidert Jean-Marc Fischer, »das ist Teil ihres Rituals; wenn sie morgens aufwachen, dann lachen sie dreiviertel Stunden oder eine ganze Stunde lang unbändig, das ist gut für die Gesundheit. Sie erzählen sich lustige Geschichten, immer dieselben. Frühmorgens das Jochbein entspannen und die Bauchmuskeln reizen, ist ein Lebenselixier.«

Erst hören wir ihrem Lachen zu, dann steckt es uns an. Wir wissen zwar nicht, warum, aber wir lachen.

Neben mir sagt Rosemarie von der Stiftung kein Wort. Ich sehe, wie sie zur Decke starrt.

»Was siehst du?«

»Nichts mehr.«

»Wo?«

»Heute nacht wimmelte es von Spinnen. Unseligerweise habe ich die Decke angeleuchtet. Ich traue mich nicht aus meinem Moskitonetz.«

Jean-Marc beruhigt uns: »Sie fallen nicht herunter. Und selbst wenn sie fielen, wären sie ungefährlich. Tagsüber sieht man sie nicht, weil sie sich im Schilfdach verkriechen, nachts kommen sie hervor und fressen die Insekten. Keine Sorge.«

Die Indiofrauen haben nicht geschlafen. Sie haben sich abgestimmt und sind über ihre unmöglichen Männer hergezogen – Häuptling hin oder her –, die ihnen nie das Wort erteilen, nur weil sie Frauen sind; dabei haben sich die Männer heute abend stundenlang mit zwei Frauen unterhalten. Sie sind zu einem Entschluß gelangt und lassen ihre Männer wissen, daß es keinen Grund gebe, warum sie, ihre Frauen, sich nicht unter Frauen allein mit »Denen da« unterhalten sollten. Eine Abgesandte soll Ana Milena und mich in die »Maloca« der Häuptlinge bitten.

Große Aufregung. Am Eingang zusammengepfercht versuchen die Ehemänner einzugreifen, wenn ihre Gattinnen reden. Diese wehren sich:

»Jetzt spreche ich, und die beiden Damen hören *mir* zu.«

Die Indiofrauen haben einiges vorzubringen, was der kolumbianischen Präsidentengattin zu denken gibt.

Ein veritables Ereignis: Hier ist etwas geschehen – Fortsetzung folgt.

Vor der Begegnung mit den Frauen waren wir in die »Maloca« des »Großen Man« zum Essen geladen. Er wohnt dort mit seiner Familie. Die Hängematten schaukeln sanft im Luftzug. Nachts schlafen sie in ihnen, ruhen sich darin aber auch tagsüber immer wieder wie in einem Sessel aus. Da es keine Trennwände gibt, ist stets für Lüftung gesorgt. Den größten Teil des Raums nimmt ein langer Tisch mit Bänken ein. Der Große Man begibt sich an seinen Stammplatz am Kopfende, wir setzen uns nach Belieben. Der Große Man redet, wir hören ihm zu und verzehren nebenbei die Gerichte und Getränke, die man uns reicht. Am anderen Ende erhitzt ein riesiges Feuer eine gußeiserne Wanne, in der die Speisen zubereitet werden.

Ich netze die Lippen in einer enormen Schale, die mit einer unidentifizierbaren Flüssigkeit gefüllt ist – wahrlich eine Überraschung.

»Was ist das?«

»Schokolade.«

»Wirklich?«

Es war schon eine Schokolade, aber eine, wie sie sie verzehren, das heißt, natürlich, nicht verfeinert, mit Wasser zuberei-

tet. So bitter, wie Sie es sich kaum vorstellen können! Ein zweiter Schluck, dann ein dritter, warum nicht weitermachen? Das erfrischt – und schon ist die Schale leer.
Auf dem Teller vor mir liegt ein gebratenes Stück Fleisch. Es schmeckt gut.
»Was ist das?«
Man nennt mir einen Tiernamen, den ich nicht kenne.
»Eine Ratte«, raunt mir mein Tischnachbar zu.
»Schmeckt aber vorzüglich.«
Natürlich handelt es sich um, wie man sagen könnte, gezüchtete Feldratten. Überall rennen sie völlig frei herum. Vielleicht bin ich etwas feige; jedenfalls übersehe ich sie lieber, für den Fall, daß ich sie morgen auf meinem Teller wiedertreffe ...

Ich bin ganz Ohr für die Äußerungen des Großen Man, als mir ein weiteres Gericht angeboten wird: gekochter Fisch mit pikanter Soße. Da ich nicht mehr viel Hunger habe, biete ich ihn Jean-Jacques an mit der Bitte, mir zu helfen, daß ich unsere Gastgeber nicht enttäusche. Sie sind so selig, uns mit ihren besten Leckerbissen verwöhnen zu können.
»Was ist das für ein Fisch, rund, unten flach?«
»Ein Kaiman!« Wahrhaftig, ein Kaiman.
»Jean-Jacques, Sie werden sehen, schmeckt hervorragend, ganz fein, das Fleisch ist köstlich. Na, schmeckt's?«
»Jawohl, Madame«, antwortet er wie auf Kommando.
Und wir lachen, lachen viel. Das tut wirklich gut.
Gerne denke ich an diese Augenblicke zurück; sie entschädigen mich für alle Ängste, Enttäuschungen und Nöte der vierzehn Amtsjahre.

Der elektrische Strom ist im Amazonasgebiet noch nicht bis Providencia vorgedrungen, übrigens auch nicht bis Pedrera, obwohl es weniger abgelegen ist. Dennoch erreichen die Neuigkeiten aus der Welt die Bewohner, kennen sie sie in großen Zügen und fragen sie uns dazu unentwegt aus. Es gibt viele Transistorradios, und die Batterien werden in Massen angeliefert.

Von allen Seiten hagelt es Fragen. Ich freue mich, ihre Auffassung über das Maastricht-Referendum kennenzulernen, das demnächst in Frankreich ansteht. »Was habt ihr doch Glück, ihr Franzosen, daß ihr am Entstehen einer großen Nation mitwirken könnt. Es war sehr vernünftig von den Europäern, in einem Großteil ihres Kontinents Frieden zu schließen, und daran erkennen wir die Überlegenheit der Europäer, daß sie ihre Streitigkeiten am Verhandlungstisch bereinigen und ihre Politik nach dem Willen des Volkes richten. Das gereicht der Menschheit zur Ehre.«

Um nichts in der Welt wollte ich sie eines anderen belehren, aber man bedenke, was in mir vorging im Gedanken an die vorgeblichen Ängste und die ganze Dummheit, die wir uns in Rundfunk und Fernsehen anhören mußten und die über 48 Prozent unserer Landsleute überzeugt haben.

Wir bleiben auf unseren Bänken sitzen, denn viel haben wir noch voneinander zu lernen. Sie erzählen uns von der Entstehung der Welt nach der Überlieferung ihrer Vorfahren. Was ist mir davon grob hängengeblieben? Leben ist Wasser und Feuer. In seiner großen Weisheit wachte Gott über das Feuer, denn es stellte die absolute Macht dar. Eines Tages aber stahl ihm der Mensch das Feuer und floh; doch die Frau wollte ihren Anteil, nahm heimlich ein Stück der Beute und verbarg es in ihrem Schoß. Unter den göttlichen Bannflüchen beugten sich schließlich Mann und Frau und gaben das Feuer zurück. Als sie es aus ihrem Schoß zog, begann die Frau zu bluten; so kehrte die Kraft des Lebens in sie ein und machte sie fruchtbar; so entstand die monatliche Regel. Eine schöne Mythologie, mir gefällt diese Erklärung.

Kurz möchte ich noch erzählen, was ich in den drei Stunden aus dem Munde des Großen Man vernahm.

Beispielsweise, wie sein Nachfolger bestimmt wird. Schon im zartesten Alter, im ersten Lebensjahr, erlernen die für am kräftigsten befundenen Neugeborenen die Strenge, die Ichstärke und die Achtung des Lebens. Körperlich hervorragend entwickelt, intelligent und erfindungsreich, werden sie später auf die Probe gestellt, ob sie dem Hunger, dem Durst, dem Schmerz, der Angst, der Versuchung und manchem anderen, was ich vergessen habe, zu widerstehen fähig sind. Die schwerste Prüfung besteht darin, daß sie allein im Wald leben, möglichst weit entfernt bestimmte Trophäen holen müssen. Wer das schafft, ist würdig, Großer Man zu werden. Er geht, vertraut auf seine Körperkraft und Intelligenz – wird er wiederkommen? Er redet mit den Tieren und Pflanzen. Er darf keine andere Gemeinschaft aufsuchen, sondern muß sich ins tiefste Unbekannte wagen. Welcher Schrecken für die Familie, wenn sie ihren Sohn dem Wald, dem höchsten Vater, anvertrauen muß. Viele kehren nie zurück.

Der mir heute als spiritueller Sohn des Großen Man vorgestellt wird, erzählt mir sein Abenteuer. Er ist allein, ist offensichtlich von dem Stoff, aus dem man Häuptlinge macht, aber er kennt auch alle Leiden, die ihn mit Härte gezeichnet haben. Eine wahre Naturgewalt – Menschenführer, Zuchtmeister und Schutzherr zugleich.

178

Raissa Gorbatschow

»Hallo Kinder!« An diesem Wintermorgen 1989 erwacht die
Stiftung zu rastlosem Leben.
»Was gibt es Neues?«
»Eine Reise steht in Aussicht«, sagt Anne. »Einladung von
Valentina Tereschkowa zu einem Kolloquium in Moskau, bei
dem sie den Vorsitz führt und das die Union der Sowjetischen
Vereinigungen für Freundschaft und Kulturelle Beziehungen
veranstaltet. Das Thema klingt vielversprechend: ›Die huma-
nitäre Dimension des KSZE[1]-Prozesses und die Rolle der
öffentlichen Meinung‹.«
»Wann?«
»30. Januar und 1. und 2. Februar 1990.«
Die Liste der eingeladenen Gäste ist eindrucksvoll, die ganze
Welt wird da sein; ich beschließe hinzureisen.
30. Januar 1990. Den Sitzungsvorsitz führen abwechselnd ein
Belgier im Namen der Sozialistischen Jugend, ein Irländer
und ein Däne. Zahlreiche Debattenbeiträge, Sitzungsbericht:
die Organisation ist perfekt; ich vermisse lediglich etwas die
Spontaneität, Improvisation und auch die mehr oder weniger
leisen Protesttöne, die bei den Tagungen der nichtstaatlichen
Organisationen und der humanitären Verbände in der Regel
zu hören sind. Der strenge Professionalismus der Regierungs-

---

1 Konferenz über Sicherheit und Zusammenarbeit in Europa.

maschinerie macht sich drückend bemerkbar. Auch Valentina hat das bemerkt und sinnt anscheinend auf mehr Bürgernähe; jedenfalls schlägt sie mir noch am selben Tag die gemeinsame Unterzeichnung eines Absichtsprotokolls über Projekte ihrer Organisation vor.

Mir wurde zunehmend klar, wie sehr dieses Land danach lechzte, sich aus den administrativen Fängen des kommunistischen Staates zu befreien, aber bis dahin war noch ein weiter Weg.

Für mich war dieser Weg gleichbedeutend mit der Entwicklung meiner Beziehungen zu Raissa Gorbatschow.

Das erste Mal begegnete ich ihr während der offiziellen Frankreichreise des Generalsekretärs der KPdSU im Oktober 1985, wenige Monate, nachdem er an die Macht gekommen war.

An sich hätte mich Raissa beeindrucken können. Sie trat ebenso elegant wie selbstsicher auf, und sie führte eine klare Sprache, redete laut und kraftvoll. Aber so, wie sie sich da bemühte, sich der Überwachung durch die in ihrer Delegation allgegenwärtigen KGB-Agenten zu entziehen und den Anweisungen und dem »Schutz« ihrer unmittelbaren Umgebung zu entwinden, empfand ich für sie eher Mitgefühl. Noch erinnere ich mich an ein paar Gesprächsfetzen:

»Gaspada (Madame) Mitterrand, erzählen Sie mir etwas über den Zweck der Vereinigungen, die Sie geschaffen haben?«

Wir sitzen gerade im Elysée zu Tisch. Ich freue mich über ihre Neugier.

»Die ›Vereinigung 21. Juni‹[2] ist nichtstaatlich«, antworte ich, »sie betätigt sich zugunsten von Bevölkerungen, die ihnen zustehende Rechte nicht ausüben können. Ich ...«

---

2 Erste von Danielle Mitterrand geschaffene und geförderte Vereinigung zum Schutz der Menschenrechte.

An dieser Stelle unterbricht mich der sowjetische Dolmetscher, redet, redet endlos, glatt zehn Minuten. Ich bin überrascht. »So lange für die Übersetzung eines einzigen Satzes? ...« Er lächelt geschmeidig.

»Madame, ich weiß bestens Bescheid über die ›Vereinigung 21. Juni‹, über ›Cause commune‹ und ›La France avec Vous‹. Ich wollte Ihnen lange Ausführungen ersparen, die Ihnen wegen allzu häufiger Wiederholungen lästig werden könnten.«

Mein Blick begegnet dem von Raissa; sie findet diese Eigenmächtigkeit ebenso überraschend wie ich, und unsere Augen sprechen Bände.

»Gaspada Mitterrand, haben Sie in Frankreich auch eine soziale Aufgabe? Erhalten Sie außer den Anträgen der jungen Existenzgründer, die ›Cause commune‹ unterstützt, auch noch andere Bittbriefe?«

Sie läßt nicht locker, das freut mich.

»Wenn Sie möchten, kann ich Ihnen meine Mitarbeiter im Elysée vorstellen, die die Einsendungen meiner Landsleute beantworten. Das Sekretariat liegt auf demselben Flur neben den Privaträumen, in denen wir jetzt sitzen.«

Sie blickt fragend auf die Begleitdelegation; noch hat sie keinen Ton gesagt, da mischt sich wieder der Dolmetscher ein:

»Nein, dafür reicht die Zeit nicht.«

Ich lasse mich nicht ins Bockshorn jagen, spüre, daß sie meine Organisation sehen möchte; sie nickt:

»Gaspada Mitterrand, das ist zwar im Programm nicht vorgesehen, aber machen wir ganz schnell, nur wir beide, ohne Journalisten, ich komme mit.«

Sie bricht aus dem vom Protokoll gesetzten Rahmen unserer Begegnungen aus. Ich bin glücklich darüber, glücklich für sie, daß es ihr gelungen ist, die Umklammerung zu sprengen, in die ihre Delegation sie preßt. Während des ganzen Besuchs folgt eine Überraschung der andern. Bald spüre ich tief drinnen:»Sie gefällt mir wirklich.«

Hat sie bemerkt, wie ich es fertigbringe, daß unser Auto aus der offiziellen Kolonne ausschert, die nun schon zum dritten Mal in den Boulevard Raspail und dann den Boulevard Montparnasse einfährt? Ich beschließe, daß wir genug Zeit haben, den Boulevard Saint-Michel zu nehmen und weiter über Notre-Dame de Paris und die Quais zum Elysée zu fahren. Eine viel hübschere Tour. Ich biete sie ihr zum Entsetzen meiner Sicherheitsleute, die nicht mehr wissen, wem sie nun eigentlich gehorchen sollen. Nur diese Entschlossenheit, ihr Paris auf meine Art zu zeigen, erlaubt es uns, den von der Polizei verordneten Weg zu verlassen; es ist wie Schule schwänzen.

Ei wei, danach mußte ich mir einiges anhören. Das Innenministerium war wütend.

»Das gibt's doch nicht! Das macht sie (gemeint bin ich) nicht noch einmal!«

Ich erwiderte kurzangebunden: »Ist nicht der Weg, auf dem einen niemand erwartet, der sicherste?«

Ich muß freilich zugeben, wenn jeder in einer Kolonne ausscherte, dann ginge es kunterbunt zu! Ich tat es auch nicht wieder.

Unser Programm führt uns in die Impressionistenausstellung in der Orangerie. Die Besichtigung beginnt mit einem gemeinsamen Rundgang, bei dem Raissa ihre Bildung unter Beweis stellen kann, dann aber verliere ich den unmittelbaren Kontakt, ihre Leibwächter und Dolmetscher bilden einen Pulk um sie. Man müßte sich mit den Ellenbogen zu ihr durchkämpfen, und so lasse ich mich mit meinen Mitarbeitern zurückfallen. Merkt sie endlich, daß ihre Delegation sie abschirmt und uns voneinander trennt? Sie blickt sich um, sucht mich:

»Aber wo ist Gaspada Mitterrand?« fragt sie.

»Etwas weiter hinter Ihnen.«

Sie bleibt abrupt und entschlossen stehen. »Ich möchte sie neben mir haben.«

Sie wartet auf mich und nimmt mich bei der Hand, so daß sich außer meiner eigenen Dolmetscherin niemand mehr zwischen uns schieben kann. Raissas Umgebung beratschlagt, die Unruhe ist geradezu greifbar. »Was sagt sie zu ihr?« Ich errate, was diese eifrigen, sogenannten Sicherheitsbeamten denken, die bis hin zu den Dolmetschern über meine Tätigkeit so gut Bescheid wissen.

»Redet sie über die Menschenrechte, erwähnt vielleicht den unter Hausarrest stehenden Sacharow oder Elena Bonner, die zur ärztlichen Behandlung in Amerika weilt? Kommentiert sie etwa die Meuterei der sowjetischen Soldaten in Afghanistan?«

»Beruhigen Sie sich, ich habe schon verstanden, ich lasse sie die Fragen stellen und gehe nur auf die ihr erlaubten Themen ein.«

Raissa begutachtet mit lauter Stimme die ausgestellten Werke und holt zu Vergleichen aus, die ihren Kunstverstand belegen. Sie hält meine Hand immer noch fest und bezaubert die ganze versammelte Gesellschaft; vorher war sie mir ein Rätsel, jetzt entdecke ich sie – wahrhaftig, der Funke zündet. Der eigentliche Kernpunkt der ersten Begegnung mit dieser ungewöhnlichen Frau kam jedoch nach dem Besuch im Hôtel Salé, in dem vor ein paar Wochen eine ständige Picasso-Ausstellung eröffnet worden war.

Es war nach einem sehr lehrreichen Rundgang unter Führung des Konservators, der seine Schätze mit Vergnügen einer Frau zeigt, die offenkundig das Thema beherrscht. Am Museumsausgang stehen Journalisten. Sie stellen ihr ein paar Fragen, die sie gekonnt mit einer vorgefertigten politisch-kulturellen Rede beantwortet, wie von einem Parteimitglied, das dem Politbüro nahesteht, nicht anders zu erwarten. Jedenfalls klingt es für mich in der Übersetzung des Dolmetschers wie eingelernt. In Wirklichkeit hat sie aber etwas ganz anderes gesagt, was ihr offizieller Dolmetscher ausließ; meine eigene Dolmetscherin ist deswegen völlig schockiert. Als ich ins Auto steige, merke ich, daß die junge Frau etwas quält. Auf meinen fragenden Blick hin gibt sie sich einen Ruck und sagt:

»Madame, der Dolmetscher von Frau Gorbatschow hat nicht das wiedergegeben, was sie gesagt hat. Er hat es verändert. Können Sie ihr das sagen?«

Raissa sitzt neben mir, der Wagen fährt an. Ich erläutere meinem Gast, was meine Mitarbeiterin gesagt hat. Raissa läßt den Wagen halten.

»Fahrer, legen Sie den Rückwärtsgang ein. Mademoiselle, rufen Sie die Journalisten noch mal zusammen, und begleiten Sie mich, ich will meine Gedanken präzisieren und meine Aussage klarstellen.« Nicht einen Augenblick hat Raissa gezögert. Sie geht die Stufen zum Vorplatz hinauf, umringt von der Presse, unterstützt von meiner Dolmetscherin. Ihre Delegation erstarrt. Bravo, sie hat Mut. Ich bewundere sie.

Als sie wieder abreist, sind wir Komplizinnen geworden. Wenn sich unsere Blicke begegnen oder wir einander die Hand reichen, sagt das mehr als alle Erklärungen zusammen. Am Ende der offiziellen Verabschiedung flüstert sie mir ins Ohr: »Schreiben Sie mir direkt in den Kreml, ich werde Ihnen antworten.«

Während des folgenden Jahres schrieb ich ihr dreimal. Keine Antwort.

Natürlich bin ich enttäuscht.

184

Vielleicht bin ich naiv, daß ich dem diplomatischen Weg gefolgt bin, dabei aus reiner Höflichkeit und zu seiner Information ein Doppel an unseren Botschafter Jean-Bernard Raimond schickte und es ihm überließ, meine Briefe per Kurier zu übermitteln.

Ich weiß, daß es sich manche Staatschefs und ihre Gattinnen zur Regel machen, keine Briefe von Einzelpersonen ohne öffentliches Amt zu beantworten; ich tat es dennoch, ohne im Einzelfall irgendwelche Zwecke zu verfolgen, wollte nur ein Zeichen setzen. Aber Raissa? Woher dieses Schweigen?

Mit solchen Gedanken und verfolgt von dieser Frage begleite ich François ein Jahr später im Juli 1986 bei seinem offiziellen Besuch in Moskau.

Gleich in einem ersten Privatgespräch inmitten des ewigen Versteckspiels mit ihrer allgegenwärtigen Umgebung vertraue ich ihr an:

»Raissa, ich muß Ihnen etwas sagen, was ich auf dem Herzen habe. Dreimal habe ich Ihnen geschrieben, und nie haben Sie geantwortet. Bin ich Ihnen zu nahe getreten?«

»Aber ich habe nie einen Brief von Ihnen gesehen.«

Fast bin ich erleichtert.

Natürlich befrage ich unseren damaligen Außenminister – wir befinden uns mitten in der Kohabitation –, der mit zur Delegation gehört. »Herr Minister, waren nicht Sie vergangenes Jahr in Moskau auf Posten?«

»Ja, Frau Präsidentin.«

»Können Sie mir sagen, was los war? Madame Gorbatschow sagt mir, sie habe keinen der Briefe bekommen, die ich Ihnen zur Weiterleitung an sie anvertraut habe.«

»Ich hielt es nicht für opportun ...«

Ich falle ihm schneidend ins Wort:

»Der Briefwechsel zwischen Madame Gorbatschow und mir ist persönlich und geht nur uns an.«

»Sie hatten mir ein Doppel geschickt, ich dachte ...«

»Sie könnten mich zensieren? Wissen Sie eigentlich, Herr Minister, daß ein Briefträger, der Briefe zurückhält, gemaßregelt und bestraft wird?«

Dieser Minister war fortan nicht gut auf mich zu sprechen, aber war er es je?

Er war kein Briefträger, die Affäre ist abgeschlossen. War ich erbittert? Ja. Frau des Präsidenten zu sein schützt nicht vor schäbigen Manövern, und die Macht, die man ihr unterstellt, ist höchst relativ.

Während eines Spaziergangs in den Moskauer Straßen nach dem Besuch des Puschkinmuseums nimmt mich die superbe Raissa, hübscher und eleganter denn je, bei der Hand – das wird schon zur Gewohnheit – und stellt mich den Menschen auf der Straße vor.

»Heißen Sie sie willkommen, unsere Freundin Gaspada Mitterrand, sie ist nach Moskau gekommen, um sich nach den Segnungen der Perestrojka zu erkundigen.«

Jeder beglückwünscht sie, sie strahlt vor Stolz auf alles, was sie mir zeigen und nahebringen will.

Ich setze große Hoffnung in dieses Ehepaar, das entschlossen die Öffnung eines seit Jahrzehnten unter der Bürokratie schmachtenden Landes vorantreibt.

Als ich sie anläßlich des Starts der Rakete, in der unser französischer Kosmonaut Jean-Loup Chrétien im November 1988 Platz genommen hat, in Baikonur wiedertreffe, klatschen wir zu dem unvergeßlichen Schauspiel der Männer, die in den Weltraum geschossen werden. Welche Erregung erfaßt uns, als sie unter ohrenbetäubendem Lärm binnen weniger Sekunden unseren Blicken entschwinden. Das Spiegelarmbändchen, das ich damals in der Hand hielt, hüte ich wie eine Reliquie. Einer der sowjetischen Kosmonauten hatte es vom Handgelenk abgenommen und mir kurz vor dem Start überreicht. Ich bewahre es bei meinen Wertsachen als Erinnerung an den Mut und die Weitherzigkeit der Menschen. Aber der nationale Applaus, den man sich für den astronautischen Erfolg selber spendet, vermag nicht das Grollen des drohenden politischen Gewitters zu übertönen. Das Sowjetreich wankt. Der 1987 einsetzende Druck der baltischen Länder erschwert den Vormarsch des Michail Gorbatschow erheblich; die heftigen nationalistischen Ausbrüche destabilisieren sein vernünftiges Öffnungsbestreben.

Das Erdbeben in Armenien findet die Aufmerksamkeit der Wohltätigkeitsverbände. Hilfsgüter werden auf den Weg gebracht; wenige Monate später tritt »France-Libertés« dem »Collectif Arménie« bei und bringt seine Unterstützung ein.
Ich begebe mich im Mai 1989 über Moskau in die zerstörte Provinzhauptstadt Eriwan. Die Meldungen von der Verhaftung armenischer Führer in Berg Karabach veranlassen mich dazu, während meines Zwischenaufenthalts in Moskau – nur eine verlängerte Zwischenlandung – ihr Komitee zu empfangen. Ich will nach Leninakan am Fuß des Berges Ararat reisen.
Der Berg Ararat an der Grenze zwischen Armenien und Iran ist für mich der Inbegriff einer Geopolitik, die jeder Logik Hohn spricht.
Drei Tage zuvor, am 1. Mai, befand ich mich in Mus in einem irakischen Flüchtlingslager in der Türkei. Ich bewunderte die ganze Majestät des schneegekrönten Berges Ararat.
Da man mich einige hundert Kilometer weiter auf der ande-

ren Bergseite in Armenien erwartete, dachte ich, der einfachste Weg führe über die nahe Grenze zwischen den beiden Ländern. Weit gefehlt; meine Sicherheitsleute brachten mich wieder auf den Boden der Tatsachen in einer überraschenden Welt zurück:

»Von Mus aus müssen Sie zuerst wieder nach Ankara, Madame, von wo Sie nach Paris fliegen und von dort aus weiter nach Moskau; von da geht es dann mit dem Flugzeug nach Eriwan in Armenien.«

»Aber hören Sie mal! Zigtausend Kilometer im Flugzeug, um dreihundert Autokilometer hinter sich zu bringen? Das nennt sich wohl Staatsräson oder von mir aus Strategieräson!« Zwänge der Geopolitik. Jeder Protest ist nutzlos. »Was wollen Sie, wir leben nun mal in diesem System, müssen uns ihm beugen.« Man bringt mich zur Vernunft.

Armenien ist ein Bild der Verwüstung, zerstörte Häuser starren uns an. Die Unterstützungsleistungen für den Wiederaufbau werden diskutiert und skizziert. Die schon seit fünf Monaten vor Ort befindlichen humanitären Organisationen legen sich ins Zeug, und hat »France-Libertés« auch nur einen kleinen Anteil an der Hilfe, so will ich doch die Wirksamkeit der hier tätigen Verbände unterstreichen. Die mich begleitende Valentina Tereschkowa kann die bereits geleistete Arbeit ermessen.

In Moskau fühle ich mich verpflichtet, die Regierungsbehörden davon zu überzeugen, daß dieser ohnehin schon ins Chaos gestürzte und vom Erdbeben erschütterte Staat nicht auch noch mit politischer Unterdrückung bestraft werden dürfe.

Ich möchte mit einer hochgestellten Persönlichkeit sprechen, mit dem Vizeaußenminister, der mich in der französischen Botschaft willkommen heißt. Das schwierige Gespräch endet mit einem harten Ordnungsruf:»Kümmern Sie sich um Ihre eigenen Angelegenheiten!« Natürlich nicht in diesen Worten, aber ich gebe mich keiner Täuschung hin. Nun, so leicht gebe ich nicht klein bei, ich werde eine andere Tür zu öffnen versuchen.

Raissa hat Vorsorge getroffen, daß ich zwei Tage bei ihr in Moskau bleiben kann. Einen ganzen Nachmittag verbringen wir bei ihr im Kreml, nur wir zwei und ihr Sekretär, der dolmetscht. Sie will alles über die Stiftung »France-Libertés« wissen, ihre Schaffung, ihre Statuten, die Finanzierung, wie sie funktioniert; nur ganz wenig von dem, was sie tut. Ich spreche von den Frauen der armenischen Häftlinge, die ihre Gatten besuchen wollten. Sie hört zu, läßt sich aber auf nichts ein; irgend etwas hält sie offenkundig zurück.

Wir gehen ins Bolschoitheater, begleitet von Valentina Tereschkowa und der Frau des Außenministers. Das übliche konventionelle Sowjetkunstspektakel trägt das Seinige zur gezwungenen Haltung meiner Gastgeberin bei. Die sonst so begeisterungsfähige Raissa versteckt sich hinter einer aufgesetzten Miene und den Gesetzen des Protokolls. Ich möchte so schnell wie möglich nach Hause und in diese widersprüchlichen Eindrücke von Hoffnung und Enttäuschung Ordnung bringen.

Ich kann es kaum erwarten, François davon zu berichten, der die Entwicklung der Perestrojka mit größter Aufmerksamkeit verfolgt. Auch mit denen, die in der Stiftung auf mich warten, möchte ich mich aussprechen.

Bei Raissa habe ich eine undefinierbare Ernüchterung oder Desillusionierung gespürt. Gewiß plant sie die Gründung einer regierungsunabhängigen Stiftung, aber sie unterschätzt auch nicht die Schwierigkeiten, die sich vor ihr auftürmen werden.

Kehren wir zur Reise vom Januar 1990 zurück.

»Ist meine Rede klar genug?« Ich habe vor der Abreise mit den Mitarbeiterinnen der Stiftung darüber gesprochen.

Ende Januar ist es in Moskau sicher eiskalt; gebe ich mit dieser Pelzmütze nicht eine lächerliche Figur ab? Wer soll mitreisen, Thierry oder Raphaël?

»Anne, haben Sie auch nicht vergessen, das Protokoll über die Schaffung des französisch-sowjetischen Zentrums für Menschenrechtsvergleichsstudien ins Dossier zu packen?«
Das ist neu! In offiziellen Kreisen spricht man dort von den Menschenrechten. Welcher Weg ist zurückgelegt worden seit dem ersten Parisbesuch, als eine Begegnung mit dem Sekretariat von Madame Mitterrand gefährlich, ja unverantwortlich schien ...
Und die Kirche? Sie tritt aus dem schützenden Schatten. In diesem eisigen Winter stelle ich es fest anläßlich des Diners, das mir der Metropolit von Krubisk und der Kolonia Juvenaly gibt; da wird mir klar, daß die Kirche in Moskau wieder Einfluß gewinnt. Sein Gehabe und seine Schätze, die neuen Festgewänder, alles sprüht tausend Funken.
»Wissen Sie, daß heute die Pfarrkinder vor manchen Gotteshäusern Schlange stehen, um sich taufen zu lassen? Und in unsere Klöster treten zahlreiche junge Mädchen ein.«
Die Mönche um mich freuen sich darüber. Die Russen, die seit Jahren für die Wiedererlangung der Freiheit gekämpft haben, begeben sich eiligst in eine andere Abhängigkeit, wenngleich aus freiem Willen. Mein ganzer Rationalismus lehnt sich dagegen auf. Soll etwa das Heilige Rußland auferstehen?

Ich treffe mich mit Raissa wieder, aber die alte Komplizenschaft will sich nicht mehr einstellen. Hat man sie vor meinen zu engagierten Interventionen gewarnt? Sicher ist sie weiterhin freundlich und liebenswürdig, aber doch etwas distanziert. Das macht mich traurig, aber ich kann es verstehen: Michail Gorbatschow steht unter dem Druck einer Bevölkerung, die allzusehr nach den materiellen Segnungen des Westens giert, auf die sie nicht vorbereitet ist. Man hält ihr gleichsam die Dollarbündel vor die Nase: Dollars, Dollars, noch mehr Dollars, Privatisierung, Verkauf der Staatsgüter und -gebäude. Geld machen mit allen Mitteln. Diese Grundwelle macht sich eine Opposition zunutze, der alles recht ist, was ihr nützt, ginge gleich die Seele dieses großen Landes dabei verloren.

Im Sommer 1991 läutet der Staatsstreich die Korruption, das Treibenlassen, die Zügellosigkeit ein. Das Ehepaar Gorbatschow, das von einer enttäuschten Bevölkerung fallengelassen wurde, trägt fortan seine Bestürzung von Hauptstadt zu Hauptstadt. Michail erläutert sein unterbrochenes Vorhaben, was er habe tun wollen, vernünftig und ohne Hast, um die ersehnten Freiheiten in eine bewältigte Demokratie zu tragen. Auf ihrer Rückfahrt von einem Madridbesuch heißen wir die beiden an Allerheiligen 1991 in Latche willkommen.
Ich erkenne meine hinreißende Raissa nicht wieder. Ihr Blick ist erloschen, die Erinnerung an jene Sommerurlaubstage der Familie, als das Glück in Schrecken umschlug, läßt sie nicht los. Sie hat Angst gehabt, große Angst um sich, um ihn, um ihre Familie, hat schon geglaubt, man würde sie allesamt ermorden. Haß und Feindseligkeit haben sie verständnislos erstarren lassen, angesichts der entfesselten Opposition ist sie wie gelähmt. Der Mißerfolg hat sie gebrochen.
Sie redet nicht mehr, zieht sich in ihr Schneckenhaus zurück. Ich wage nicht mal, sie zu neuen Initiativen zu ermuntern; sie glaubt nicht mehr an das Glück ihrer Lieben, noch auch an die Zukunft ihrer Landsleute.
Wie traurig das alles. Während ich diese Zeilen schreibe, fühle

ich mich ihr so nahe, denn Ähnliches ist ja auch François widerfahren. Das Komplott gegen Michail lief über Gerüchte, die ihn als kranken und damit regierungsunfähigen Staatschef hinstellten, so daß sich am Schluß der Präsident der Sowjetunion aus Gesundheitsgründen unter Hausarrest gestellt sah. Was mußte ich mir nicht alles anhören über die Krankheit von François und seine Fähigkeit, im Amt zu bleiben ...

Wie sehr muß Raissa gelitten haben, als man ihren Mann desavouierte und einige Monate später zum Rücktritt zwang. Welche Verschwendung der ganzen Mühe der Perestrojka und der durch die Überhitzung der Maschine gefährdeten Glasnost. Sie kann nichts dafür, und sie ist enttäuscht, wenn sie an die langfristig angerichteten Schäden denkt; wie gut ich sie verstehe.

Am 12. April 1992 traf ich beide in Tokio wieder. Eine traurige Zufallsbegegnung in einem großen Hotel; beide schienen mir so einsam und verlassen. Wir tauschten ein paar vertraute Worte und ein paar Ratschläge aus. Michail Gorbatschow hat eine Stiftung gegründet, die für die Bewahrung der Natur kämpft. Er war in Japan, um sie vorzustellen und Unterstützung zu finden. War nicht Ziel auch meines Aufenthalts in diesem Land, ein Interesse zu beleben, das ich seit einigen Jahren förderte, die japanischen Komitees aufzurütteln, die uns unterstützten?

»Du sagtest, Raissa?« Michail blickt sie zärtlich an.
Wir speisen mit einigen Freunden und Bekannten im freundlichen Restaurant L'Hermitage in Cluny. Die Konversation ist lebhaft, aber Raissa sagt selten etwas. Immerhin ein paar Worte, die aber niemand aufgreift.
Letzteres passiert mir selbst so oft, daß ich es gar nicht be-

merkt hätte ohne dieses »Du sagtest, Raissa?« von Michail …; dann allerdings hängt alle Welt an ihren Lippen. Michails stete Aufmerksamkeit für Raissa ist geradezu rührend. Er verschafft ihr Gehör und zählt sehr auf sie. Sie sind ein Paar. Die Gebeugte wird sich mit ihm erheben. Der Geschlagene will mit ihr wiederkehren.

So jedenfalls sehe ich es.

In dem großen Raum, der für uns reserviert ist, singen wir, begleitet von Pascal Sevran und seinem Akkordeonspieler, Volkslieder. Die bekanntesten russischen Melodien summen alle mit, und Raissa strahlt plötzlich. Ein Glücksmoment.

Die Stunden verrinnen, es ist Zeit zur Abfahrt, und unter den Klängen des Akkordeons entfernt sich der Wagen, den unser »Auf Wiedersehen«, »Gute Reise« und »Bis bald!« begleitet.

Es war Pfingsten 1993.

Seither ist so vieles geschehen; ich habe Raissa nicht wiedergesehen.

Vierter Teil
1986 – 1994

Na, läuft die Stiftung?

Was wollen Sie wissen? Falls Sie von der Masse des Elends in der Welt, von Gewalttaten und Unterdrückung, von Ungerechtigkeit und Verständnislosigkeit, von Hunger und Vertreibung, von ethnischer Säuberung und dem ganzen Aberwitz gewisser Militärpotentaten oder Finanzmagnaten sprechen – da fehlt es nicht an Gelegenheiten, wo »France-Libertés« in Erscheinung treten kann. Ja, leider läuft sie und wird weiterlaufen müssen, denn es gibt viel zu tun, solange die Welt ist wie heute.

Aber ich höre aus Ihrer Frage etwas anderes heraus: »Läuft deine Stiftung noch, seitdem François Mitterrand nicht mehr Staatspräsident ist? Oder läuft sie vielleicht weniger gut als während der Präsidentenzeit, muß sie vielleicht mangels Masse gar ihre Tätigkeit einstellen?«

Da sind Sie schief gewickelt: »France-Libertés« ist ganz und gar nicht auf das Mandat meines Mannes angewiesen, und ich kann Ihnen sagen, daß sie am Ende der ersten Amtszeit gegründet wurde – ich wußte nicht, ob es eine zweite geben würde –, und zwar als unabhängige, auf dauerhafte Arbeit angelegte Organisation.

Die Stiftung ist eine NGO, eine »non-governmental organization«, also eine nichtstaatliche Organisation, und hängt weder vom Präsidialamt noch von irgendeiner Regierung ab. Selbst wenn ein Zehntel ihrer Mittel aus öffentlichen Geldern stammt, so verwaltet sie sich doch vollkommen eigenständig.

Sie ist als gemeinnützig anerkannt, weshalb in ihrem Verwaltungsrat drei Ministerialvertreter sitzen, die sich informieren, aber kaum eingreifen. Sie denkt, funktioniert und handelt als NGO, ist in keiner Weise konfessions- oder parteigebunden.

Seit ihrer Gründung bin ich von Mitstreitern umgeben; sie stammen aus allen Schichten und sie stehen mir tatkräftig und mit unverbrüchlicher Überzeugung zur Seite.

Die Finanzmittel für die Aktionsprogramme kommen aus der Bevölkerung oder von privaten und öffentlichen Einrichtungen. Seit einigen Jahren geben Zuwendungen seitens der Europäischen Union die Möglichkeit zu vermehrtem Eingreifen.

Heute sind wir aktiver denn je, die Auflage unserer Veröffentlichungen steigt, wir erhalten mehr Hilferufe und Beifallsbekundungen, bei Großveranstaltungen ist unsere Anwesenheit gefragt – ja, sie läuft.

Gelänge es uns morgen nicht mehr, von der Notwendigkeit der Stiftung zu überzeugen, flößten wir weniger Vertrauen ein, erhielten wir weniger Hilferufe, dann würde »France-Libertés« mangels Betätigungsgründen einschlafen und möglicherweise gar ihre Tätigkeit einstellen. Und paradoxerweise wäre das vielleicht sogar ein Erfolg, dann nämlich, wenn es bedeutete, daß es der Welt besser geht und unsere Partner Mittel und Wege gefunden haben, ihre Probleme selbst zu meistern, ohne Unterstützung von außen.

Aber davon sind wir noch weit entfernt.

Während ich gerade eine Vorlage bearbeite, öffnet sich die Tür einen Spalt, und Anne, meine geschätzte Mitstreiterin der ersten Tage, sagt: »Ihr Besucher, Madame, der chinesische Botschafter in Frankreich.«

Der Dalai-Lama

»Madame, Sie können unmöglich einen Terroristen und Feind
Chinas empfangen ...«
Ich sitze in meinem Büro, mir gegenüber in förmlicher Haltung der Mann mit der schneidenden Stimme. Dennoch blei-
be ich höflich. Wir schreiben das Jahr 1989. Er ist Botschafter
der Volksrepublik China in Frankreich, und ich weiß, daß er
sich ebenso an die Präsidentin von »France-Libertés« wie an
die Gattin des Staatspräsidenten wendet.
»Terrorist? Wen meinen Sie?«
»Den Dalai-Lama ... Wenn Sie ihn empfangen, mischen Sie
sich in die inneren Angelegenheiten Chinas ein.«
»Das verstehe ich nicht; er ist auf Einladung des Straßburger
Europa-Parlaments völlig legal mit Paß und Visum nach
Frankreich gekommen. Und er hat um einen Termin bei unserer Stiftung und mir gebeten.«
»Sie sollten dem Gesprächswunsch nicht entsprechen.«
»Herr Botschafter, Sie befinden sich hier am Sitz einer nicht-
staatlichen Organisation. Und in diesem Büro sind Sie bei mir
an privatem Ort. Es steht mir frei, zu empfangen, wen ich will,
und ich bin niemandem Rechenschaft schuldig.«
Der Botschafter wird stocksteif, blickt mir in die Augen und
sagt knapp:
»Dann sind Sie nicht mehr die Freundin Chinas, und China
wird das nicht vergessen.«

»Aber ja doch bin ich die Freundin des chinesischen Volkes, aber ich füge mich nicht den Aufforderungen des Vertreters einer Regierung, die mir mein Verhalten diktieren will und sich im vorliegenden Fall in die Freiheit der Franzosen einmischt, zu empfangen, wen wir wollen. Ich fürchte, Herr Botschafter, daß wir uns nicht mehr viel zu sagen haben.«

Er läßt die Sache nicht auf sich beruhen. Unablässig wird Druck ausgeübt, den unser Außenminister weitergibt.

»Danielle streckt mal wieder den Hals zu weit vor ... Die Chinesen sind wütend.«

Sagen wir lieber, die chinesische Regierung. Es kommt nicht in Frage, daß ich dem Vertreter der Tibeter in der Welt meine Tür verschließe.

Damals wußte ich noch nicht sehr viel über das Drama der Tibeter. Von ihrer Kultur besaß ich nur eine blasse, sehr romantische Vorstellung aus einem Film, den ich in meiner Jugend gesehen hatte: »Les Horizons perdus«. Ein Hochplateau umgeben von eindrucksvollen Gipfeln, mythische Namen – Himalaya, Tibet, Lhasa, Potala-Palast[1] ... Legendenhafte Eindrücke, kein wirkliches Wissen.

Also informierte ich mich wie vor jeder Reise oder Begegnung. Was ich erfuhr, war weniger idyllisch als meine Erinnerungen. Mit Abscheu entdeckte ich die Berichte über die Untaten der Armee, die Tibet besetzt hält. Massaker an Zivilpersonen, Plünderung von Klöstern, aggressive Kolonisierung durch umgesiedelte Chinesen, die das Land in Besitz nehmen. Ein erschütterndes Bild.

Die Tibeter wehren sich mit letzter Kraft und fliehen, wenn ihnen gar keine andere Wahl bleibt.

---

1 Ehemalige Palastburg des Dalai-Lama in der Hauptstadt Lhasa. (Anm. d. Übers.)

Genau das tat auch der Dalai-Lama. Er ließ sich in Nordindien nieder, sammelte in Dharmsala seine vor der Unterdrückung geflohenen Landsleute und organisierte den Widerstand. In dieser steil die Hänge des Vorhimalaya hinaufgebauten Stadt hat er eine Exilregierung gebildet, die den Zusammenhalt und die Identität der Tibeter wahren soll. Dort werden die tibetische Kultur, die Schultradition und ein friedliebender Geist gepflegt, und von dort aus knüpft er die Beziehungen mit der Welt.

Aufgrund dieser leidvollen Geschichte und des Rufes, der dieser Persönlichkeit vorausgeht, ist sein Besuch in der Stiftung ein Ereignis.

Ich muß zugeben, daß er mich beeindruckt. Die Gelassenheit, die er ausströmt, und die Ausstrahlung, die ich vom ersten Moment an spürte, wurden mir Jahre später in längeren Begegnungen unter ungewöhnlichen Umständen noch deutlicher.

Der Dalai-Lama erläutert ruhig und ohne jeden Haß seinen Widerstand und das Leid seines Volkes. Seine maßvollen Worte bringen mich auf den Gedanken, daß die chinesische Regierung Schuld auf sich lädt, wenn sie mit einem so friedfertigen Partner nicht verhandelt. Er erzählt, und wir wollen immer mehr wissen. Schließlich bittet er uns um Unterstützung für eine tibetische Theatergruppe. Sehr weise sagt er: »Das *Typa*, das tibetische Theater, ist der klarste und am leichtesten zugängliche Ausdruck unserer Kultur.« Wir konnten seinem Wunsch entsprechen und an der Organisation der Tournee mitwirken. Das *Typa* ist nicht nur ein Schauspiel, sondern es ist alles, was dazugehört: die Kostüme, die Riten, das Kunsthandwerk. Heute ist die Truppe in der ganzen Welt bekannt, sie ist zur Botschafterin eines unterdrückten Volkes geworden.

Nach unserer ersten Begegnung schlägt die Stiftung den Dalai-Lama für den »Prix de la Mémoire« vor. Dieser 1988 geschaffene Preis ist maßgeblich auf die Initiative von »France-Libertés« zurückzuführen. Mit ihm sollen Personen oder Gruppen geehrt werden, die ihr Leben der Verteidigung eines Kulturerbes widmen, damit die Menschen aus der Vergangenheit Bereicherung und Kraft zum Überleben schöpfen können. Der Dalai-Lama erfüllt die Voraussetzungen. Im ersten Jahr wurden gleich drei Preisträger bestimmt, einer davon ist der Dalai-Lama.

Am 4. Dezember 1989 versammeln sich dreitausend Personen im großen Saal des Théâtre National de Chaillot, das Jérôme Savary zur Verfügung gestellt hat. Ein schönes Fest. Die Stiftung hat alle ihre Aktiven und Freunde eingeladen. Die Presse läßt uns zwar etwas links liegen, aber was soll's: die Einfachheit und das Lächeln des Dalai-Lama kann kein Teilnehmer vergessen, genausowenig wie die herzliche Atmosphäre. Ich jedenfalls habe nichts vergessen ...

Alle, die zum Erfolg des Abends beigetragen haben, sprechen immer noch von dem denkwürdigen Ereignis. Weder das Komitee »Prix de la Mémoire« noch »France-Libertés« haben die Mittel für eine finanzielle Ausstattung des Preises. Lediglich eine Skulptur wird den Preisträgern überreicht, Arman hat sie entworfen. Doch die eigentliche Belohnung bestand darin, daß sich die Freunde der Tibeter sowie der Kurden und Armenier versammelten, die in jenem Jahr ebenfalls geehrt wurden.

Nun meine man nicht, eine Persönlichkeit wie der Dalai-Lama könne so ohne weiteres geehrt werden. Schon bei Bekanntgabe der Preisverleihung reagiert Außenminister Roland Dumas: »Danielle brockt uns allmählich mit Tibet, und das heißt mit China, ein Problem ein; können Sie sie nicht ruhigstellen?« sagt er zu François.

François redet auf seine Weise mit mir. Als er die Bemerkung von Dumas erwähnt, sage ich erstaunt: »Mich ruhigstellen? Ich bin überhaupt nicht aufgeregt. Seine Geschichte ist allseits anerkannt. Er ist heute der Stützpfeiler der gefährdeten tibetanischen Kultur, der Preis ist eine verdiente Auszeichnung.« Später erfuhr ich, daß François seinen Minister zu dem Eingeständnis gebracht hat, letzten Endes hätte ich recht und verträte eine gerechte Sache.

»Na ja, aber die Staatsräson, Herr Präsident?«

Eben, lieber Roland, in diesem Fall gibt es keine Staatsräson; genügen etwa Menschenräson und Moral nicht? Oft genug habe ich festgestellt, daß der Staat, wenn er sich auf die berüchtigte Staatsvernunft beruft, eher dabei ist, der Vernunft zu entsagen, eben weil ihm keine vernünftigen Argumente mehr einfallen.

Einige Tage nach der Verleihung des »Prix de la Mémoire« erhielt der Dalai-Lama den Friedensnobelpreis. Seither erweist er uns jedesmal die Ehre seines Besuchs, wenn er in Frankreich weilt. Wenn kein konkretes Projekt ansteht, ist es ein Freundschaftsbesuch. Einmal biete ich ihm Tee an. »Etwas heißes Wasser genügt, danke ...«, und er fügt hinzu, heißes Wasser sei das beste Getränk, das es gebe. »Mag sein, daß jemand die ersten zwei-, dreimal den Teegeschmack vermißt, aber sehr bald wird er feststellen, wie hervorragend heißes Wasser schmeckt. Versuchen Sie es, Sie werden sehen.« Ich habe es nicht versucht – noch nicht.

Die traditionelle Überreichung des »Kapa« versetzt mich jedesmal in Hochstimmung. Man hebt die geschlossenen Hände auf Gesichtshöhe, und die buddhistischen Mönche legen einem das lange weiße Tuch auf die Unterarme. Im tibetischen Gruß äußern sich zugleich Dank und Wertschätzung.

Eine Unterhaltung mit dem Dalai-Lama ist immer etwas Besonderes. Eines Tages erzähle ich ihm von einer hochdramatischen Situation, in die ein Freund der Stiftung geraten ist. Der Dalai-Lama hört mir aufmerksam zu und lacht bei jeder neuen Episode. Etwas verdutzt fahre ich in meiner Erzählung fort. Er lacht immer noch. »Meine Geschichte ist aber gar nicht komisch; trotzdem lachen Sie.«

»Warum nicht lachen?« erwidert er. »Entweder finden Sie die Lösung für Ihr Problem, und dann freuen wir uns, oder es gibt keine Lösung und also auch kein Problem, und auch da können wir lachen.«

Im Augenblick verschlug's mir die Sprache. Aber seither denke ich an seine Worte, wann immer ich in eine verworrene Lage gerate. Oft hilft mir seine Bemerkung, überlegter nach einem Ausweg zu suchen.

Und dann fuhr ich nach Dharmsala.

Ich sage Ihnen: Beinahe wäre ich dortgeblieben ...

Ich übertreibe natürlich, aber diese in zweitausend Metern Höhe zwischen Himmel und Erde hängende Stadt strömt eine einmalige Kraft aus. Man fragt sich unwillkürlich: Ist das nicht der Ort, wo ich leben und sterben möchte? Das erste, dessen man sich beim Gang durch diese kosmopolitische Stadt bewußt wird, ist die herrlich frische Bergluft. In den Gassen wimmelt es von Nationalitäten, die in Tuchfühlung miteinander leben und dies zu genießen scheinen; sie alle hegen die Hoffnung, eines Tages werde eine erwachsen gewordene, verantwortungsbewußte Menschheit die Reichtümer, die sie in sich trägt, entdecken, ohne sie zu verschleudern.

Im Bann dieser Unendlichkeit und Gelassenheit atmenden Stadt habe ich mich gefragt: Wäre mein Leben nicht so engagiert, mein Alter nicht schon so fortgeschritten – fände ich hier den Frieden meines Gemüts und den Sinn meines Lebens? Was ist der Buddhismus? Zuvorderst Gewaltlosigkeit. Für mich ist er weder Religion noch Dogma, sondern eher eine innere Haltung, eine Art zu handeln, eine Philosophie, die besagen will: Ehre die Weisheit. Wenn ich mich vor den Kaufbuden mit Gott und der Welt unterhalte, von den zahllosen Durchgangsreisenden höre, warum sie nach Dharmsala gekommen sind, dann vermag ich keinerlei Fanatismus zu erkennen. Ich sehe keine Verblendung, sondern nur die Lust auf Öffnung und Verstehen, ich spüre ein wenig von dem, was der Dalai-Lama selbst das Mitgefühl nennt, das Mitleiden, welches den Lamapriestern so teuer ist.

Die Exiltibeter leben nicht im Elend, sondern in einer äußerst einfachen, oder sollte man lieber sagen, genügsamen Welt. Als Bleibe hat mir der Dalai-Lama das Zimmer seiner verstorbenen Mutter angeboten. Ich fühle mich hochgeehrt und erwähle das Haus, das seine jüngere Schwester Jetsun Pema bewohnt, zur Wohnstatt. Mich umfängt die charakteristische Freundlichkeit der Tibeter und das legendäre Lächeln des Hausherrn, und seine liebevolle Aufmerksamkeit rührt mich. In dem kleinen Zimmer richte ich mich anspruchslos ein. Auf der Holzpritsche liegen eine doppelt gefaltete Moltondecke als Matratze, ein Leintuch und eine Decke. Gleich nebenan eine Art Naßzelle mit einem hoch oben als Dusche angebrachten Wasserhahn, Klosett und Waschbecken. Nach einem ausgefüllten Tag betrachte ich, bevor ich in friedlichen Schlaf sinke, das Zimmer, ohne seine Dekoration recht zu bemerken. Vielmehr denke ich an das Raffinement der »Mandalas«, jener rituellen, als Meditationshilfe gedachten geistlichen Darstellungen, die in wochenlanger Arbeit mit Pulverfarben gemalt und gleich nach Fertigstellung zerstört und in einen Wasserlauf geworfen werden. In dieser Umwelt verstehe ich die Loslösung von der Materie besser, die die Lamapriester an den Tag legen. Endlich verstehe ich das heiße Wasser ohne Aromatisierung und das Lächeln als Antwort auf die Absurditäten einer unkontrollierbaren Welt.

Nur unter einem leide ich in Dharmsala: den zahllosen Treppen, die mein Herz und meine schlecht durchbluteten Beine überfordern. Aber diese auf drei Ebenen erbaute Stadt bietet das denkbar grandioseste Schauspiel – die Natur. Von der Terrasse des kleinen Familienhauses des Dalai-Lama könnte ich im Dämmerlicht stundenlang das Tal und die sich im Horizont verlierenden Berge betrachten.

An manchen Abenden hebt eine traditionelle, echohaft immer neu aufklingende Musik mein Zeitgefühl auf, und ich versinke in Träumen.

Ich gestehe meine Beihilfe zum Mord an Rasputin, einer Riesenspinne mit behaarten Beinen so groß wie der kleine Finger; sie hatte die Naßzelle zu ihrem Hoheitsgebiet erkoren. Wiederum ist es Jean-Jacques, einer meiner treuen und oft mit diffizilen Aufgaben betrauten Sicherheitsbegleiter, der dieser Gesellin, die mich terrorisierte, den Garaus machte. Als mich später ein amerikanisches Ehepaar, das vor mir dort gewohnt hatte, fragte: »Und was macht Rasputin? Sitzt sie noch in der Dusche?«, wage ich nicht, ihr schreckliches Ende zu verraten. Ich weiß nicht, ob die Tötung eines solchen Tieres für die Buddhisten Sünde ist – mögen Sie mir verzeihen. Für mich war Rasputin eine unmögliche Zimmergenossin.

Auf unseren Spaziergängen durch die Straßen stoße ich die riesigen Gebetsmühlen an, betrachte neugierig die ebenso reichlich wie bunt bestückten Auslagen der Fleischverkäufer und frage mich, was das sein mag. Ich besuche ein Labor, wo allerlei bizarre Arzneien hergestellt werden, die aber hochwirksam sein müssen, wenn man die Widerstandskraft des Dalai-Lama und seiner Mönche betrachtet. In Begleitung meiner Freundin Jetsun, der Erziehungsministerin, besuche ich die vom Geschrei der kleinen, kahlgeschorenen Schüler in ihren safranfarbenen Kleidern hallenden Schulen. Ich bewundere die Frauen bei der Arbeit im traditionellen Kostüm mit den an buntfarbenen Bändern hängenden Schürzen.

Wie könnte man sich hier nicht zu Hause fühlen? Obwohl die Rationierung des Wassers und die zahlreichen haushälterischen Schwierigkeiten jenen das Leben schwer machen könnten, die es stets eilig haben und erwarten, daß der Wasserhahn jederzeit auf Kommando heißes und kaltes Wasser spendet, jenen, die keinen Zweifel hegen, daß der Motor sofort anspringen und der Bus immer pünktlich sein muß ... Es gibt diese kleinen Unannehmlichkeiten, dafür bietet, wenn man auf einer Steinbank am oberen Ende einer das Tal überragenden Stiege sitzt, die Betrachtung der mächtigen Natur einen Augenblick unvergleichlichen Friedens, in dem Zeit nie mit Geld zu tun hat.

Eines Nachmittags nimmt mich der Dalai-Lama an der Hand, und seine Mimik besagt, daß er mich in etwas Besonderes einweihen möchte. Ich darf seine persönliche Welt entdecken. Welch zauberhafter Augenblick, wie er in seinem Privatgarten bei jeder Blume stolz und glücklich über ihre Schönheit stehen bleibt und von jeder Pflanze eine andere Geschichte erzählt. Das Existenzrecht all dessen, was uns umgibt, der tiefere Grund meiner Anwesenheit in Dharmsala, die Bedeutung des Lebens, alles bringt er mir unvergleichlich nahe, und ich spüre, daß ich lebe, jawohl: lebe!

Ich bin frei und will anderen helfen, es zu werden, wie es der Wahlspruch von »France-Libertés« besagt.

In sein Haus, das sich an eine Bergkuppe schmiegt, gelangt man über einen Steg, der gleichsam über dem Tal schwebt. Ein unwirkliches Bild. Von da aus führt ein Pfad, den ein Steingärtchen ziert, an dem sein ganzes Herz hängt, vollends zum Eingang. Kein Wunder, daß dieser Mann seine Beziehungen zu den Menschen zu pflegen versteht.

Er nimmt mich in sein eigenes winziges Kloster mit. Hier sitzen in drei Reihen die Mönche und wiederholen eintönig das »OOMM« der buddhistischen Riten. Da alle barfuß sind, ziehe auch ich die Schuhe aus. Der Dalai-Lama nimmt mich auf einen Rundgang mit. Wir gelangen hinter eine Art Altar. Eine große Stickerei stellt eine vielarmige Gottheit dar. Er bleibt stehen, schaut sie an, verbeugt sich vor ihr, dreht sich dann zu mir um und sagt mit leuchtenden Augen: »Darf ich Ihnen meinen Boß vorstellen?« Ich schaue ihn verdutzt an, dann lachen wir.

Ich entdecke einen wahren Mann des Friedens. Er erzählt mir, er sei mit Mao Tse-tung zusammengetroffen, hege Achtung vor dem Kommunismus, der ursprünglich eine Lehre des Teilens gewesen sei. Zu Mao habe er gesagt: »Ihr wollt, daß wir Chinesen sind; von mir aus, aber laßt uns auch Tibeter sein.«

Das ist genau das, was ich den Türken über die Kurden sage: Sie sind türkische Staatsangehörige, aber laßt sie auch Kurden sein. Wenn man mir eines Tages sagte, weil ich Französin sei, hätte ich nicht mehr das Recht, Burgunderin zu sein, und es gebe Burgund gar nicht mehr, dann würde ich sofort die Sprache meiner Region lernen und mit aller Kraft ihr Erbe bewahren; ich würde mich zu *meinem* Burgund bekennen. Solange die nationalen Machthaber die ethnischen oder regionalen Besonderheiten achten, vermehren sie den eigenen kulturellen Reichtum und fördern den Frieden. In diesem Punkt und vielen anderen Dingen ist meine Weltsicht der des Dalai-Lama so verwandt, daß ich darin einen Grund mehr erblicke, auf eine soziale Weltkultur hinzuarbeiten.

Dieser Mann besitzt eine andere seltene Eigenheit: Er kann zusehen, im Wortsinne »berücksichtigt« er den andern, seine Gäste, seine Umgebung. Es hält ihn nie auf seinem Platz. Beim Frühstück beispielsweise steht er auf, läßt mich mit seiner Schwester und den anderen Verwandten und Freunden allein und sieht nach, ob sein Arzt, meine Sicherheitsleute und die anderen Begleiter gut versorgt sind. Er geht zu Jean-Jacques und fragt ihn: »Wieviele Mo-mos haben Sie gegessen?« Mo-mos sind eine Art dampfgegarte Gnocchi und schmecken vorzüglich. Jean-Jacques antwortet etwas geniert ob seines Appetits: »Neun Stück.« Darauf der Dalai-Lama lächelnd: »Viel zuwenig, man muß mindestens zwanzig verzehren, um wirklich auf den Geschmack zu kommen ...« Und setzt sich wieder zu mir.

Beim Abendessen nach einer Theateraufführung läßt er uns dreizehn Gerichte auftragen, eines feiner und exquisiter als das andere. Ich weiß nicht mehr, welche Schlankheitsdiät ich damals befolgte, aber wieder einmal erschwerten mir die Höflichkeit, Pflicht, Naschhaftigkeit und das Vergnügen des Beisammenseins die Einhaltung meiner guten Vorsätze.

An der Seite des Dalai-Lama entdecke ich Tag für Tag mehr seine Haltung gegenüber der Welt. Nie hatte ich den Eindruck, einen Mönch zu hören. Sicher leben die Buddhisten in einem komplexen Ablauf von Riten, aber braucht nicht der Mensch auch Riten? Besitzen nicht selbst die Weltlichsten ihre rituellen Traditionen? Haben wir nicht unsere Familienkodexe und die Kinder ihre Erkennungszeichen? Was ich an den Buddhisten liebe, ist, daß sie nicht zur Beichte gehen, um sich von ihren Sünden zu reinigen. Hierin finde ich die Worte meines Vaters wieder, der mir beibrachte, nur mein Gewissen könne mir Ruhe schenken oder mich plagen, nur die Gewissenslast könne mich von einer erneuten Verfehlung abhalten. Das Gewissen vergibt nicht, sondern es warnt. Auch die Buddhisten erteilen sich nicht selbst Absolution. Sie haben ein Gewissen, ohne jede Selbstgefälligkeit. Sollte mich mein Vater, ohne es zu wissen, auf den Pfad der wahren Weisheit geführt haben?

Sollen wir das chinesische Porträtspiel spielen? Wenn ich ein Gemälde wäre, was für eines wäre ich? Möchten nicht auch Sie gerne antworten: Ich wäre ein pointillistisches Gemälde oder genauer: Ich wäre einer der kleinen Punkte, aus denen sich das Ganze zusammensetzt. Und alles sähe sofort anders aus, wenn auch nur einer dieser kleinen Punkte im Ganzen fehlte. Dies bringt mich zu der Feststellung, die ich loswerden muß: Wir alle bilden eine lebendige Kette, jeder hat sein Teil beizutragen, und wir alle hängen voneinander ab. Zu wissen, daß man das Pünktchen ist, ohne das das Gemälde nicht vollständig wäre, verleiht dem Leben einen Sinn, jedenfalls dem meinigen.
Mehrmals kommen der Dalai-Lama und ich auf die großen Grundfragen zu sprechen, sagen beide, wie wir den Platz des Menschen in der Welt, seine Einmaligkeit, den weiteren Weg der Menschheit sehen. Dabei wird mir endgültig klar, daß er keine Sekte leitet, sondern eine friedliche Ordnung auf Erden verteidigt. Sehe ich ihn inmitten der Seinen, dann spüre ich, wie wenig mich seine Lebenskunst, seine Philosophie gleichgültig lassen können. Bei der Rückkehr nach Frankreich werde ich nicht völlig verwandelt sein, sicher nicht; ich werde meine Anliegen wieder aufgreifen, aber mit einem kleinen Plus ...

»Mutter der Kurden«

Kommen Sie mit, lieber Leser, auf eine Reise im Oktober 1995. Es geht nach Bonn: Abflug im Morgengrauen, Landung auf dem beiden Städten gemeinsamen Flughafen Köln/Bonn; wir fahren die paar Kilometer durch die sonnenüberflutete Herbstlandschaft und kommen eine gute Stunde zu früh an. Wir wandern durch die Straßen mit ihren sehr schönen Jugendstilhäusern. Die Eibenhecken mit ihren roten Beeren erinnern mich an den Schulhof in Dinan, in dessen Mitte eine riesige Eibe als Versteck für unsere Vertraulichkeiten und kleinen Mädchengeheimnisse diente.

Der Rundgang gibt mir Zeit zum Überlegen, damit ich möglichst ruhig in das bevorstehende Gespräch gehe, das mir viel bedeutet. Ich bin etwas verärgert, diese Demarche wiederholen zu müssen, und möchte möglichst gelassen und überzeugend wirken, denn bislang konnte ich die Haltung der deutschen Regierung in dieser Sache um keinen Deut beeinflussen. Na ja, ein bißchen vielleicht doch, denn immerhin hat Bundeskanzler Kohl 1994 den Waffenverkauf an die Türkei für ein paar Wochen ausgesetzt, und sein Außenminister Kinkel verurteilte wiederholt die unterdrückerische Politik der türkischen Regierung.

Höflichkeitshalber ließ ich das Bundeskanzleramt wissen, am 23. Oktober begäbe ich mich in den Bundestag.

Kanzlerberater Bitterlich lud mich daraufhin ein, ihn aufzusuchen. Er weiß natürlich genau, was ich ihm sagen möchte. Vielleicht amüsiert er sich über mein Ungestüm?

Er empfängt mich freundlich und fragt:»Nun, wie weit sind Sie mit den Kurden?«

»Genausoweit wie Sie.«

Der Dolmetscher, der mich empfing, erinnerte mich prompt daran, daß er bereits meine frühere Intervention bei Außenminister Kinkel und Bundeskanzler Kohl gedolmetscht und sie nicht vergessen habe. Das überrascht mich nicht, auch mir steht diese etwas lebhafte Unterredung noch deutlich vor Augen.

An dem Tag hatte ich mich angesichts ihrer konformistischen Ungerührtheit hinreißen lassen und aus meinem Herzen keine Mördergrube gemacht; meine Sprache wechselte von gespielter Niedergeschlagenheit ob ihrer Resigniertheit zur plötzlichen Attacke. Zu gerne hätte ich ihre Kommentare gehört, nachdem ich gegangen war. Ich nehme einmal an, daß sie über meine heftige, aber aufrichtige Entrüstung freundlich hinwegsahen.

Diesmal will ich ruhig bleiben, meinen Gesprächspartner überraschen, ihn mit unwiderleglichen Argumenten konfrontieren. Die ersten Höflichkeitsfloskeln gehen schnell in dem Gefühl unter, daß jetzt ein Katz-und-Maus-Spiel beginnt. Er läßt mich das Gespräch eröffnen.

»Ich nehme an, Sie warten gespannt auf das Urteil des Kassationsgerichts in Ankara, das entweder die Abgeordneten freispricht oder die Verurteilung zu fünfzehn Jahren Gefängnis bestätigt.«

»Aber selbstverständlich sind wir gespannt«, sagt er maliziös, »daran zweifeln Sie doch nicht? Aber ich bin zuversichtlich, denn die türkische Regierung hat die oppressivsten Verfassungsartikel geändert.«

»Wie bitte? Das ist doch lachhaft, nichts als Augenwischerei! Sie lassen sich doch dadurch nicht blenden. Bloß weil die Strafe für ein Meinungsdelikt von fünf auf drei Jahre herabgesetzt wurde, werden Sie mir doch nicht sagen wollen, hier hätten wir eine Verbesserung der bürgerlichen Freiheiten vor uns. Für einen Verteidiger der Meinungsfreiheit sind weder fünf noch drei Jahre hinnehmbar.«

Noch beherrsche ich mich.

»Aber Sie wissen doch genau, daß wir dieses Land in Europa aufnehmen und ihm den Eintritt in die Zollunion gewähren müssen.«

»Kommen Sie, zur Erleichterung des Warenaustauschs und für den Waffenhandel mag das ja gut sein, aber wollen Sie denn ein Regime als Partner aufnehmen, das bewaffneten Terror übt? Wollen Sie mit der Europäischen Union ein Land assoziieren, das sich weigert, einen von unglaublichem ethnischem Haß ausgelösten und geschürten inneren Konflikt friedlich zu regeln?« Die Entrüstung in meiner Stimme ist zu spüren, während ich fortfahre:

»Seien Sie doch ehrlich mit sich selber. Wenn Sie mir sagen, in dieser Region herrsche eine lange Konflikttradition, die sich noch nicht beruhigt habe, darf ich Sie dann daran erinnern, daß die Kurden die eigentlichen Erben dieses Landes sind, in das die Türken im 11. Jahrhundert einfielen?

Aber lassen wir das; wir gehen jetzt ins 21. Jahrhundert und leben in unserer Zeit. Handeln wir nicht im Einklang mit dem Volkswillen, wenn wir verlangen, daß man sich mit den Nachbarn verständigt und Friedensräume schafft, wie wir Europäer es nach jahrhundertelangen, äußerst blutigen Kriegen fertiggebracht haben? Dazu aber müssen unsere Verantwortlichen nachdrücklich auf den alternativen Vorschlägen beharren, und das geschieht, wie man sieht, sofort dann nicht mehr, wenn wirtschaftliche oder finanzielle Interessen bedroht sind.

Die Türkei will europäisch werden? Na, bitte sehr. Sorgen Sie dafür, daß die Militärs in ihre Kasernen zurückkehren, der Belagerungszustand aufgehoben wird und geordnete Wahlen stattfinden; das sind die Mindestvoraussetzungen für die Erfüllung der Prinzipien der Demokratie.«

»Sie haben ja recht, doch die Diplomatie hat ihre Zwänge ...«

Bleib ruhig, Danielle.

»Sehr verehrter Herr Ministerialdirektor, ist Ihre Diplomatie etwa gezwungen, die Zerstörung von dreitausend Dörfern hinzunehmen, ist sie gezwungen, all den Verhaftungen, Folterungen und Verstößen gegen die internationalen Konventionen tatenlos zuzusehen?

Muß Ihre Diplomatie zulassen, daß die größten Schriftsteller wegen ihrer Veröffentlichungen verfolgt werden? Ich denke an Mussa Anter, den verehrten Dichter, den man ermordet am Straßenrand aufgefunden hat. Muß Ihre Diplomatie es ertragen, daß der Schriftsteller Yachar Kemal verklagt wird, weil er die mangelnde Meinungsfreiheit gebrandmarkt und in seinem Lande für sie plädiert hat? Muß sie hinnehmen, daß der Frau des größten Filmregisseurs Yilmaz Güney das Gefängnis droht, nur weil sie das Werk ihres Mannes bekanntmachen wollte? Dabei zitiere ich nur die Namen derer, die dank ihrer internationalen Berühmtheit noch einen gewissen Schutz genießen dürften.

Ist sie gezwungen, Ihre Diplomatie, nachdem sie niederschmetterndste Aussagen gehört, unwiderlegliche Dokumente gelesen, unerträgliche Bilder gesehen hat, die Hände in den Schoß zu legen?

Nein, Herr Ministerialdirektor. Ich habe recht, wie Sie selber zugeben, und Sie wissen genau, wie ungeheuerlich es ist, wenn man dazu schweigt; Sie können sich die Aufnahme dieser Türkei mit ihren blutbefleckten Händen in ein sich als friedlich verstehendes Europa nicht zu eigen machen, dieser Türkei, die ihren Bürgerkrieg in unsere Länder tragen wird, ihre ethnischen Säuberungen und alles, was wir – und wir sind nicht wenige – bekämpfen! Aber ich sehe schon, daß Sie meinen Argumenten aufmerksam zuhören, sonst hätten Sie unser Gespräch schon längst beendet – ich danke Ihnen.«

Lieber Leser, Sie haben mich nach Bonn begleitet und meine Argumente gehört. Konnte ich überzeugen? Jedenfalls bin ich erschöpft, habe mein Bestes versucht.

»Na, läuft sie, deine Stiftung? Und deine Kurden« (die Frage fordert zu einem Ja auf), »wie weit bist du damit?«
»Es geht, ich kämpfe weiter für ihre Sache.«
Wenn sich der Fragesteller damit zufriedengibt, bin ich eigentlich erleichtert. Vielleicht brächte er gar nicht die Zeit oder die Geduld auf, sich den Bericht über die schon vor Jahren aufgenommene Arbeit anzuhören. Wie soll ich in wenigen Worten zusammenfassen, was in Dutzenden von Ordnern seinen Niederschlag gefunden hat, die zahlreichen Kampagnen, die vielen Demarchen bei den politisch Verantwortlichen?
Das Interesse für diese Region nimmt zu, sobald man sich darüber klar wird, daß der Nahe Osten ein Kulturgemisch darstellt, einen Boden, auf dem sich seit jeher sämtliche mittelmeerischen und europäischen Zivilisationen gegenüberstehen. Man muß begreifen, warum heute die *Realpolitik* in einer wahren Kraftprobe auf das Streben Tausender Männer, Frauen und Kinder trifft, die eine Anerkennung ihrer Meinung und ihrer Identität auf ihrem Boden fordern, der heute Bestandteil der Türkei ist. Also, meine Kurden ...
Es ist ohne weiteres nachvollziehbar, wie zu Anfang des Jahrhunderts der Run auf das Erdöl, das unter den Füßen dieser

Bevölkerung liegt, zur Konfliktursache wurde. Die als erste mit ihren hochentwickelten Maschinen ankamen, bohrten, schöpften, raffinierten, transportierten und verkauften den Naturstoff zum eigenen Gewinn, an dem die ansässige Bevölkerung zu beteiligen sie nicht im Traum dachten; nach dem Ersten Weltkrieg kam dann noch ein Vertrag, der Grenzen festlegte, die den siegreichen Alliierten eine für sie vorteilhafte Teilung des Kurdenterritoriums garantierten. Dieses Geldsystem erwies sich als rücksichts- und seelenlose Maschine; selbstverständlich wurden die Diktaturen vor Ort unterstützt, welche die Bevölkerung unterdrückten.

Die Alternative? In ersten Ansätzen ist sie zu ahnen: eine Welt, in der die Geschenke der Natur und der Erde nicht mehr von einigen wenigen beschlagnahmt, sondern gerecht verteilt werden, in der das Geld im Dienste der Menschheit steht und nicht die Menschheit sein Sklave ist – gewiß eine langfristige Vision, ich gebe es zu.

»Danielle, komm auf die Erde zurück!«

Ich sehe schon, Sie taxieren mich immer noch als Utopistin oder Rebellin. Und doch kommt diese Zukunftsvorstellung schon voran, unbewußt vielleicht; oder äußert sie sich etwa nicht im Rahmen der nichtstaatlichen Organisationen und mehr oder weniger bekannten, mehr oder weniger aktiven Vereinigungen – in den Klubs, die über die kommende Globalisierung nachdenken? Sie stellen unter Beweis, daß eine Bevölkerung sich um eine andere kümmern kann und als Gegenleistung einzig brüderlichere Beziehungen verlangt. Sie reden einer Welt der Völker anstatt einer Welt der Nationen das Wort.

Indem ich mich für den Bürgermeister von Diyarbakir, Nehdi Zana, einsetzte, der über fünfzehn Jahre eingekerkert war und gefoltert wurde, weil er in seinem Bürgermeisteramt Kurdisch sprach, wollte ich mehr über die Gründe in Erfahrung bringen, warum die Türken mit aller Gewalt die kurdische Bevölkerung vernichten wollen. Die Ungerechtigkeiten, der Ausnahmezustand, die Willkür werden nicht genug angeprangert. Mir ging es nicht darum, die Weltkarte zu verändern, ich wollte lediglich mit Hilfe von »France-Libertés« diesem geknebelten Volk das Rederecht bringen, damit es seine wesentlichen Rechte verteidigen kann, seine Kultur, seine Sprache, seine Existenz also. Nicht von ungefähr sind wir das Kurdenproblem von der kulturellen Seite her angegangen. 1983, noch vor Gründung der Stiftung, bestand unsere erste Aktion darin, daß sich – an der Seite aller, die diese großartige Zivilisation wieder zu Ehren bringen wollten – »Cause commune« an der Schaffung des Kurdischen Kulturinstituts in Paris beteiligte.

Ich selbst bin dreimal in die Region gereist, zunächst in die Türkei, dann in den Iran, zuletzt in den Irak.

Diese Anteilnahme an der Sache der Kurden war mir Anlaß, über das Alibi nachzudenken, als das man die vom Zynismus der Staaten tückisch diktierte Nichteinmischung bezeichnen muß. Wer beruft sich heute auf das Recht zur Einmischung aus humanitären Gründen, wer will ihm Geltung verschaffen? Ich versichere Ihnen, das ist gar nicht so einfach. Vielleicht wage ich sogar zu behaupten, es sei nichts als eine Fata Morgana. Ich sehe noch die Begeisterung, mit der wir die UNO-Resolution 688 begrüßten; sie verurteilte feierlich die Unterdrückung der irakischen Zivilbevölkerung, drang auf unmittelbare Zulassung der nichtstaatlichen humanitären Organisationen und darauf, daß jeder Mitgliedstaat an den Hilfsmaßnahmen teilnehme. Aber welches Teufelchen ließ sich den letzten Absatz einfallen, wonach der Irak mitwirken mußte?

Wie soll eine Regierung, die mit solcher Vernichtungswut riesige Streitkräfte einsetzt, mit den nichtstaatlichen Organisationen zusammenarbeiten, welche Wunden heilen, ein verheertes Land wiederaufbauen und der unterdrückten Bevölkerung helfen wollen?

Ein undurchführbarer Auftrag!

Wir schrieben unsere UNO-Hoffnung ab und behalfen uns auf andere Weise – mit allen Risiken, die das bedeutete.

Während ich diese Zeilen schreibe, ist das Urteil des Kassationsgerichts ergangen; die verhängten Strafen wurden bestätigt. Leyla Zana wird bis zum Jahre 2005 im Gefängnis bleiben, weil sie es wagte, die Unterdrückung der Bevölkerung zu geißeln, die sie im türkischen Parlament in Ankara vertrat. Die Pazifisten werden eingekerkert, ihre Henker sind an der Macht. Bleiben wir auf der Hut. Französisches Volk, bleibe wachsam und erhebe deine Stimme. Ich weiß, daß ich nicht die einzige bin, die so redet. Mag unsere Stimme auch noch schwach sein, so verzweifle ich doch nicht, und ich werde nicht schweigen, solange ich lebe. Solange ich noch reden, tun und mitteilen kann, werde ich nicht aufhören. Solange das Menschenleben nicht höher steht als die kalte Marktpolitik, werde ich anklagen. »France-Libertés« ist der Inbegriff dieses langen Kampfes, den wir fortsetzen werden »ohne Pause noch Erlahmen«.

Jawohl, sie läuft, meine Stiftung!

Im Irak und im Iran ...

Die ganze Welt verfolgt im Fernsehen den Exodus der Kurden aus dem Irak. Wir schreiben das Jahr 1991, die öffentliche Meinung ist mobilisiert, alle Blicke sind auf den Teil der Welt gerichtet, wo dieses Drama dem Golfkrieg folgt. Zuerst hat sie der Westen ermutigt, der Herrschaft des Militärdiktators Saddam Hussein ein Ende zu machen und im Irak die Demokratie zu errichten, dann aber ließ man die Kurden fallen, die nun verheerenden Repressalien ausgesetzt sind.

In langen Schlangen klettern die Flüchtlinge die Bergabhänge entlang, umgehen die gewundenen, von endlosen Kolonnen überladener Fahrzeuge verstopften Straßen. Wenn das Benzin ausgeht, werden sie einfach stehengelassen und sogleich rücksichtslos geplündert. Die Prozession der Fußgänger will kein Ende nehmen.

Die Franzosen bleiben gegenüber diesen dramatischen Szenen nicht gleichgültig, eine Welle der Großmut erfaßt das Volk, eine Reaktion, wie ich sie kaum je gesehen habe, spontan, ganz ohne Telethon[1].

Die Appelle an die Stiftung werden immer zahlreicher: »Ihr, die ihr den Kurden so nahesteht und das ganze Jahr hindurch ihre Sache vertretet, was tut ihr?«

Angesichts solcher Hilfsbereitschaft kann ich nicht erklären, »France-Libertés« sei nicht für die Nothilfe gerüstet, sondern werde sich im wesentlichen mit dem Wiederaufbau, mit der Bereitstellung von Schulen, der Entwicklung in Zusammenarbeit mit der Bevölkerung befassen, sobald erst wieder Ruhe herrsche. Es hilft nichts: Zu Tausenden und Abertausenden kommen die Schecks – kleine Spenden, größere Spenden, sehr große Spenden summieren sich auf dem »Kurdenkonto« der Stiftung. Pakete mit Kleidung, Medikamenten und anderen Hilfsgütern treffen ein.

Wir wollen einen Konvoi zusammenstellen. Unser Aufruf an die Spediteure und Lastwagenfahrer findet augenblicklich Gehör; hinzu kommt die Großzügigkeit der Getreidehändler.

Ich erinnere mich noch an die unmittelbare Reaktion des Ver-

---

1 Im Fernsehen organisierte, sehr populäre Spenden-Großaktion zugunsten medizinischer Forschung. (Anm. d. Übers.)

bands der Bäcker, der Warenhäuser und einiger Unternehmen bis hin zu den Lieferanten von Toilettenartikeln und Grundbedarfsmitteln. Siebzehn Dreißigtonner beluden wir mit Nahrungsmitteln und Getränken, mit Seife und anderen Spenden. Sie machen sich auf den Weg, allesamt gratis zur Verfügung gestellt und mit freiwilligen Fahrern bemannt. Zur Abfahrt bin ich in Roissy. Diese Männer sind glücklich, ihren Beruf in humanitärem Auftrag ausüben zu können, und ihre Begeisterung springt auf mich über. Ich habe mir zum Ziel gesetzt, sie bei der Ankunft in dem Flüchtlingslager zu begrüßen, für welches die Ladung bestimmt ist, und will diese Begegnung auf keinen Fall versäumen.

An den Ufern des Urmiasees im iranischen Kurdistan. Ein ausgetrockneter Talboden ohne Vegetation und Bäume. Zelte aller Größen und Formen, Wellblechbaracken und Kartonhütten schützen die Flüchtlingsfamilien und ihre wenigen Habseligkeiten vor der sengenden Sonne. Ein paar Decken, kaum Kleidung, hin und wieder eine Camping-Gasflasche. Es fehlt an allem. Von der höhergelegenen Straße aus fällt der Blick auf dieses Bild der Not; die Lastwagen bleiben hermetisch geschlossen und machen vorsichtshalber dreihundert Meter vor dem Lager Halt, um Übergriffen zu entgehen.
Wir bereiten die Einfahrt der ersten Fahrzeuge vor, als ein von den Iranern gestellter Verantwortlicher, der über alles zu befinden hat, befiehlt, nichts weiter zu unternehmen.
Die Lkws müssen in die nahe Stadt zurückfahren, damit der Rote Halbmond die Verteilung übernimmt. Die Gesamtladung ist für eine Bevölkerung von fünfundfünfzigtausend Flüchtlingen bestimmt, und wir wollen sie sinnvoll verteilen.
»Mehrere Organisationen haben sich zusammengeschlossen, Sie sehen ihre Fahnen auf den Lastwagen, darunter auch die von ›France-Libertés‹ – und ich bin hier, um allen Spendern

bezeugen zu können, daß ihre Spenden wirklich der betroffenen Bevölkerung zugute gekommen sind.«

Nach langem Palaver wird den Lastwagen die Zufahrt genehmigt. Was nun passiert, gleicht einem Aufstand. Frauen und Kinder klammern sich an die Türen ohne Rücksicht auf die Gefahr, unter die Räder zu kommen, Plünderung droht, könnte jeden Versuch einer sinnvollen Verteilung zunichte machen. Da steige ich auf ein Fahrerhaus und lasse über Lautsprecher übersetzen:

»Die Verteilung erfolgt gerecht. Setzen Sie sich vor Ihr Zelt, jede Familie mit ihren Kindern. Niemand darf zu den Lastwagen. Sie bekommen Ihren Anteil gebracht.«

Allmählich kehrt Ruhe ein und kann die Verteilung beginnen. Einige kritische Beobachter geben sich beim Anblick eines mit Coca-Cola beladenen Lastwagens erstaunt und brechen in hämisches Gelächter aus; dabei hatten die Ärzte zur Bekämpfung der Ruhr um dieses Getränk gebeten. Oder ein von L'Oréal angeheuertes Fahrzeug – Schönheitsmittel, welche Häresie! –, aber nein doch, es sind Seifen, unerläßliches Hilfsmittel der Hygiene ... Kurzum, Nahrungsmittel, Öl, Dauerbrot – alles wird nach Bedarf übergeben.

Was für ein Tag!

Wir kehren ins Hotel in Täbris zurück. Ich bin müde, versuche etwas auszuruhen, aber die schrecklichen Bilder jagen sich weiter in meinem Kopf, der irre Blick der an den Rock ihrer Mütter geklammerten Kinder verfolgt mich. Doch morgen steht eine weitere Prüfung bevor.

Am letzten Tag unserer schwierigen Mission im Iran ist unser Botschafter in Teheran noch mehr beunruhigt als sonst. Madame Rafsandschani hat mich zum Abendessen eingeladen, und nun muß ich seine Ratschläge über mich ergehen lassen.

Er hat mitbekommen, wie ich auf die Äußerungen einer iranischen Verantwortlichen des Roten Halbmonds reagierte, mit
der ich am Vormittag in Mahabad an der iranisch-irakischen
Grenze frühstückte.

Ich fand sie recht aggressiv gegenüber der Frau aus dem
Westen, die sich nach ihrer Meinung anmaßte, humanitäre
Lektionen zu erteilen.

»Wir iranischen Frauen haben nicht gerade auf Sie gewartet,
damit Sie uns über die Hilfe für die aus dem Irak geflüchteten
Kurden aufklären.«

Bravo, und es ist ja auch wahr, wir haben es seit unserer
Ankunft festgestellt. Aber für diese Iranerin im Schador, dem
Gesichtsschleier mit dem langen schwarzen Umhang, ist die
Frau aus dem Westen, schon gar eine Französin, nichts anderes als ein elegant-frivoles Wesen mit hochhackigen Schuhen
und lackierten Fingernägeln, das sich humanitär gibt, ohne
sich die Hände schmutzig zu machen.

Während ich ihr zuhöre, denke ich bei mir, daß wir, wo immer
in der Welt die Hilfsorganisationen verteilen, aufbauen und
mit der Bevölkerung arbeiten, äußerst selten Iranerinnen
antreffen …, aber, na ja.

Dieser aggressive Fundamentalismus ärgerte mich schon
etwas, und ich hatte es merken lassen, indem ich höflich auf-
begehrte.

Zur Vorbereitung auf die Begegnung mit den iranischen Frau-
en bei Madame Rafsandschani sagt mir unser Botschafter, sie
seien weniger stereotyp.

»Zu Hause«, sagt er, »sind sie sehr natürlich und entspannt,
tragen häufig helle, der westlichen Mode verwandte Kleider
und tragen die Haare offen.«

»Und wie soll ich mich bei dem Essen einfinden?«

»Nun ja, damit Sie ganz sichergehen, sollten Sie ein Kleid aus
Ihrer Garderobe anziehen; ich habe vorgesorgt, daß Sie einen

langen schwarzen, bis zum Hals zugeknöpften Mantel dar-
überziehen und ein Kopftuch tragen können. Je nach Stimmung oder der Aufnahme, die Sie finden, können Sie dann
Mantel und Schal ablegen oder anbehalten.«

Gut. Wir kommen am Eingang eines schönen Hauses an, werden begrüßt; niemand schlägt mir vor, den Mantel abzu-
legen.

Freundlich geleitet mich Madame Rafsandschani in einen
Salon, wo die Damen versammelt sind, sämtlich in schwarzer
Einheitsuniform, und mich sehr herzlich und zuvorkommend
empfangen. Wir setzen uns auf bequeme Sofas und bekommen Obstsäfte und Kuchen gereicht. Unter den Gästen war
mir eine junge Frau aufgefallen, die sich als Gattin eines
Geschäftsmannes vorstellte. Sie erzählt mir, sie sei deshalb oft
in Paris, gehe ins Theater und zu Modeschauen und besichtige
Museen. Ich stelle mir vor, wie sie auf der Terrasse eines Cafés
sitzt, und sehe sie auch beim Schaufensterbummel in der Rue
du Faubourg-Saint-Honoré oder der Avenue Montaigne.

Wir begeben uns zu Tisch; mir ist heiß, aber aus Höflichkeit
und Anstand ertrage ich das festgeknotete Kopftuch und den
zugeknöpften Mantel. Ich setze mich an den mir zugedachten
Platz zwischen Madame Rafsandschani und der jungen Frau,
die fließend französisch spricht. Zunächst ist die Unterhaltung allgemein, es wird gefragt, warum ich in den Iran gekommen sei, welche Rolle die Stiftung beim Exodus der irakischen Kurden und ganz allgemein bei der Verteidigung der
Menschenrechte spielt, wie das Leben einer First Lady in
Frankreich aussieht ... – alles ohne Spitzen. Dann kommt
übergangslos die kalte Dusche:

»Sie sind also fürs Kopftuch und hatten deshalb Probleme mit
der französischen öffentlichen Meinung und den Mitgliedern
der Regierung?« fragt Madame Rafsandschani.

»Sie mißverstehen mich leider, wenn Sie meine Haltung zum

Tragen des Kopftuches und die daraus entstandene Polemik so auslegen. Sie verwechseln das Tragen des Kopftuches durch Schulmädchen mit der daraus entstandenen Verweisung von der Schule. Gegen letzteres zu sein, bedeutet nicht automatisch die Befürwortung des ersteren.«

»Aber Sie tragen es hier.«

»Offenkundig aus Höflichkeit und Respekt für Sie. Aber Sie dürfen sicher sein, sobald ich die Grenze passiere, werde ich meinen Haaren wieder die ersehnte Freiheit schenken.«

Wir vertiefen dann etwas den Begriff der Laizität und der weltanschaulichen Toleranz, reden über eine öffentliche Erziehung, die den Schülern die freie Wahl läßt. Das Ende des Abendessens naht. Noch ein paar mehr oder weniger aufschlußreiche und entspannte Einzelgespräche beleben die Tischrunde. Ich wende mich meiner Gastgeberin zu, in der Hitze des Gesprächs hat sich ihr Schador ein wenig gelöst und ich erkenne darunter ein ganz anderes Kopftuch – es stammt von Hermès in Paris. Ich lächle in mich hinein. So erscheint sie mir anders, als sie von mir wahrgenommen werden möchte.

Immerhin denke ich auch an Ghassemlu, den pazifistischen Führer der iranischen Kurden, der 1989 mitten in den Friedensverhandlungen mit Rafsandschani feige ermordet wurde. Für meine Gastgeberin ist im Iran alles perfekt; er ist ein Vorbild des Verhaltens, der Moral, der Gerechtigkeit (zumal es die Gerechtigkeit Gottes ist). Gott hat vorbestimmt, daß es Gute und Böse geben soll; die Bösen müssen sich dem Willen der Guten beugen, in Gottes Namen!

Ich höre ihr zu und konkretisiere mit ihr ein beim Mittagessen mit einer iranischen Ärztegruppe skizziertes Projekt. Sämtliche irakischen Kinder, die in den Iran geflüchtet sind, sollen geimpft werden.

»Darauf verstehen wir uns, auch wie man so etwas aufzieht.«
Wir haben es vor ein paar Jahren mit der Bevölkerung von
Dschibuti erprobt.

Gleich nach meiner Rückkehr nach Paris setze ich mich mit
den größten pharmazeutischen Labors in Verbindung, und
das Institut Mérieux gibt uns sein Placet. Binnen einer Woche
stehen die Impfstoffe, das Kühlaggregat und die erforderli-
chen siebzehn Ärzte bereit.

Daraufhin rufe ich unsere iranische Partnerin an und teile ihr
mit, die Transall-Flugzeuge seien abflugbereit und kämen in
den nächsten Tagen an. Zu meiner Verblüffung erwidert sie
mir, die Impfstoffe und das Kühlaggregat seien willkommen,
aber ohne Ärzte. Obwohl ich ihr erkläre, wenn wir ein Programm durchführten, dann von A bis Z, läßt sie sich nicht
erweichen und bleibt bei ihrem Nein. Mir scheint, daß wir
nicht dieselben Ziele verfolgen, und ich sage ihr, ohne Ärzte
gebe es keine Lieferung. Ich will nicht den Sorgen unserer
Spender Vorschub leisten, die nicht immer wissen, wohin die
Hilfe geht und in wessen Hände sie gelangt.

Ich habe nicht lange herumdiskutiert, sondern mich auf mein
skeptisches Gefühl verlassen. Veruntreuungen sind in man-
cherlei Form denkbar. Keine Aktion ohne Gewißheit, kein
Projekt ohne Erfolgskontrolle.

Erschütternder Höhepunkt dieser Reise ist meine Begegnung
mit Massoud Barzani.

Wir verlassen Pranschar im Wagen, der französische Polizeiof-
fizier ist immer an meiner Seite, und wir nehmen über die
gewundene Straße Kurs auf die irakisch-iranische Grenze.
Der Gouverneur der Region hat darauf bestanden, mich zu
begleiten. Für ihn bin ich protokollarisch die Frau des Präsidenten der Französischen Republik, und da besteht für ihn
Anwesenheitspflicht.

224

Je weiter wir kommen, desto dichter wird die Flüchtlingskolonne. Die Armen brechen fast unter ihren Traglasten zusammen; die meist barfüßigen Kinder können kaum noch weiter, aus den weitaufgerissenen Augen der von Hunger und Durst geplagten Säuglinge starrt uns das ganze Unverständnis für ihr Elend an. Ein paar klapprige Fahrzeuge rumpeln aus Benzinmangel im Leerlauf die Straße herunter – ein niederschmetterndes Bild. Dabei ist der Berg so schön in diesen ersten Frühlingstagen, da der Schnee schmilzt und die Hänge grünen.

Doch das Bild, das sich mir eingräbt, zeigt eine verzweifelte Bevölkerung, die vor dem Grauen flieht. Schreckliches Wechselspiel zwischen denen, die voller Hoffnung auf eine Zuflucht im Iran ankommen, und denen, die aus Verzweiflung über den Anblick der für sie bestimmten Lager wieder umkehren; lieber in die Schrecken ihres Landes zurück, als sich hier dem Schlimmsten ausliefern. Nahe des Gipfels kommt unser Wagen zum Stehen, in dieser Menschenwoge gibt es kein Weiterkommen. Der Gouverneur steigt aus, geht vor uns her. Wir kommen ein paar hundert Meter voran.

»Wir können nicht weiter«, sagt er, »hier verläuft die Grenze.«

Ich sehe keine Grenze, die endlose Flüchtlingskolonne steigt die eine Seite hinauf und auf dem andern Abhang hinunter. Sie verlassen den Irak und blicken auf den Iran. Viele bleiben stehen, werfen noch einen kurzen Blick auf das Land, das sie ausstößt; sie zögern, den Weg in das andere zu beschreiten, das sie eine Zeitlang dulden, aber nicht aufnehmen wird, o nein, das bestimmt nicht.

In zu Behelfsrevieren verwandelten Zelten kümmern sich Ärzte um die, die nicht mehr können, geben den noch lebenden Säuglingen eine Infusion. Einzig die nichtstaatlichen Organisationen sind hier tätig, und sie wissen nicht, woher sie noch Hilfe, Medikamente und weitere Ärzte bekommen sollen.

Da stehe ich, aufrecht inmitten dieser Menschen, die ziellos umherirren. Der Gouverneur ist fest entschlossen, mich am Überschreiten der Grenze zu hindern.

»Herr Gouverneur, ich verstehe Ihr Dilemma; Sie fühlen sich für mich verantwortlich, aber ich entziehe mich Ihnen, denn ich habe einen Gesprächstermin im Irak. Ich bitte Sie, bleiben Sie in Ihrem Land, warten Sie auf mich, wenn Sie wollen, aber ich gehe jetzt meinem Gesprächspartner entgegen.«

Zu Fuß beginnen wir den Abstieg, mitten durch die Fahrzeuge und Lastwagen durch, die nicht weiterkönnen, nehmen schließlich einen ganz schmalen Weg; hie und da wurden Infanterieminen aufgespürt und entschärft. Von Zeit zu Zeit kommt ein Unvorsichtiger vom Weg ab, und eine Mine geht hoch. Dann gibt es keine Rettung mehr.

Einen Augenblick lang fasziniert mich ein Mann. Ohne jemanden anzusehen, setzt er Schritt vor Schritt, er hat einen Aktenkoffer in der Hand, trägt einen staubbedeckten dunkelblauen Anzug, ein ehemals weißes Hemd, Krawatte und Stadtschuhe. Er geht, kehrt wieder um, murmelt vor sich hin; wenn ihn jemand anspricht, scheint er nicht zu verstehen und irrt mit leerem Blick weiter. Vermutlich ist er verrückt geworden. Er schert sich nicht um die Minen, wandert ziellos umher. Wir fragen über unseren Dolmetscher:

»Wohin will er? Warum geht er nicht mit der Flüchtlingskolonne, wo er auf dem vorgezeichneten Weg in Sicherheit ist?«

Er begehrt auf:

»Ich habe mit denen nichts zu schaffen, sie haben alles verloren.«

Und er, was hat er? Weder Familie noch ein Dach über dem Kopf …

»Ich habe alles hier drin!« sagt er und schwenkt seinen Aktenkoffer. »Meine Papiere, meine Rechtstitel, meine Fotos.«

Hin- und hergerissen zwischen solchen trostlosen Szenen und

der Schönheit der Landschaft spüre ich, wie Lähmung mich überwältigen will.

Doch unsere kleine Gruppe geht weiter: Raphaël, Doktor Tissot und Jean-Michel, mein Sicherheitsmann. Vom Tal aus sehen wir eine andere kleine Gruppe auf einem kaum erkennbaren Weg heraufsteigen. Massoud Barzani, der Kurdenführer im Irak, kommt mir entgegen. Er streckt beide Arme aus und drückt mich herzlich an sich. Freudengesänge junger Mädchen begleiten ihn.

Seine Begleitung hat einen Platz hergerichtet, wo wir uns setzen können; mehrere weibliche Peschmergas[2], die Patronengurte gekreuzt, Waffe über der Schulter, knien hin und breiten im hohen und sanften Gras neben einem munteren Bach einen Teppich aus. Wir setzen uns im Viereck, und ich höre zu; wir nehmen die Aussagen, die Beschwerden, die Wünsche entgegen, skizzieren Zukunftspläne, wenn erst der Friede eingekehrt sein wird und die Kurden gefahrlos heimkehren können. Wir vertrauen einander und reden, als sollte dieser Augenblick nie enden. Wie auf ein Zauberwort hin sitzen wir plötzlich um ein Tischtuch aus alter Seide, auf der uns inmitten der abgelegten Kalaschnikows Tee serviert wird. Die Gastfreundschaft der Kurden ist zwar bekannt, aber unter diesen Umständen traue ich meinen Augen nicht und kann meine Rührung nicht mehr verbergen; auch unsere Freunde lassen den Tränen freien Lauf.

Die jungen Leute pflücken Blumen und winden sie zu Sträußen, die sie uns schenken; mir ist, als erlebte ich eine surrealistische Szene, als ich die stengellosen oder kurzstieligen Tulpen sehe, die zu ebener Erde blühen und sich im Gras verstekken.

---

2 Peschmerga: Kurdischer Widerstandskämpfer.

Eines dieser verwelkten Sträußchen habe ich nach Paris mitgenommen und lange aufbewahrt. Eine befreundete Fotografin, furchtlos und treu, hat mich zu begleiten gewagt. So bleiben uns ein paar Bilder von der Begegnung.

Anschließend steigt Barzani wieder in sein Tal hinunter, und ich begebe mich auf den Rückweg. Auf dem Gipfel erwartet mich der Gouverneur, und ich muß mich von diesen Menschen losreißen und sie ihrem trostlosen Schicksal überlassen. Im Wagen, der uns zum Hotel zurückbringt, stellt mein Begleiter keine Fragen, und ich bin ihm dankbar dafür; mir schwirrt der Kopf ob all der deprimierenden Bilder, über die ich berichten muß; aber im Augenblick versagt mir die Stimme.

Ich muß noch an etwas erinnern, wofür ich mich schon 1988 aussprach, als ich die Anfal-Politik der irakischen Diktatur geißelte.

Für die Kurden bedeutete sie damals die Vernichtung ihrer Dörfer durch plündernde Soldaten, die jeden niedermachten, der nicht mehr fliehen konnte. In ihrer Brutalität brachte die Armee es fertig, die Bevölkerung ganzer Städte wie Halabscha zu vergasen, bevor sie sämtliche Häuser sprengte. Die Methode ist höchst wirksam. Man legt ins Erdgeschoß eine starke Bombe, wie ein Kartenhaus fallen die Mauern in sich zusammen, und das Terrassendach begräbt die leblosen Körper der Bewohner unter sich.

So behandelt eine Regierung ihr kurdisches Volk, und sie hat genausowenig Erbarmen mit der irakischen – schiitischen oder sonstigen – Bevölkerung, wenn sie sich ihrer Politik widersetzt. 1988 flohen Hunderttausende Kurden aus dem Irak in die Türkei und den Iran. Im April 1989 traf ich mit ihnen erstmals zusammen in ihren »Flüchtlings-Gefangenen«-Lagern. Das damalige Szenario kannte diejenigen, die zu Tausenden in die Lager gelangten, und die Abgewiesenen, die dann von der irakischen Armee niedergemacht wurden. Andere irrten bis zur iranischen oder syrischen Grenze – eine wahre Hölle.

Aufgerüttelt von den bewegenden Schilderungen und auf Bitten von Beobachtern, die ihre schrecklichen Lebensbedingungen beschrieben, organisierte »France-Libertés« eine Mission, deren Leitung ich übernahm.

Nach den Lagern in der Türkei von 1989 und dem Exodus in den Iran von 1991 konnte »France-Libertés« in einem Teil des seit 1991 von den UNO-Kräften geschützten Kurdistan tätig werden. Endlich durften die nichtstaatlichen Organisationen hinein.

So läuft denn die Stiftung auch im Irak.

Vom Hauptquartier in Sulaimanijjah aus koordiniert ein Beauftragter die kurdischen Arbeiter, die unsere Schulprogramme ausführen. Trotz interner Spannungen verliefen die Bauarbeiten einigermaßen planvoll. Vierzig Schulen zu sechs, acht oder zwölf Klassenzimmern wurden von uns gebaut – schöne Steinbauten, auf die wir stolz sind –, und rund sechzig weitere wurden instand gesetzt und beherbergen mehrere tausend Kinder. Alles in allem schätzen die Kurden unsere Anwesenheit, und oft werden über die Grenzen hinweg Freundschaftsbande geknüpft.

»Mutter der Kurden«, nennen sie mich.

Wie groß auch die Schwierigkeiten sein mögen, ich werde weiter Schulen und Ausbildungszentren bauen, die allen für Erziehung und Training offenstehen, denn es sind die Kinder, die morgen die einzuschlagende Politik diktieren und schließlich in die Hand nehmen werden.

Die einheimischen Mannschaften anspornen, die Qualität der Arbeit nachprüfen, einen Grundstein legen und ein erstes

Gebäude einweihen – das ist der Sinn meiner Anwesenheit in Sulaimanijjah an diesem 6. Juli 1992, an dem eine Autofalle auf meinem Weg explodiert.

Wer wollte mich töten, mir Angst einjagen oder mir den Mut nehmen? Ich weiß es nicht.

Übers Wochenende bei den Bushs

»Die Bushs haben mich im Zusammenhang mit der Verleihung eines Ehrendoktorhutes durch die Universität in Boston für ein paar Tage in ihr Haus in Maine eingeladen«, sagt François zu mir.
»Stell mal fest, ob man dich ebenfalls erwartet.«
Der Besuch soll am 20. und 21. Mai 1989 stattfinden. Gerade erst war ich für die Stiftung in der Türkei, der UdSSR und Armenien und unterdrückte mit Mühe meinen Zorn, mein Aufbegehren und meine Empörung über das von der dortigen Bevölkerung erlittene Unrecht.
Den Kopf voll mit Bildern, eines deprimierender als das andere, begrüße ich Barbara Bush bei unserer Ankunft. Eine lange Autofahrt bringt uns zu ihrem Landhaus; wir folgen dem Wagen mit den beiden Präsidenten. Ohne weitere Einleitung sage ich:
»Barbara, ich muß Ihnen das sagen, ich kann an nichts anderes denken.«
Leicht verdutzt fragt sie: »Was ist passiert?«
»Es geht um die irakischen Kurden in den Lagern in der Türkei.«
Kunterbunt bricht alles aus mir heraus: die Zerstörung der Städte und Dörfer, die Vertreibung der Bevölkerung, die Vergasungen, die Toten, die ganze Apokalypse, die hungernden Kinder, die keine Milch bekommen, wieviel Hoffnung diese armen Menschen auf den Westen setzen ...

Ich bemerke ihren fragenden Blick.

»Barbara, vielleicht wissen Sie gar nicht, wer die Kurden sind?«

»Nein, nicht so recht.«

Ich spüre ihre Ratlosigkeit.

»Danielle, sagen Sie mir, wer sind die Kurden? Wo auf der Welt leben sie?«

»Machen Sie sich nichts draus, wenn Sie nicht wissen, wo Sie sie hintun sollen, nur sehr wenige Leute kennen ihre Geschichte, das ist ja ihr Drama.«

Während der dreistündigen Autofahrt erzähle ich ihr, wer die Kurden sind, erkläre ihre Geschichte, die bis ins Ottomanische Reich zurückreicht, und den langen Konflikt, der sie in endlose Kriege verwickelt hat. »Werden Sie mir helfen?«

Vermutlich hat sie mein Überschwang verschreckt; sie habe nicht soviel Freiheit wie ich, sagt sie. »Die Amerikaner würden es nicht verstehen, wenn ich mich außerhalb Amerikas um notleidende Kinder kümmern würde.«

Ich weiß nicht, ob das stimmt, aber sie glaubt es jedenfalls.

So gelangen wir schließlich zu einem hübschen, auf Felsen über dem Meer gebauten Haus. Bei Springflut schlügen die Wellen gegen die Hausmauern, sagt Barbara. Beim Rundgang über das Anwesen erzähle ich von den Steinhäusern in der Bretagne, die sich gischtumweht an die Felsen schmiegen.

Das Haus ist so recht nach amerikanischer Manier eingerichtet, sehr einladend und gemütlich.

Barbaras Lieblingshündin ist ganz aus dem Häuschen. Sie stellt sie mir vor und erzählt mir stolz, vor ein paar Tagen habe sie Junge gekriegt. In Erinnerung an die denkwürdige Nacht, in der mir meine schwarze Labradorhündin Julie elf Welpen bescherte, kann ich ihre Freude gut nachempfinden.

Barbara zeigt mir die Räumlichkeiten und führt mich dann in das mir zugedachte bequeme, um nicht zu sagen kuschelige Schlafzimmer; ich mag den leicht viktorianischen, geschmackvollen Stil sehr. Der Nachmittag endet vor einem großen Kaminfeuer im Salon. George und François sitzen an der einen Kaminecke, alle vier genießen wir die beschauliche Stimmung.

Beim Schreiben dieses Satzes erwacht mein kritischer Geist... Ich sehe mich, Danielle Gouze, in Verdun geboren, Sproß einer bescheidenen Familie in Cluny, Burgunderin. Ich betrachte die Szene mit einem gewissen Abstand. War das ein Ereignis? Ich glaube nicht. Ich hatte im Moment eher den Eindruck, zur Dekoration zu gehören.

Mit meinem Eintreten für die Kurden war ich etwas zu weit gegangen, entschuldige mich dafür bei meiner Gastgeberin, aber François drängt mich boshaft noch mehr aufs Armesünderbänkchen:
»Vielleicht wissen Sie nicht, daß meine Frau erst vor kurzem in Kuba war; sie kam mit einer sehr persönlichen Sicht der Dinge zurück.«
George Bush daraufhin, unangenehm berührt:
»Wie, Sie haben sich mit dem Marxisten-Leninisten getroffen? Haben mit dem Diktator, diesem Marxisten-Leninisten (er wiederholt es) gesprochen?«
Ich bin verblüfft. François sagt nichts, lächelt nur, unsere Blikke kreuzen sich. »Lassen wir das.« Offenbar ist das Thema unerwünscht, und als wohlerzogene Gäste wollen wir das biedere Klima nicht stören.
Barbara leitet zum Geschehen in ihrem Lande über, sagt mir, die Entwicklung der amerikanischen Jugend liege ihr sehr am Herzen. Lange verweilt sie bei der Schilderung eines Krankenhauses, dessen Schirmherrschaft sie übernommen habe

und in dem langzeitkranke Kinder behandelt werden; bei einer späteren offiziellen Reise habe ich es in ihrer Begleitung besichtigt.

Was damals die Schlagzeilen beherrschte, weiß ich nicht mehr. Es dürfte lange diskutiert worden sein. Hier möchte ich einfügen, daß die ausgezeichnete Simultanübersetzung die Gespräche sehr erleichtert; jeder kann in seiner Sprache reden und wird sofort verstanden. Wenn die Dolmetscherinnen und Dolmetscher, die mir behilflich gewesen sind, dieses Buch lesen, sollen sie wissen, daß ich ihnen von Herzen dankbar bin.

Die Nacht verbringe ich im Takt der Wellen, die an die Felsen schlagen, und meine Gedanken wandern zu unseren Gastgebern, die von so ganz anderen Sorgen bewegt scheinen als ich. Wer wollte daran Anstoß nehmen? Jedenfalls weder François noch ich.

Am nächsten Morgen, es ist Sonntag, gehen sie in Begleitung der Familie und des Hauspersonals zum Gottesdienst in die Dorfkirche. »Wir haben dort geheiratet«, sagen sie. Nach ihrer Rückkehr und einem köstlichen Frühstück fahren wir zur Universität nach Boston.

Barbara, George Bush und François erhalten die Ehrendoktorwürde, eine gute Gelegenheit für die beiden Präsidenten, zur versammelten Studentenschaft zu sprechen.

Unsere Ehrendoktorin, First Lady der USA, dankt der Versammlung mit herzlichen Worten für die ihr erwiesene Ehre. Im letzten Augenblick merkt jemand, daß man mich vergessen hat ... Schnell eine »Cap« auf meinen Kopf, eine »Gown« aus irgendeiner Garderobe geholt und übergestülpt, und schon sitze ich auf der Bühne, um auch meinerseits für meine Verdienste gewürdigt zu werden.

Verdienste! Vermutlich weiß kein Mensch, welche – ich übrigens ebensowenig. Was soll's, manchmal hat eben auch das Protokoll seine Aussetzer; im übrigen hätte mich das vermeintliche Versäumnis keineswegs gestört – hätte ich es überhaupt bemerkt?

Ich bin fasziniert von dem Schauspiel der unzähligen Studenten in Talar und Bommelmütze, die ihr Diplom und den üblichen Glückwunsch entgegennehmen, und genieße den feierlichen Augenblick. Natürlich darf auch die Nationalhymne nicht fehlen; alle anwesenden Amerikaner singen sie mit, die Hand auf die Brust gelegt.

Genau besehen ist unsere »Marseillaise«, selbst falsch gesungen, nicht weniger aufrichtig patriotisch, wenngleich ihr Text für meinen Geschmack etwas zu kriegerisch ist.

Der eindrucksvolle harmonische Chorgesang dieser Studenten, die würdig ihre Universität und ihren Präsidenten feiern, bringt mich auf den mehr allgemeinen Gedanken, daß man seine Achtung vor einer Zuhörerschaft auch durch ein stets korrektes Äußeres bezeugen sollte.

Dabei fällt mir eine Anekdote ein. Bei einer Abendkundgebung in Château-Chinon war ein Kandidat der Opposition, der die Gegenmeinung vertreten wollte, auf das Podium gestiegen: offenes Hemd, keine Krawatte, schlampig angezogen, sehr abgetragene Lederjacke; drauflospolternd und wild gestikulierend, löste er jedesmal das Getrampel und Geheul seiner Anhänger aus, wenn er François beschimpfte.

Auf dem Rückweg vom Mikrophon kam er an mir vorbei, offensichtlich ohne mich zu erkennen; da sagte ich:

»Schauen Sie mal, Monsieur, Ihre Zuhörer aus dem Morvand in diesem Saal sind alle in Anzug und Krawatte; für sie ist eine Wahlkundgebung, die ihre Stimmabgabe und Entscheidung für ihren Kandidaten beeinflußt, eine sehr ernste Sache; sie lassen sich nicht einfach gehen.«

»Halt's Maul«, gab er zurück.
Seine populistische Bewegung hat es nicht weit gebracht, er übrigens auch nicht …

An diesem Wochenende wurde mir klar, daß George Bush und François zwar unterschiedliche Auffassungen hegen, wie sich der Weltfriede Zug um Zug herbeiführen läßt, daß sie es aber beide sehr aufrichtig meinen.
Die eine beruht auf der Kenntnis der historischen Entwicklung der Welt und auf der Sorge um die Würde der Menschen, die sie erbaut haben; die andere wird diktiert von der Kraft und Hegemonie des Geldes, das – frommer Wunsch – Glück und Wohlstand verheiße. Muß ich näher erklären, welche Argumente bei mir mehr verfangen?

Fidel Castro

»Ach du mit deinem Castro-Fimmel, du siehst diesem *Dikta-tor* alles nach. Ist ja auch verständlich: Er sieht gut aus, und seinem Charisma kannst du nicht widerstehen.«
»Tut euch bloß keinen Zwang an. Hänselt mich, spottet, grinst. Ihr habt die öffentliche Meinung auf eurer Seite, und meine Stimme findet vielleicht nie Gehör.«

Im Jahre 1991, während eines langen Zwischenaufenthalts in Madrid auf dem Weg nach Kuba, reifte in mir die Überzeugung, daß ich unbedingt Fidel überreden mußte, sein Regime zu lockern. Die Errungenschaften der Revolution würden sonst zerbröckeln, Knappheit und Hunger seine dankbaren Revolutionskameraden in eine anklagende Bevölkerung verwandeln, welche mehr und mehr der Agitation seitens fremder, auf Rückkehr an die Macht und auf Rache sinnender Kräfte zugänglich wäre.
Wie soll ich ihm klarmachen, daß ich eine aufrichtige Freundin der Kubaner bin und er mein Vertrauen genießt? Ich suche nach den richtigen Argumenten. Wird er die notwendigen Zugeständnisse machen, um die blindwütige Hetzpropaganda der Exilkubaner in Miami und der kubafeindlichen amerikanischen Lobby zum Schweigen zu bringen? Sie reden vom Sozialismus, als hätten sie Schlangen im Mund, werfen unterschiedslos alles in einen Topf und schaden einem ganzen Volk,

das doch so tapfer ist. Sie sorgen dafür, daß sich an der Gesamtlage nichts ändert, wodurch die Verhältnisse natürlich nur immer schlimmer werden.

Mit diesem starren Verhalten, hinter dem Ranküne steht und eine von interessierten Kreisen betriebene üble Gerüchteküche, werden die Kubaner zu Unrecht bestraft. Sie hängen an ihrer Insel, aber nun sind sie das Opfer vorgefaßter Meinungen, für die ihre Verleumder verantwortlich sind.

Wer bemüht sich schon, Näheres zu erfahren, zu verstehen?

1974, nach Valéry Giscard d'Estaings knappem Wahlsieg, hatte sich François als Führungsgestalt der sozialistischen Linken in Frankreich erwiesen. Als solche wurde er von zahlreichen Staatschefs in der Welt anerkannt.

So lud ihn Fidel Castro zu einem Besuch in Kuba ein, das sich mitten im revolutionären Aufschwung befand. Er empfing François mit großem Entgegenkommen; ich begleitete ihn damals.

Die Residenz der Staatsgäste, in der wir untergebracht waren, lag in einem der Wohnviertel von Havanna. An einer großen, schattigen und blumenbestandenen Avenue erinnerten die etwas heruntergekommenen Stadtpaläste und Herrenhäuser an vergangenen Reichtum. Eines davon hatte die Regierung renovieren lassen und zum Gästehaus gemacht. Es liegt inmitten eines Parks voll seltener Bäume, und sobald die Dämmerung einbricht, weht ein sanfter Tuberosenduft durch die Räume. Möblierung und Ausstattung sind wenig anspruchsvoll, sieht man von einer kleinen Galerie von Portocarrero-Gemälden, die blumengeschmückte Tänzerinnen zeigen, einmal ab. Man heißt uns herzlich willkommen. Bei Anbruch des nächsten Tages genießen wir in Gesellschaft des stets aufmerksamen Fidel Castro ein Frühstück mit vielen verschiedenen Tropenfrüchten. Er will uns einige der laufenden Großprojekte zeigen.

238

Im Vordergrund stand damals die Bemühung, eine zu über 90 Prozent aus Analphabeten bestehende Bevölkerung das Lesen zu lehren; einem ganzen Volk Bildung beizubringen, ist ein wahrer Kraftakt. Binnen fünf Jahren hat, angefangen von den Alten, die zu Hause blieben, bis zu den Jungen, die in die Schule gingen, alle Welt lesen gelernt. Als Prinzip gilt, daß ein schulpflichtiges Kind das Erlernte den Eltern und Großeltern beibringt.

Die Lehrerrolle innerhalb der ihnen anvertrauten Familie vermittelte der Jugend unbewußt den Sinn für Bürgerpflicht. Nur die vorgeschriebene Uniform mit dem unvermeidlichen roten Tuch störte mich etwas, denn sie gemahnte mich an die Pionierschulen, die ich schon andernorts gesehen hatte. Ich kann allerdings verstehen, daß es nach Jahren des Treibenlassens, der Ausschweifung und Laschheit notwendig war, den Sinn für anständiges Betragen zu stärken.

Trotz dieser kleinen Einschränkung muß ich sagen, daß die Bildungskampagne ein Erfolg war; höhere Schulen und Universitäten schossen geradezu aus dem Boden. Wir konnten das selbst feststellen beim Besuch mehrerer in vollem Betrieb befindlicher Einrichtungen, die sämtliche Disziplinen umfaßten: klassische Studien, Literatur, Naturwissenschaften, Gewerbekunde, landwirtschaftliche und technische Fertigkeiten – alle gleichberechtigt nebeneinander.

Die Schüler und Studenten unterhielten und verwalteten selbst die Gebäude, und keiner kam auf die Idee, die Wände mit Graffiti zu beschmieren oder die Gebäude zu beschädigen, für die sie selbst verantwortlich waren und die ihnen gemeinschaftlich gehörten. Die Landwirtschaftsschulen versorgten sich selbst mit Obst und Gemüse und züchteten Vieh und Stalltiere für ihren Eigenbedarf. Der Jeep, den Fidel selbst steuert, biegt auf einen schlammigen, von den Baufahrzeugen aufgewühlten Weg ein. Es ist schon spät. Die

Kinder stehen unter der Dusche und bereiten sich auf die Nacht vor.

Im Fenster eines Schlafsaals taucht ein Kopf auf. Ein Schrei:

»Fidel! Da ist Fidel!« Wie ein Spatzenschwarm fallen die Kinder mit ihren nassen Haaren, nackt, nur ein Handtuch umgebunden oder im Schlafanzug, aufgeregt über die Besucher her. Jeder möchte als erster einen Ärmel erwischen, sich an seiner Drillichhose festklammern, mit ihm reden und ins Gespräch kommen – offenkundig kommt der Besuch unerwartet. Ein Klima des Vertrauens entsteht, und jeder äußert sich in Gegenwart der Fremden spontan, rückhaltlos und ohne Angst. Wir sind beeindruckt. Innerlich stelle ich mir die Frage, was sich dieser »Diktator« davon erhofft, wenn er der Bevölkerung eine Bildung vermittelt, die sich durchaus auch gegen ihn wenden kann. Man mag natürlich einwenden, durch die Zwangslektüre der »Gramma«, des einzigen Regierungsblattes, werde die Bevölkerung mit Sicherheit indoktriniert.

Bei jeder Besichtigung erklärt Castro François *seine* Revolution, übernimmt die Führung, argumentiert, erzählt. Auf den kilometerlangen Fahrten nach Osten und Westen, Süden und Norden bietet sich uns die Landschaft wie eine Postkarte aus einem Karibikurlaub dar. Es ist heiß, sehr heiß, und ich stelle mir die Plakate in den französischen Reiseagenturen vor: In einer Traumlandschaft schlürft ein verliebtes Paar einen Daiquiri unter den Palmen. Jawohl, so ist Kuba.

Fidel spricht über Che Guevara und seine großen Prinzipien: dem Volk den Stolz auf sich selbst zurückgeben, sein Können und seine Fertigkeiten anerkennen und fördern, damit es von seiner Hände Arbeit leben und die Rechte erringen kann, auf die es Anspruch hat. Mit einem Wort: der Sozialismus, wie wir ihn fordern, ohne den bürokratischen Apparat, der die Initiative erstickt.

240

Wer aus meiner Generation und der meiner Kinder hat nicht in seinem Zimmer das Che-Porträt an die Wand geheftet? Wo immer wir hinkommen, fällt unser Blick auf das Bildnis dieses großen Revolutionärs. Oder auf die Spruchbänder mit den großen Gedanken von José Martí[1], dem Schriftsteller, politischen Denker und Philosophen, den ganz Lateinamerika und die ganze Karibik kennt. Da lesen wir beispielsweise: »Die herrlichste Aufgabe des Menschen besteht darin, die Nacht auszulöschen.«

Fidel ist keineswegs im Bild allgegenwärtig. Ich bin glücklich, ihn als den entdecken zu können, der er ist, mit seinen Überzeugungen, seinen Gewißheiten und seinen Zweifeln. Er erläutert uns, wie schwer er es habe, seine Sozialpolitik für Menschen durchzusetzen, die sich nach gerechten Gesetzen, nach Teilhabe und Geachtetwerden sehnen.

Die Mühe, die er sich gibt, um in den Augen von François glaubwürdig zu erscheinen, beeindruckt mich. Stundenlang spricht er, assistiert von seiner Dolmetscherin; er redet langsam, wägt seine Worte, artikuliert sie, unterstreicht sie mit Gesten, ist manchmal schalkhaft, aber zeigt stets die gleiche wache Intelligenz.

Er hat auf eine junge, hübsche Frau unserer Umgebung ein Auge geworfen, doch stört ihn ihr ständiges Lamentieren, sie könne sicher nicht einschlafen, weil sie ihre Schlaftabletten vergessen habe.

Langsam und von Gesten begleitet rät er ihr:

»Hübsche Frau, kriechen Sie einfach unter die Decke und lesen die ›Gramma‹; ich versichere Ihnen, spätestens nach drei Zeilen fallen Ihnen die Augen zu und Sie versinken in herrlichen Träumen.«

---

1 1853–1895.

Die bärtige Riesengestalt verbirgt einen Charmeur, einen Verführer, der vor allem dann hervortritt, wenn Castro »seine Revolution« erläutern und ins rechte Licht rücken will.

Die Erinnerung an diese Reise vor über zwanzig Jahren ist in mir so lebendig, als sei ich erst gestern zurückgekehrt. Wir besuchten den Großgrundbesitz der Familie Dupont de Nemours, die am Ende der Diktatur im Troß Batistas das Weite gesucht hat, die beiden herrlichen Golfplätze zu je achtzehn Löchern, die nur einen kleinen Teil des Herrschaftsgutes ausmachten, und den Yachtsteg, der die Segler praktisch unter dem Haus an der Tür zum Aufzug absetzte, der unmittelbar zu den Appartements hinaufführte. Jetzt besichtigen Touristen das Haus, das vom einstigen Glanz, provozierenden Luxus und Reichtum einiger privilegierter Familien in diesem von einem darbenden Volk bewohnten Lande berichtet. Dieses Kapitel der Geschichte Kubas ist abgeschlossen, aber die Überreste stehen noch da.

Die zwanglose Art unseres Umgangs erleichtert den Meinungsaustausch. Fidel erzählt, wie seine revolutionären Ideen in ihm reiften. Als Sohn eines Großgrundbesitzers streifte er mit seinen Brüdern durch die Zuckerrohr- und Tabakplantagen, in denen die Bauern arbeiteten, die ausgebeutet wurden und keine Gewerkschaften hatten. Abends verschlang er in seinem Zimmer zusammen mit seinem jüngeren Bruder Raúl alles, was er an Lektüre über die Französische Revolution auftreiben konnte. Dieser Abschnitt in der Geschichte Frankreichs hat ihn zweifellos inspiriert; unablässig säten die beiden die Revolte in der Bauernschaft und forderten sie auf, sich der Bereicherung der Herren zu verweigern, die sich um ihre Not nicht scherten, nicht um ihre Müdigkeit noch ihr elendes Dasein.

Nach dem Studium begaben sich die beiden Brüder daran, ihre Überzeugungen in die Tat umzusetzen.

»Die zwei sind verrückt.« Die Eltern wollten Fidel zur Behandlung in einer psychiatrischen Klinik einsperren. Aber die Revolution war schon im Gange; sie kämpften und siegten.

Schwer haben sie dafür bezahlt. Wenn er von der fehlgeschlagenen Einnahme der Kaserne La Moncada in Santiago de Cuba spricht, bei der so viele seiner Freunde ihr Leben ließen, zittert seine Stimme vor Zorn und Trauer zugleich. Auf der Flucht wurden sie von den Soldaten Batistas verfolgt und pauschal niedergemacht. Noch heute säumen in unregelmäßigen Abständen Gedenksteine die Straße, die in die Berge führt – Zuflucht für jene, die es bis dahin schafften. »Sie sind meine Kameraden«, sagt er.

Für mich hat wegen des seit dreißig Jahren aufrechterhaltenen barbarischen Embargos die Geschichte Kubas einen anderen Verlauf genommen, als geplant war, und ich bin überzeugt, daß dieses Embargo die größte und am längsten währende Ungerechtigkeit symbolisiert, die je ein Volk erlitt.

Waren Sie mal in Havanna, Santiago de Cuba oder auf der Insel der Jugend? Sind Sie durchs Land gestreift? Sind Sie hineingegangen in die Universitäten und Hospitäler dieses Landes? Nein? Dann machen Sie sich auch das Pauschalurteil nicht zu eigen, das die nostalgische, in Amerika exilierte Diaspora verbreitet.

Nostalgisch natürlich im Gedanken an eine Zeit, als reiche Touristen die Insel als Ort der Muße, des Glücksspiels und der mehr oder weniger eingestehbaren Ausschweifungen frequentierten, welch letztere freilich eine verachtete Bevölkerung entehrten.

Sparen Sie sich Ihre Scham, Monsieur Malhuret, mit der Sie

1992 das Erscheinen meines ersten Buches »La Levure du pain« kommentierten und vor allem, wenn Sie sich über die Ankündigung meiner Reise nach Kuba erregen, wo die Stiftung eine humanitäre Aktion durchführt, wozu Sie meinen: »Ich schäme mich; nicht wenige in diesem Lande möchten um Verzeihung bitten, Verzeihung für die Haltung der Frau, die man die First Lady Frankreichs zu nennen beliebt.«

Um meinen Zorn zu besänftigen, schrieb ich damals ein paar Zeilen in mein Tagebuch, das mir Zuflucht gewährt:

»Nicht einmal mein Fahrrad ließe ich Sie aufpumpen, Herr Minister. Sie wären glatt imstande, es entweder als armseligen, klapprigen Kinderroller oder aber als Mercedes für abartigste Zwecke darzustellen. Doch welches Pech für Sie, Herr Minister; der gesunde Volksverstand sähe immer noch ein Fahrrad: zwei Räder und Pedale und obenauf ein Sattel. Sie stünden ganz alleine da mit Ihren böswilligen Verzerrungen und Vorurteilen. Vielleicht können Sie den Leuten bange machen, die sich gerne bange machen lassen wollen. Wenn Sie so bösartig über meinen Kubabesuch herziehen, dann möchte ich Ihnen eine ganz einfache Frage stellen: Wann waren Sie zuletzt auf der Insel, wenn überhaupt? Sind Sie mit den Studenten, den Schriftstellern, den Malern oder Filmleuten zusammengetroffen? Waren Sie bei einem Bauern eingeladen, oder haben Sie ein Unternehmen besichtigt? Oder mit den Leuten auf der Straße gesprochen? Sind Sie mit den Kirchenleuten oder den Oppositionellen zusammengekommen? Ja, haben Sie auch nur den Wunsch empfunden, mir persönlich nach meiner Rückkehr zu begegnen, um sich anzuhören, was ich zu sagen und welche Argumente ich Ihnen vorzutragen habe, von denen es eine ganze Menge gibt, bevor Sie Ihre Abgeschmacktheiten von sich gaben und mich im ›Figaro‹ beschimpften? Hätten Sie mir überhaupt zugehört? Ihre Selbstgefälligkeit läßt mich daran zweifeln;

244

Sie meinen, Ihre eigenen Quellen seien über jeden Zweifel erhaben ...
Die meinigen sehen aber ganz anders aus, denn sie sind unmittelbar erlebt. Es kommt vor, daß ich an die Adresse jener, die sich wirklich eine Meinung bilden wollen, die neugierig sind und die verfügbaren Informationen vergleichen wollen, sage, was ich denke, was ich gesehen und gehört habe. Vermittels meiner Erfahrungen, meiner Zweifel, meiner Begeisterungsausbrüche und meiner Enttäuschungen schokkiere ich, überzeuge ich, beweise ich; die Fragen sprudeln nur so, die Überlegungen reifen. So, Herr Minister, geht man auf meine Weise an die Probleme heran; wenn wir zu verurteilen oder Gerechtigkeit zu üben haben, dann sollten wir vor allem anderen zu begreifen versuchen. Das tat ich ohne Liebedienerei oder Parteilichkeit, und was ich bei meinen diversen Kubaaufenthalten empfand, äußere ich ohne Verstellung und ohne Leidenschaft.«
Meine Leser werden verstehen, daß ich etwas zuwarten mußte, bis ich mein »Ventil« aufdrehte.

Vor dem Fall der Berliner Mauer, der den Zusammenbruch des kommunistischen Reiches einläutete, begegnete ich in der Kinder-Herzstation eines der leistungsfähigsten Krankenhäuser von Havanna kleinen Venezolanern, Salvadorianern, Nicaraguanern oder Peruanern und vielen anderen in Begleitung ihrer Eltern. Die armen Familien aus ganz Lateinamerika konnten sich dort behandeln lassen; sie wurden von den erfahrensten Chirurgen gratis betreut und operiert. Nur die wohlhabendsten Familien trugen ihr Scherflein bei.
Ich habe mustergültige Kinderkrippen besucht. Es gab sehr viele davon, und sie hatten Platz für alle Kinder. So konnten die Eltern zur Arbeit gehen und sich an den »Volksbrigaden« beteiligen, die einer von den Unternehmen getragenen Steuer

gleichkommen: Neun Mitarbeiter leisten die Arbeit von zehn, womit einer für Gemeinschaftsaufgaben frei wird.

Anfang 1989 befanden wir uns am Abend eines langen Arbeitstages auf der Rückfahrt vom letzten Besuch auf einer Hörgeschädigtenstation. Als wir ein Viertel durchquerten, das eben renoviert wurde, fragte mich Fidel: »Danielle, macht es Ihnen etwas aus, wenn wir kurz anhalten?«

Es war schon spät. Im Dämmerlicht warfen die in Renovierung befindlichen Gebäude und die Baukräne endlose Schatten. Die Arbeiter hatten die Baustelle schon verlassen. Ein Kind an der Haustür sah das Auto vorbeikommen. Sofort verbreitete sich die Nachricht wie ein Lauffeuer von Haus zu Haus, und scharenweise rannten die Kinder ums Auto und riefen: »Fidel, Fidel, Fidel.« Wir stiegen vor einem im Bau befindlichen, mehrstöckigen Gebäude aus. Fidel fragte nach der Bauführerin. Man gab ihr Bescheid, sie kam angelaufen: »Du hast nicht sagen lassen, daß du heute kommst; schau nur, wie ich aussehe, völlig außer Atem, mit Lockenwicklern im Haar. Ich gehe heute abend tanzen und wollte mich gerade zurechtmachen.« Ein paar Worte werden gewechselt, völlig spontan und vertraut, und schließlich kommt die Sprache aufs Wichtigste.

»Der Bau geht nicht so voran, wie er sollte«, sagt sie, »mir fehlt dies und jenes, der Materialnachschub funktioniert nicht.«

Fidel hört zu, äußert sich zu den Schwierigkeiten und verspricht, die Lieferungen beschleunigen zu lassen. Er ist der Allmächtige, er weiß alles und tut alles. Diese Frau vertraut ihm. Ich frage mich, ob sie damals bereit gewesen wäre, auf die Errungenschaften der Revolution zu verzichten und in die Vergangenheit zurückzukehren, die sie bestimmt noch erlebte und deren Demütigungen sie nicht vergessen hat.

Am selben Abend speiste ich mit einem oppositionellen Schriftsteller. Er verlangte mehr Meinungsfreiheit, mehr praktische Demokratie, aber ich hatte nicht den Eindruck, daß er das soziale Rad zurückdrehen wollte.

Sie soll sich endlich äußern, die Inselbevölkerung! Sie soll sagen, ob sie denn nun den Sturz von Fidel Castro will oder nicht. Ob sie mehr Demokratie mit ihm oder ohne ihn will. Ich wette, daß sie darauf wartet, so wie ihre Freunde in der Welt darauf warten und hoffen. Sie weiß, was auf dem Spiel steht:
Rückkehr zu den Praktiken des einstigen Regimes, Wiederkehr der starrsinnigen Hardliner unter den Kommunisten, oder Öffnung zur Demokratie? Also, Fidel, warum nicht freie Wahlen? Warum nicht eine freie Presse, die sämtliche Meinungen veröffentlicht? Warum noch politische Häftlinge, auch wenn ihr sie »Gegenrevolutionäre« nennt? Warum noch die Todesstrafe? Der Erfolg eurer sozialen Fortschritte, eurer Bildungsarbeit, eures Krankenhaussystems und vieler anderer Errungenschaften ist allseits anerkannt und spricht für euch.
Fidel, du hast sämtliche Trümpfe in der Hand, um aus deinem Land das Musterbeispiel eines Sozialismus zu machen, der für sozialen Ausgleich, Gerechtigkeit und gemeinsamen Reichtum steht. Du brauchst lediglich die Kubaner sich frei äußern lassen, und schon ist Kuba die beste Antwort auf die schlechte Politik des Kommunismus in der UdSSR, der die ganze Macht in den Händen eines Komitees von Apparatschiks konzentrierte und dem Volk ein Leben ohne Widerspruchsmöglichkeit aufzwang, anstatt es zu befragen und ihm das Wort zu erteilen – was du immerhin zu tun versuchst, ohne freilich den Weg einer wirklichen Demokratie zu Ende zu gehen. Ist es zu spät, jenen zu antworten, die die Menschenrechtsverletzun-

gen bei euch brandmarken, euch Einheitspartei und Staatspresse vorhalten? Viele von uns glauben heute, daß ihr allein euch dazu in Stand setzen könnt. Werdet ihr es tun? Werdet ihr noch einmal das häßliche Chaos zähmen können, das vom allesbeherrschenden Geld verursacht wird, dem Geld, das heute in die Korruption, zur Mafia und ins Elend führt? Sie haben schnell begriffen, die Bewohner der einstigen UdSSR, daß der so begehrte Kapitalismus kein Allheilmittel ist, und sie möchten, daß sich das Zünglein der Waage in der Mitte einpendelt, die Kuba hätte halten können, wenn ihr nicht der Öffnung für den Dollar Vorrang vor dem Zugang zu den demokratischen Freiheiten eingeräumt hättet.

Ich möchte dein Vertrauen gewinnen und die Worte finden, Fidel, damit du aus der Sackgasse herausfindest und meine Argumentation verstehst. »Zeig dich so, Fidel, wie ich dich zu kennen glaube.« Warum läßt du dich in einen Ruf einsperren, den sich deine Feinde zunutze machen, den sie verfälschen, übertreiben, um dich zu einem diktatorischen Monster zu stempeln, auf das man mit den Fingern zeigt?

»Nicht dazu habe ich die Revolution gemacht«, sagst du. »Ich habe nicht die Revolution gemacht, um von den Demokratien in Quarantäne gesperrt zu werden, und auch nicht, um mich einem feindlichen Amerika gegenüberzusehen, das mich seit meiner Machtübernahme ausgestoßen hat. Ich wollte einen in den Augen Europas und der Demokraten in der Welt beispielhaften Sozialismus.

Die internationale Haltung, die sich an der Ablehnung meines Regimes durch die amerikanischen Präsidenten ausrichtete, hat mich gezwungen, meine Politik zu radikalisieren und die helfende Hand der UdSSR zu ergreifen. Nicht dazu habe ich die Revolution gemacht. Während des ganzen Kalten Krieges mußte ich unablässig auf der Hut sein. Kuba in seiner eminent geostrategischen Lage mußte die Zwänge derer, von denen es abhing, in Kauf nehmen und sich gegen die imperialistischen Ansprüche der anderen verteidigen.«

Wie lange muß man noch auf das Eingeständnis warten, daß Kuba das Opfer einer einseitigen Information ist? Wie lange wird es noch dauern, bis die internationale öffentliche Meinung umschwenkt? Wie soll eine schwache, in allen Äußerungen verspottete Stimme diese Mauer des Unverständnisses erschüttern? Du allein kannst es, Fidel.

Vielleicht kann es die schwache Stimme in Washington, aber das ist alles andere als sicher. Das Terrain dort ist nicht gerade angenehm für mich. Nun ja, warten wir's ab.

Heute ist der 14. Mai 1993. Nach einem krachenden und schreckenerregenden Nachtgewitter lichtet sich der Himmel über der Hauptstadt der Vereinigten Staaten. Ein neuer Tag bricht an. Meine aufgeregten Begleiter amüsieren mich, aber auch die Leute aus unserer Botschaft und die Journalisten. Todernst fragen sie sich, wie mein Besuch bei Hillary Clinton im Weißen Haus verlaufen wird. Ich sehe das ganz gelassen.

Die Fragen sprudeln nur so:

»Welche Themen werden Sie ansprechen? Sie sollten sich gut auf das Gespräch vorbereiten. Werden Sie zuhören, ohne zu unterbrechen? Werden Sie ihr die Themenwahl überlassen? Wird die Presse dabeisein? Und was ist mit Fotos?«

Nun beruhigt euch doch, die Welt wird schon nicht untergehen. Zwei Frauen erweisen sich gegenseitig eine Höflichkeit. Gibt es etwas Natürlicheres und Einfacheres?

Für die Wächter am Weißen Haus ist es jedenfalls kein Ereignis. »Mrs. Mitterrand? Ist hier unbekannt.«

Der Wagen des Botschafters bleibt am Eingangstor hängen; er ist nicht angemeldet, also kann er nicht herein. Eine halbe

Stunde lang wird alles haarklein geprüft; die Papiere wandern von Hand zu Hand.

»Wer ist Mrs. Mitterrand? Kein Passierschein? Kann diese First Lady vielleicht die Einladung der Frau des Präsidenten vorweisen?«

Ich warte mit Schafsgeduld. Unser Botschafter ergeht sich mir gegenüber in Entschuldigungen, dann steigt ihm die Zornesröte ins Gesicht:

»Hören Sie, Wachmann, das ist doch unmöglich, was soll diese Geschichte? Die Weigerung, die First Lady Frankreichs hineinzulassen, ist höchst ärgerlich.«

Der Gesprächstermin und die für die Audienz vorgesehene halbe Stunde werden ungenutzt verstreichen. Allmählich erregt dieses Auto allgemeines Aufsehen.

»Fahren wir zurück in die Botschaft«, sage ich zu Raphaël. »Mrs. Clinton soll über unsere diplomatischen Kanäle unterrichtet werden, daß wir am Tor zum Weißen Haus aufgehalten wurden.« Niemand weiß, wie und warum, aber genau in diesem Augenblick öffnet sich das Portal und fährt eine Stafette vor uns her zur Auffahrt.

Wir gehen durch einen langen Flur, an dessen Ende mich Mrs. Clinton an der Tür zu ihrem Salon empfängt, der in diesem Mai 1993 mit Rosen geschmückt ist. Kurze, blonde, nackenlange Haare, ein blau-graues Mousselinkleid mit weißen Punkten, am Kragen mit einem braven kleinen Knoten geschlossen, feines Perlencollier – so bittet sie mich freundlich, einzutreten, ohne über die Schwierigkeiten am Tor ein Wort zu verlieren.

Zur Einführung ein kleines Gespräch über den Menschenrechtspreis, den ich am Abend entgegennehmen soll und zu dem sie mich beglückwünscht. Ein paar Worte über meine Wohltätigkeitsarbeit, wobei ich ihr zu erklären versuche, daß sie über die Wohltätigkeit hinausreiche und an die Wurzel der

250

Probleme in der Welt gehen wolle. Ganz offensichtlich möchte sie mich möglichst schnell in ein Gespräch über das Sozialwesen in Frankreich verwickeln. Ihr Mann hat sie offiziell mit der Reform des Gesundheitswesens betraut, das allen leichter zugänglich sein soll, und sie möchte gerne wissen, wie unsere Sozialversicherung und unsere Regierungssubventionen funktionieren. Mrs. Clinton zeigt sich der Politik unserer damaligen Staatsministerin für Soziales, Madame Veil, sehr zugetan und bleibt bei diesem Thema. Ich beschreibe das System in großen Zügen und unterstreiche den Gedanken der Solidargemeinschaft, der für unsere Verwaltung im Vordergrund stehe.

Kaum sind die dreißig Minuten um, öffnet ein Amtsdiener die Salontür und wir verabschieden uns.

Ich habe nicht den Eindruck, im Leben der First Lady der Vereinigten Staaten eine bedeutende Spur hinterlassen zu haben.

Meine Erfahrungen haben sie vermutlich wenig berührt.

Wie dem auch sei – meine Sorge gilt in diesem Augenblick ganz anderen Dingen; was mich wirklich beschäftigt, ist die Auszeichnung, die mir die Law Group an diesem Abend überreichen will; dieser Menschenrechtspreis verschafft mir eine Tribüne. Dort werde ich das Aktionsfeld von »France-Libertés« beschreiben, vor allem aber die tragische Chronik eines akuten Völkermords. Ich werde über die Kurden in der Türkei und im Irak sprechen. Die Laudatio auf die Stiftung soll der Kurdenchef Jalal Talabani halten, die Auszeichnung soll mir von einem weiteren Kurdenchef, Massoud Barzani, überreicht werden.

Kurz vor Beginn werden mir in der Botschaft die Organisatoren des Abends vorgestellt, und ihr fester Händedruck verspricht allgemein gehobene Laune.

Was ich trage – hübsches, stahlblaues Kostüm, zartgrüne Bluse –, kommt aus dem Hause Yves Saint-Laurent. Alle Welt ist gelöster Stimmung. Man unterhält sich lebhaft über das humanitäre Engagement der verschiedenen Organisationen.

Dann gehen wir in den Speisesaal, denn der Preis soll während eines Abendessens verliehen werden. Festen Schritts betrete ich das Podium und begebe mich an den mir zugewiesenen Platz zwischen dem haitianischen Präsidenten, meinem Freund Pater Aristide, und dem Direktor der Law Group, der die hervorragendsten Juristen der Vereinigten Staaten angehören. Meine Zuhörer kommen alle aus der obersten Gesellschaftsschicht – Industrielle, Bankiers, Staranwälte und Parlamentsabgeordnete, auch ein paar berühmte Künstler. Die meisten kenne ich zwar nicht, aber ich spüre, daß sie auf die politischen Entscheidungen des Landes Einfluß haben.

»Wenn Sie Kuba erwähnen, werden Sie auf diesem ganzen Kontinent keinen einzigen Mäzen mehr finden, und auf alle Ihre humanitären Hilfsmaßnahmen wird der Schatten des Zweifels an Ihren guten Absichten fallen. Nie werden die Amerikaner ihre Kubapolitik ändern, solange der Teufel Castro am Leben ist. Wenn Sie es gar nicht lassen können, sprechen Sie wenigstens nicht über die sozialen Errungenschaften und schon gar nicht über das Embargo, das würde als Provokation empfunden.«

Von allen Seiten bedrängen mich meine Freunde mit guten Ratschlägen.

Alles gut und schön, aber was soll aus den Männern, Frauen und Kindern werden, die ums tägliche Brot kämpfen, um ihre Gesundheit bangen und nicht wissen, wie es morgen weitergehen soll? Wollt ihr sie einfach vom Erdboden tilgen?

»Vermutlich werde ich weder die Zustimmung noch die Mitwirkung amerikanischer Mäzene erlangen. Das ist dann eben

Pech. Aber keinesfalls werde ich die Meinungsfreiheit der Stiftung drangeben, indem ich schweige, denn dieses Schweigen, das mir vielleicht ein paar Projektfinanzierungen einbrächte, müßte ich letzten Endes womöglich bedauern. Zwar kann die Stiftung ›France-Libertés‹ immer nur das verteilen, was man ihr gibt, aber sie besitzt einen unschätzbaren Reichtum – ihre Meinungs- und Redefreiheit. Ich verliere zwar ein paar Sponsoren, gewinne dafür aber eine um so größere Zuhörerschaft.«

Von der Tribüne aus betrachtet, wirkt das Rosa der fünfzig hübsch dekorierten runden Tische zu je zwölf Gästen beruhigend. Der bereits servierten Suppenkaltschale wenden wir uns erst zu, nachdem ein paar prominente Anwesende vorgestellt worden sind. Unten im Saal geht Raphaël von einem zum andern; ich spüre seine Unruhe. Auch er ist nicht überzeugt, daß ich das Thema Kuba ansprechen sollte, und er versucht, mich seine Sorge nicht merken zu lassen. Bei einer bestimmten Passage meiner Ansprache, die ich auf Französisch halte und die simultan ins Englische übersetzt wird, kann durchaus das Lächeln auf den Gesichtern ersterben. In einer so gesitteten Versammlung spricht man nicht vom Teufel. Noch ist die Atmosphäre euphorisch, läßt man sich das hervorragende Essen schmecken; wenn ich gleich das Wort ergreife, wird das Klappern der Bestecke verstummen. Ich weiß, daß ich die gehobene Stimmung verderben werde.

Meine Rede liegt vor mir auf dem Tisch, in einem grünen Aktendeckel. Sie gefällt mir. Ich habe sie mit der Absicht geschrieben, zu überzeugen, habe die Kraft der Worte abgewogen, die keineswegs provozierend sein sollten. Ich probiere sie an meinem haitianischen Freund aus. »Was halten Sie von dieser Passage, Pater Aristide?«

Er ermuntert mich: »Sie allein können hier diese Sprache führen.« Ich habe allerdings den Eindruck, daß er innerlich denkt: »Nur Sie sind so kühn, in dieser frommen Versammlung den Teufel an die Wand zu malen«. Dann fährt er fort: »Ihr Engagement für die Unterdrückten verleiht Ihnen die Autorität, über alle Völker zu sprechen, egal, wo sie sich befinden und wer sie unterdrückt. Klagen Sie an, geißeln und brandmarken Sie.«

Für die meisten Gäste ist Kuba eine fluchwürdige Insel. Das geht jetzt schon seit über dreißig Jahren so. Eine Generation junger Amerikaner nach der andern wurde im Haß auf die Castro-Revolutionäre erzogen und gab ihn ihren Kindern weiter. Ich möchte diesen Teufelskreis durchbrechen.

Nun wird mir das Wort erteilt. Ich beginne mit den üblichen Freundlichkeiten, wende mich dann der Lage der Kurden in den verschiedenen Ländern zu. Ich lege mein Gefühl und meine ganze Überzeugungskraft in meine Stimme. Der Dolmetscher beendet die Übersetzung dieses Redeteils ...

Es ist soweit, also los:

»Ich möchte in meiner Ansprache nicht die Zweifel und die Verzweiflung verhehlen, die mich angesichts gewisser unerträglicher Verhältnisse einer Bevölkerung peinigen, die zu Unrecht durch politische Gegnerschaft in immer schlimmere Not getrieben wird.«

Pause.

»Ich spreche von den Kubanern.«

Jetzt ist es raus. Ich fahre fort:

»Heute versuchen die Kubaner, die nichts zu essen haben und denen es am Nötigsten mangelt, trotz des erbarmungslosen Embargos, das sie erdrosselt, eine Entwicklungspolitik neu in Gang zu bringen.«

Lastendes Schweigen. Wegen der Scheinwerfer kann ich zwar nicht den ganzen Saal sehen, aber mein Blick begegnet dem der Gäste in der ersten Reihe; sie kapseln sich ab, haben rein gar nichts übrig für diesen Einbruch in ihre Domäne, diese völlig deplacierte Einmischung. Sie fragen sich, was ich wohl sonst noch auf Lager habe, ich kann ihre Gedanken geradezu lesen: Wie kann diese Frau glauben, daß die kubanischen Männer und Frauen etwa nicht bereit sein könnten, auf die Errungenschaften ihrer Revolution zu verzichten angesichts der Not, die sie derzeit durchmachen? Ich müsse falsch informiert sein, denken sie, lasse mich manipulieren, blenden, vielleicht gar behexen von *Dem da*?

In Washington wie in New York lehnt man sich beruhigt im Sessel zurück: Die unerträgliche Krise wird die armen Menschen dazu bringen, ihren verabscheuten Anführer zu stürzen und der allgemeinen Verdammung auszuliefern.

»Wir sind genau auf dem richtigen Weg«, denkt sich der brave amerikanische Menschenrechtsbefürworter, »ersticken wir sie, das wird sie retten.«

Diese Überzeugung schlägt mir, ich spüre es deutlich, aus den ersten Reihen vor mir entgegen. Dennoch mußten diese Worte gesagt werden. Ich hätte es als Pflichtverletzung und Verstoß gegen mein Gewissen empfunden, wenn ich mich dem Druck der Diplomatie gebeugt und geschwiegen hätte.

Am nächsten Morgen. Binnen kurzem werde ich die Heimreise nach Frankreich antreten. In dieser Herrgottsfrühe des 15. Mai schläft Washington noch; ich habe den Zeitunterschied immer noch nicht verdaut, der meinen Schlaf stört, und so ist die Schreibfeder das einzige Hilfsmittel, mit dem ich Ordnung in meine Gedanken bringen kann. Wenn die Presse über die gestrige Preisverleihung berichtet, was wird sie sagen? Wie meine Worte auslegen? Doch an diesem Morgen sind die Würfel längst gefallen. Ich mache mich bereit, mich der Kritik zu stellen.

Ich hoffe, die Journalisten erwähnen wenigstens, was ich über die Kurden gesagt habe. Ich habe so feinfühlig wie möglich argumentiert, damit es gehört und verstanden wird. Aber wer weiß, welche Böswilligkeit meinen amerikanischen Chronisten die Feder führen wird?

»Ich habe die Revolution nicht dafür gemacht«, sagtest du mir, Fidel. Und die deine Argumente als Staatschef hören, der sich immer noch gegen ein unerbittliches Embargo wehrt, deine keineswegs kritiklosen Freunde, die deutlich sehen, was auf dieser Insel vor sich geht – wie können sie die Menschen überzeugen, daß du Aufmerksamkeit, Verständnis und Austausch brauchst und nicht Gardinenpredigten, Verurteilung und Verstoßung?

Die Politik des Beleidigten, der sich in seinem Stolz und seiner Gewißheit verschanzt, hilft dir nicht weiter. Sie läßt deine Verteidiger verstummen, deren Fürsprache nur Gelächter auslöst. Komm schon ...

Mit dieser Überlegung kehre ich zu jenem Zwischenaufenthalt vor zwei Jahren Ende 1991 in Madrid zurück. Damals wog ich mich in der Hoffnung, den »Diktator« als Freundin überzeugen zu können, jawohl, als um so aufrichtigere Freundin, als die Freundschaft nicht bedingungslos ist.

Inzwischen sind die Touristen mit ihren Dollars gekommen. Fortan muß man anders denken.

Bei meinen Besuchen vor dem Fall der Mauer konnte ich mich erkundigen, zuhören, von den Menschenrechten und der Abschaffung der Todesstrafe sprechen, verstehen. Die humanitäre Hilfe stand noch nicht auf der Tagesordnung. Jeder konnte sich satt essen, hatte Arbeit und ein Dach über dem Kopf. Heute aber, unter der grausamen Erdölknappheit, versiegen die Energiequellen: Es gibt kein Benzin, keinen Strom, keine Transportmöglichkeiten mehr, nicht einmal mehr Traktoren für die Bauern. Die Bevölkerung ist es nicht mehr gewohnt, mit von Tieren gezogenen Pflügen umzugehen. Um zu säen und zu pflanzen, um die Bevölkerung zu ernähren, mußte die Stadtbevölkerung zur Landarbeit herangezogen werden, mußte jeder mithelfen, aus welchem Beruf er auch kam, sogar die Soldaten. Für mich war das Solidarität; andere erblickten darin »Zwangsarbeit«.

Ich habe einen Landwirtschaftsbetrieb besucht. Dort traf ich junge Studenten, die lernten, wie man einen Ochsen auf den Acker führt. Professoren, Kaufleute und Rechtsanwälte pflanzten Reihe um Reihe Tomatensetzlinge.

Zur Mittagsstunde holt sich jeder seinen Teller, für alle gibt es dasselbe Essen. In der Pause gesellen sich Fidel und ich zu ihnen. Eine Studentin setzt sich mit strahlendem Lächeln zu uns an den Tisch:»Ich traue meinen Augen nicht, der riesige Ochse gehorcht meinem kleinen Finger und meinem Blick«, sagt sie zu mir,»aber wenn er mir durchgeht, hilft alles nichts, und wenn ich ihn noch so anschreie; also rufe ich um Hilfe!« Sie lacht laut auf und geht weg; ihr Lachen steckt uns an.

Fidel verliert nie die Ruhe, er redet und erklärt.

»Die Lage ist schwierig, aber wir werden sie bewältigen, wenn wir an die Revolution glauben.«

Wieder und wieder erläutert er, warum er recht hat – sein Charisma läßt ihn nicht im Stich. Die anstehenden Probleme werden ohne Scheu angesprochen, während man die Suppe und den Reis mit schwarzen Bohnen verzehrt; die Atmosphäre ist entspannt.

Jede Unterhaltung mit Fidel wird von der Hoffnung auf Bewältigung der Krise beherrscht. In wohlgesetzten Worten beschreibt er die Zukunft, gravitätisch, fast wie ein Juraprofessor.

Wie ich ihn inmitten der aufmerksam lauschenden jungen Leute beobachtete, kam mir in den Sinn, wie er mit derselben

257

Aufmerksamkeit und Erregung vor vielen Jahren einem Lied zuhörte, das von seiner Freundschaft mit Che erzählte und davon, wie sie sich trennen mußten. Es erzählte, warum sein argentinischer Kampfgefährte mutig und entschlossen mit dem kubanischen Volk kämpfte und warum er nach dem Sieg weiter mußte, um bei anderen Völkern, die sich ebenfalls nach Befreiung sehnten, die Revolution zu machen.

Ein normaler Bürger kann zwar nicht viel bewirken, aber doch wenigstens sehen, hören, reisen, sich eine Meinung bilden. Ich bin eine solche normale Bürgerin, und ich sage Ihnen, was ich denke: Ich weiß nicht, warum ganze Kontinente wie Südamerika, die Karibik, ja sogar Afrika nicht vermocht haben, Europa klarzumachen, wie sehr sie sich danach sehnten, sich vom Dollarimperialismus zu befreien und nach Art der europäischen Demokratien leben zu können, geschützt vor der Zivil- und meist Militärdiktatur.
Der Ruf dieser französisch-, portugiesisch- oder spanischsprachigen Bevölkerungen nach Unterstützung durch Europa ist bei uns auf taube Ohren gestoßen. Ein Ruf nicht nur nach materieller und finanzieller Unterstützung, sondern nach politischer, psychologischer, wissenschaftlicher und rechtlicher Hilfe und letztlich nach einem Gesellschaftssystem, dem sie gefühlsmäßig längst nahestehen, ganz besonders dem von seiner Revolution von 1789 beseelten Frankreich.

Erinnerst du dich noch, François, an die Zeilen, die ich dir 1989 bei der Rückkehr von Kuba schrieb und die ein Aufschrei des Herzens waren? Das konnte man nicht zwischen Tür und Angel loswerden, weshalb ich zur Feder griff.
»François, ich kann einfach nicht glauben, daß Frankreich in Deinem Namen jegliche Führungsrolle in bezug auf die blockfreien Länder aufgegeben haben sollte? Ich höre, was geredet

wird, was unablässig auf verschiedenste Weise nach Gehör heischt.

Sollte unsere Diplomatie derart von den Launen der anderen Atlantikseite abhängig sein, daß sie Fidel Castro zur Zweihundertjahrfeier der Französischen Revolution nur hinter einer europäischen Kollektiveinladung versteckt einladen kann? Ist nicht der Augenblick gekommen, an dem Frankreich dank Deiner Person im Namen der Grundsätze der Gerechtigkeit, die doch die Deinen sind, seine Rolle neu übernehmen kann? Schnell schlössen sich Dir diejenigen an, die noch zögern, sich aber schon ein wenig wegen ihrer Bequemlichkeit und Feigheit schämen.«

Sechs Jahre hat es dann noch gedauert. Beim Lesen der Presse in diesem März 1995 erfahre ich, daß du Fidel Castro, den die UNESCO offiziell nach Frankreich eingeladen hat, im Elysée empfangen wirst.
»Nun hat sie es ja geschafft. Castro wird nach Paris eingeladen. Natürlich wieder so ein Coup der D.M.«, werden sie hinter vorgehaltener Hand flüstern.
Mitnichten – ich habe es wie alle Welt aus der Zeitung erfahren, und François hat es mir bestätigt, als die Nachricht schon Wellen schlug wie ein giftiges Meerungeheuer.
Dabei war ich Anfang dieses Jahres 1995 in Havanna gewesen und mehrfach täglich mit Fidel Castro zusammengetroffen. Weder er noch seine Umgebung hatten von einer möglichen Frankreichreise auch nur ein Sterbenswörtchen verlauten lassen.
Bei meinen letzten Kubabesuchen war mir wie jedermann der wirtschaftliche Niedergang aufgefallen, unter dem die Bevölkerung stöhnte.
Ich hatte mir vorgestellt, die Europäische Kommission für Soforthilfe, die der Stiftung bei mehreren Projekten in der

Welt unter die Arme greift, könnte vielleicht ein großes Hilfsprogramm auf Kuba unterstützen.

Schon 1993 hatten wir die Europäische Union dazu überreden können, sich an einem von mehreren Organisationen getragenen Projekt zu beteiligen, bei dem »France-Libertés« die Umgestaltung der Orthopädiewerkstätten von elf Krankenhäusern auf der Insel übernahm.

Bei seiner Erkundungsreise besuchte Raphaël nicht nur die Krankenhäuser, sondern sah sich auch in den unter schwerem Medikamentenmangel leidenden Gefängnissen um und überzeugte sich von der Notwendigkeit, eine humanitäre Hilfe in Gang zu bringen. Das war der Grund für meinen Kuba-Aufenthalt im Februar 1995. Ich besuchte Werkstätten und traf mich mit den Ärzten und Leitern der Krankenhäuser, denen die Hilfe zugedacht war.

Beim Betreten eines Krankensaales rührte und verfolgte mich das schüchterne Lächeln einer Halbwüchsigen. Die Beinamputierte übte den Umgang mit ihrer Prothese. Was ich bei diesem wortlosen Blickwechsel empfand, kann ich nicht beschreiben; vielleicht fühlte ich mich etwas geniert. Sie schien mir danken zu wollen, und mich drängte es, sie wegen der Grausamkeit und Ungerechtigkeit des Lebens um Verzeihung zu bitten.

Welche Aufregung an diesem 13. März 1995! Die Redaktionen der schreibenden Presse und die Leiter der Nachrichtenabteilungen der Rundfunk- und Fernsehstationen überschlagen sich vor Empörung:

»Unglaublich, einfach unglaublich; sie hat es gewagt, in aller Öffentlichkeit gewagt. Diese Umarmung wird sie teuer zu stehen kommen. Sie ist für immer erledigt, diese …, diese …«

Weshalb die Erregung, meine Herren? In Lateinamerika gehört der »abrazo« nun mal zur Begrüßung. Ja, ich gesteh's,

260

ich habe Fidel Castro umarmt. Hätte ich die Geste gefürchtet, ich wäre nie mit ihm zusammengetroffen, hätte ihn keines Blickes gewürdigt. So, wie ich weder mit Pinochet noch Videla noch Saddam Hussein noch irgendeinem anderen Diktator zusammentraf.

»Welchen Unterschied sehen Sie?« fragt man mich. Nun, jene exekutieren ihre Bevölkerung, halten sie in der Unwissenheit, foltern und entführen Frauen und Kinder, stellen Todesschwadronen auf, wie die Massengräber zeigen; Land und Meer beweisen bis heute ihre Untaten, geben Leichen preis oder spülen sie an Land, und die Überlebenden sind noch da, um es zu bezeugen.

Ich halte die wegen einer unschuldigen Umarmung Fidel Castros gegen mich entfesselte Pressekampagne für ungerecht. Sie schert sich nicht um die Fortschritte, die dank unserer persönlichen Beziehungen zustande gekommen sind, bei denen seit einigen Jahren auch delikate Themen nicht ausgespart werden.

Niemand nahm zur Kenntnis, daß eine Zusammenarbeit der parteiunabhängigen nichtstaatlichen Organisationen mit Kuba nicht mehr unmöglich ist. Es ist unproblematisch geworden, eine Factfinding-Mission zu unternehmen, siebzehn Krankenhäuser zu besuchen und Haftanstalten zu besichtigen, Aidskranke zu treffen. Das ist das Ergebnis einer langen Annäherungsarbeit, glauben Sie mir.

»Fidel in Paris? Am 13. und 14.? Wie mit ihm zusammenkommen?«

Mein Terminkalender entführt mich an den zwei Tagen nach Rumänien, nach Sibiu, wo ich den Europäischen Antirassismus-Paß vorstellen und seine Ziele erläutern soll. Meine Abreise ist auf den Morgen der Ankunft der Kubaner in Paris angesetzt. Vielleicht reicht es noch zu einem ersten Frühstück? Hat Fidel dann Zeit, wünscht er überhaupt diese Zusammenkunft nach dem langen Nachtflug?

Ja!

Im Hôtel Marigny, wo er wohnt, wird alles Nötige vorbereitet. Ein Tisch mit allem, was er mag: französisches Brot und berühmte Käsesorten, Butterscheiben mit Pastete und »Café crème« nach Art der Pariser Bistros. Schnell ein paar Worte der Begrüßung und des Bedauerns, unsere allzu kurze Unterhaltung während seines Frankreichaufenthaltes nicht fortsetzen zu können, denn meine Rückkehr aus Rumänien fällt mit seiner Abreise ins Burgund zusammen, von wo aus er nach Kuba zurückfliegt. Es sei denn …

Einverstanden. Er verschiebt die Einladung nach Auxerre um einen Tag und schenkt mir am Freitag das Mittagessen und den Nachmittag.

Bombenalarm in Bukarest; meine Ungeduld auf dem Flughafen steigt ins Unerträgliche. Zwei Stunden Verspätung, wir müssen Bescheid geben. Was soll's, speisen wir halt wie die Spanier zu später Stunde.

Mein kleines Eßzimmer in der Rue de Bièvre hallt noch wider von seinen kunterbunten Erzählungen, wie er mit François zusammengetroffen sei, wie er sich freue, endlich nach Frankreich kommen zu dürfen, und es sei ja auch an der Zeit gewesen! Ich glaube nicht, daß die neue Regierung ihn so bald wieder einladen wird …

Bei Tisch erläutert er mit vielen Details seine Versuche, in Kuba Gänse züchten und stopfen zu lassen und Gänseleber zu exportieren. »Wir geben ihnen so viel zu fressen, daß sie immer fetter werden und schon nicht mehr gehen können, aber die Leber wird anscheinend immer kleiner, das Fett erdrückt sie.«

Wir schlagen ihm vor, sich bei unseren Bäuerinnen in den Landes Rat zu holen. Das Käsebrett wird aufgetragen. Er kommentiert es genüßlich, bevor er sich als Kenner an den Verzehr macht.

Nach dem Essen:

»Jetzt besuchen wir Ihre Stiftung. Ich freue mich schon auf die Begegnung mit den Frauen und Männern, von denen Sie mir so oft erzählten und die sich um die Programme von ›France-Libertés‹ kümmern.«

Ich fahre voraus, um ihn dort in meinem zweiten Zuhause zu empfangen. Journalisten und Fotografen folgen mir. Bei der Vorstellung erkennt er Anita wieder, die er in Havanna kennengelernt hat, und umarmt sie herzlich. Ich schlage ihm vor, mit seiner treuen Dolmetscherin Isaura zu einem Gespräch in kleinem Kreise in mein Büro zu kommen, an dem außer uns nur unser Vizepräsident Raphaël Doueb teilnehmen soll. Nur wir vier, ohne Minister, ohne Botschafter oder Delegationsmitglieder.

»Einverstanden?«

»Einverstanden.«

»Fidel«, sagt Raphaël, »dieser Besuch hat zu viel Polemik und Giftpfeile gegen ›France-Libertés‹ und vor allem deren ungerechterweise anvisierte Präsidentin ausgelöst. Es geht um unsere Glaubwürdigkeit. Wir sollten etwas Konkretes und Positives unternehmen. Ich habe hier eine Liste von Amnesty International mit zweiundvierzig Namen. Bitte geben Sie grünes Licht, daß eine Mission diese Häftlinge unmittelbar über ihre Lage und Behandlung befragen darf. Die nichtstaatlichen Organisationen betrachten sie als ›politische Gefangene‹. Sie bestreiten das. Aber was sind eigentlich ›Meinungs-Häftlinge‹? Nun, egal, im Grunde geht es darum: Diese Leute sind ihrer Meinungsfreiheit beraubt, und wir möchten mit ihnen sprechen.«

Langes Schweigen. Während er überlegt, warten wir besorgt auf seine Reaktion; ich versuche, seinen Gedankengängen zu folgen, da sagt er:

»Gut, einverstanden; die Mission muß von der Gerechtigkeit verpflichteten Leuten durchgeführt werden, die von noblen Organisationen entsandt werden (er betont das Adjektiv *nobel*), die seit Jahren ihre Objektivität unter Beweis gestellt haben, auch wenn sie kritisch waren.

Wenn die Mission von ›France-Libertés‹ koordiniert und zusammengestellt wird, ist sie willkommen und kann sich nach Gutdünken bewegen. Lassen Sie mir die Zeit, nachzuprüfen, ob die Liste nicht schon überholt ist und die Verurteilten überhaupt noch im Gefängnis sitzen.«

Ein weiteres Mal greife ich das Thema Pressefreiheit und Todesstrafe auf. Er erwidert wie immer:

»Sie berücksichtigen nie die Tatsache, daß Kuba im ständigen Krieg mit den Vereinigten Staaten steht; die unablässigen Infiltrationen bringen destabilisierende Elemente ins Land, die Anschläge auf unsere Unternehmen und mich planen. Wenn wir sie zu fassen kriegen, brauchen wir die ganze Bandbreite der Bestrafung, einschließlich der Todesstrafe. Wenn ich den Organen die Abschaffung der Todesstrafe bei der nächsten Verfassungsänderung vorschlagen würde, würden sie mir nicht folgen, und die öffentliche Meinung würde es nicht verstehen. Ich weiß, daß für Sie diese Strafe antidemokratisch ist. Die Maßnahme, die François Mitterrand sofort nach der Übernahme der Macht getroffen hat, ist für Sie das wichtigste Symbol seiner ersten Amtszeit. Und das sehe ich auch so. Aber Kuba ist geopolitisch nun mal nicht Frankreich: Wenn das Embargo aufgehoben wird, wenn die Rückkehr zur wirtschaftlichen Entwicklung einen wirklich demokratischen Weg für die Kubaner begünstigt, versichere ich Ihnen, daß die Abschaffung der Todesstrafe meine erste Amtshandlung sein wird.«

Ich bedauere, daß er eine gute Gelegenheit verstreichen läßt, seinem großen Nachbarn zu sagen: »In der Demokratie bin ich weiter als ihr ... Ich brauche keine Lektion von einem Staat, der seinen Gefangenen die Füße fesselt, bevor er sie tötet.«
Ich werde das später erneut aufgreifen müssen.
Im Sitzungssaal der Stiftung erwarten uns einige Journalisten und ein paar Kameras. Er selbst verkündet der Presse das Prinzip einer Mission, die von »France-Libertés« und anderen, von der Stiftung um Teilnahme gebetenen Verbänden durchgeführt wird. Das Thema Todesstrafe behandelt er in den eben in meinem Büro vorgebrachten Grundzügen.

Ruhen wir uns nicht auf den Lorbeeren dieses ersten Erfolges aus, der uns Glückwünsche einbringt; der kleinste Fauxpas würde uns dickste Prügel bescheren.
Einige Wochen später händigt der kubanische Botschafter in Frankreich der Stiftung wieder die Liste der zweiundvierzig Namen aus; achtzehn befinden sich nach Verbüßung ihrer Gesamtstrafe schon wieder auf freiem Fuß, weitere wurden vorzeitig entlassen, wieder andere aus Gesundheitsgründen.
Ich hätte die Liste gerne auf dem neuesten Stand gesehen. Aber ich muß hier sagen, daß Amnesty International wenige Monate vorher eine Inspektion verwehrt worden war.
Nun ging es darum, wer an der Mission teilnehmen sollte. Die Liste der Organisationen mußte gegen jeden Vorwurf abgesichert oder, wie es im Jargon heißt, »wasserdicht« sein. Natürlich wurde als erstes Amnesty kontaktiert. Ob Sie es glauben oder nicht, ihr internationaler Leiter hat unter allerlei Vorwänden und mit der zwischen den Zeilen zu lesenden Unterstellung, »France-Libertés« könne es an Unparteilichkeit mangeln, eine Absage geschickt. Die Mühe des Nachweises hat er sich gespart. Schade. Da mich diese

Haltung sehr überrascht, können Sie sich meine Reaktion denken.

Ich frage mich, ob nicht die Angriffe, denen ich im selben März in Washington ausgesetzt war, bei der mir unverständlichen Weigerung mitgespielt haben.

Tatsächlich hatte ich dem Kongreß auf Bitten einer Menschenrechtskommission einen Bericht über meine Kurdistanmission übergeben. Die anwesenden Senatoren ließen sich die Gelegenheit nicht entgehen, mich heftig, ohne jede Schonung und gelegentlich auch rücksichtslos wegen »jenes Besuchs« in Paris ins Verhör zu nehmen.

Was soll's. Die Mission setzt sich wie folgt zusammen: »Médecins du Monde«, Internationale Menschenrechts-Föderation, auf eigene Bitte der große amerikanische Verband »Human Rights Watch America's« und »France-Libertés«.

Unprotokollarisch, ohne Hierarchie, ein richtiges Team. Ich denke nicht, daß diesen Organisationen eingefleischter Pro-Castrismus nachgesagt werden kann, ganz im Gegenteil. Und was Raphaël anbelangt, so hege ich nach unseren langjährigen, lebhaften Diskussionen über Kuba nicht den geringsten Zweifel an seiner Unparteilichkeit.

Fidel Castro hatte uns völlige Transparenz zugesichert; keine Bedingung wurde gestellt, keine Bemerkung vorgetragen. Bei den kubanischen Behörden vor Ort war die Sache dann nicht ganz so eindeutig, mancher Schiedsspruch mußte eingeholt und durchgesetzt werden.

Die Monate gehen ins Land, die Mission verfaßt ihren Bericht. Als er fertiggestellt ist und mir vorliegt, ist er mir genauso wenig bekannt wie allen anderen Empfängern.

Er gibt Auskunft über die Zusammenstellung der Mission, führt die Zeugenaussagen und festgestellten Tatsachen an und enthält weder Unterstellungen noch Extrapolationen, kurzum, es handelt sich um eine auf Sachargumente gestützte und objektive Analyse. Heute befindet sich der Bericht in der Hand der Journalisten und Juristen, der NGOs und der beteiligten Persönlichkeiten; sie alle können sich selbst ein Urteil bilden.

Wenn ich ihn zusammenzufassen hätte, hieße die Schlußfolgerung:

In Anbetracht dessen, daß die gesamte kubanische Bevölkerung unter großer Nahrungsmittel-, Arznei-, Transport- und Stromknappheit leidet, entspricht die Lage in den Gefängnissen der im ganzen Lande herrschenden.

Dies vorausgeschickt, wurde keinerlei körperliche Folterung und kein Fall festgestellt, in dem eine Person ohne Gerichtsverhandlung verschwand oder hingerichtet wurde. Die Hochsicherheitsverwahrung ist allerdings unannehmbar und stellt eine grausame und unmenschliche Behandlung dar. (Bei uns in Frankreich wurde sie während François' erster Amtszeit abgeschafft.)

Verurteilungen wegen Meinungs- und Pressevergehen sind nicht zu leugnen. Die Strafen sind hart, die Prozeßführung muß als Schnellverfahren gewertet werden. Die politischen Häftlinge genießen nicht einmal die gleichen Hafterleichterungen wie die gewöhnlichen Gefangenen und besitzen keinen Sonderstatus.

Wer beim Diner in gehobenen Kreisen endlich in Kenntnis der Sachlage über Kuba sprechen will, kann sich getrost auf diesen Bericht berufen und den Vergleich mit der Haftpolitik vieler Länder anstellen, die er vielleicht kennt.

Und »France-Libertés« setzt seine humanitären Aktionen fort, egal, welches Regime irgendwo herrscht; und ich, auf die man mit den Fingern zeigt, die unentwegt um Verzeihung bitten muß, bin zwar manchmal müde, aber ich lasse die Arme nicht sinken. Stur? Was anderes bleibt mir übrig?

Trotzdem helfen mir weder meine Umgebung noch Fidel Castro.

Soll ich mich selber auslachen, eingedenk Senecas Aufforderung: »Wenn ich über einen Narren lachen will, brauche ich nicht weit zu suchen«? Heute bin ich fast versucht, es zu tun. Meine Hoffnungen werden auf eine harte Probe gestellt. Ich habe schließlich nicht den Ruf der Stiftung aufs Spiel gesetzt und mich der Kritik und Lächerlichkeit preisgegeben, um nicht heute ernstlich mit mir zu Rate zu gehen.

Seit Rückkehr der Mission sind einige Monate vergangen; wir hätten eine Antwort gebraucht auf die Forderung nach einem Sonderstatut für die politischen oder »Meinungs«-Häftlinge als erster Etappe auf dem Weg zur Änderung des kubanischen Strafrechts, das diese Vergehen weiterhin bestraft. Wir hätten gehofft, daß bis zur vorgesehenen Abschaffung der Todesstrafe keine Todesurteile mehr gefällt würden. Die Verteidiger der kubanischen Sache freuen sich über die demokratische Öffnung, die ihr zu vollziehen scheint; warum tut ihr einen Schritt nach vorne, indem ihr ein paar Häftlinge freilaßt, und zwei Schritte zurück, indem ihr eure Position verhärtet? Mein Vertrauen ist nicht blind. Und wie soll man es hinnehmen, daß ihr mit der Macht des Geldes paktiert, bevor ihr den größten Reichtum zugesteht, den der Mensch fordert: die Freiheit des Denkens und Redens, die Vereinigungsfreiheit als bestes Bollwerk gegen das Abgleiten in die Spekulation?

Kraft der von euch Kubanern selbst wiederhergestellten Würde sähet ihr euch heute vermutlich nicht den perversen Wirkungen von Transaktionen ausgesetzt, die mit unseren Prinzipien nichts gemein haben und nichts mit der Achtung, die ihr und wir dem Volke entgegenbringen. Wann werdet ihr bereit sein, den Käfig zu öffnen für die Kubaner, die sich in der übrigen Welt und bei ihren Verleumdern umsehen wollen? Warum begreift ihr nicht, daß eine kubanische Kulturveranstaltung im Ausland, genauer: in Frankreich, die Kraft und Intelligenz eures Landes allen vor Augen führt? Dank des kubanischen Erziehungssystems, das die Künste begünstigt, böte sie den Künstlern die denkbar beste Tribüne: Indem sie im Verein mit ihren demokratischen Freunden ihren geistigen Reichtum unter Beweis stellen, böten sie selbst ihren schlimmsten Gegnern Paroli.

Die demokratische Öffnung, die ihr nach euren eigenen Worten so dringend wünscht, geht Hand in Hand mit der Debatte, aber dieser habt ihr euch verweigert. Warum, warum nur nährt ihr die Hoffnung auf Schritte, die ihr dann nicht tut?

Ach ja, ich verzweifle, wenn ich aus der Presse erfahren muß, daß das »Festival des Allumés« in Nantes abgesagt wird, weil der »Commandante« es so will und seine Behörden den kubanischen Künstlern das nötige Ausreisevisum verweigern. Ich werde keinen Menschen mehr überzeugen können für dich, Fidel, wenn dein Handeln und deine Worte einander so sehr widersprechen. Als du jung warst, vermochtest du die Kubaner zu befreien; solltest du nicht mehr genug revolutionären Elan besitzen, das Beispiel des modernen Sozialismus der Zukunft zu geben?

»Ich bin mutig, vielleicht manchmal tollkühn, aber keine Selbstmörderin«, schreibe ich ihm. »Die Zukunft Ihres Volkes hängt allein an Ihnen. Ich glaubte, Sie wollten ihm seine Chance geben, aber es wird Ihre Verhärtung nicht verstehen, die es von allem abschirmt, was in der Welt vorgeht.«

»Das ist eine Sache der Innenpolitik«, läßt er mir über seinen Kulturminister ausrichten. »Sie müssen verstehen, daß sich eine solche Debatte über unsere inneren Probleme nicht auf einem Kulturfest in Frankreich führen läßt.«

»Und warum nicht? Sind die Menschenrechte nicht universell? Ihr habt Freunde in Frankreich, und alle eure Künstler, hervorgegangen aus der Revolution, hätten doch die ihnen gebotenen Chancen und die Meriten eurer Politik darlegen können? Selbst wenn sie dabei auch offene Worte der Kritik finden, können sie ohne weiteres eure rabiaten Gegner widerlegen, die den Blick nur in die Vergangenheit richten. Die Debatte verweigern, heißt der Glaubwürdigkeit eurer Anstrengungen schaden.

Eure Sprache und Haltung gegenüber der Welt haben mit dieser Welt nicht Schritt gehalten. Heute kann man überall über alles reden, und es wird auf der ganzen Welt gehört. Wenn ihr nicht begriffen habt, daß die Globalisierung der menschlichen Probleme unumkehrbar ist, verpaßt ihr eine Etappe in der Menschheitsgeschichte. Euch obliegt es, das schnellstens wettzumachen. Ich vertraue euch.

Je schneller ihr euch aufmacht, desto besser.«

Begegnungen in Latche

Latche liegt im Südwesten Frankreichs am Atlantischen Ozean; es kann sich rühmen, so manchen Staatschef empfangen zu haben. Das kleine, im Stil der Landes erbaute Landhaus aus dem späten 13. Jahrhundert steht am Rand einer im Wald verlorenen Lichtung und war zwei Jahrhunderte lang von Harzschröpfern bewohnt. Es schmiegt sich an den Fuß eines kleinen pinien- und eichenbestandenen Hügels und strahlt Vertrauen und Geselligkeit aus. Mögen Spötter es eine Bruchbude nennen – ich fühle mich in der Bruchbude pudelwohl. Gemessen am Glück, das sie mir im Leben beschert hat, steht sie keinem Schloß der Welt nach.

Nach seiner Wahl zum brasilianischen Präsidenten machte Tancredo Neves auf dem Weg nach Italien in Latche Station. Das Treffen mit François empfand er als Auszeichnung; es war ihm sehr wichtig. Ohne Brimborium und roten Teppich kam er über den schmalen, gewundenen Sandweg zur Wohnküche, wo alle unsere Freunde empfangen werden.
Er kam zum Abendessen und fand einen gedeckten Bistro-Tisch vor. Wir speisten im Familienkreise und mit einigen Mitarbeitern, das Mahl war begleitet von fesselnden Gesprächen über das Schicksal der Welt, das Ende der Diktaturen, den Vormarsch der Demokratie und über die Agrarreform, die Tancredo Neves trotz des massiven Widerstands der Groß-

grundbesitzer entschlossen durchzuführen gedachte. Ich hörte ihm zu und ließ mir kein Wort entgehen.

Schon hat sich die Stiftung auf seiten der besitzlosen Bauern engagiert, die von den angeheuerten Söldnern der Großgrundbesitzer, der »Fazenderos«, verfolgt und oft genug umgebracht werden. Man muß sich vergegenwärtigen, daß ein solches Besitztum etwa den Umfang eines großen französischen Departements aufweist. Wenn sich eine arme Familie auf ein paar Morgen Land einrichtet, um wenigstens leben zu können, dann weiß sie oft nicht einmal, wem dieses Fleckchen Erde gehört. Solange die Leute keinen legalen Bleibeanspruch geltend machen oder ihre Mühen nicht von Erfolg gekrönt werden, kümmert sich niemand um sie. Sonst freilich werden ihre Höfe angezündet, geplündert, die Menschen getötet.
Vereinigungen vor Ort, Rechtsanwälte und vor allem Pater Burin des Roziers haben mich um Hilfe bei der Neuansiedlung solcher Familien gebeten. Ein Komitee appellierte erfolgreich an die Solidarität der Bauern im Departement Aude und sammelte Geräte zur Feldbestellung sowie Kleider. So entstand eine erste Verbindung. Anhand der Aussagen der Betroffenen prangerten wir die unmenschlichen Praktiken an.

Als daher Tancredo Neves auf die Agrarreform zu sprechen kommt, weiß ich, wovon er redet. Er äußert sich ruhig und leidenschaftslos, aber entschlossen. Der etwas kleingewachsene, leicht auf seinem Stuhl zusammengesunkene Mann scheint noch müde vom Wahlkampf. Gerne würden wir ihm etwas Erholung in der frischen Pinien- und Meeresluft gönnen, aber der designierte Staatschef steht bereits unter infernalischem Termindruck und muß wieder abfliegen.

272

Ich sollte ihn nie wiedersehen. Der Tod hat ihn hinweggerafft. Einige Wochen nach dem freundschaftlichen Essen befinde ich mich unter den weinenden Brasilianern, die seine sterbliche Hülle zur letzten Ruhe geleiten. Wenige Tage vor dem vorgesehenen Datum des feierlichen Amtsantritts. Inmitten dieser Menge empfinde ich die ganze Verzweiflung des einer Hoffnung beraubten Volkes.

Als ich mich noch als Buchbinderin betätigte, hatte ich für Latche ein »Goldenes Buch« mit moosgrünem Einband aus reinem Saffianleder angefertigt, den ein sehr realistisches Pinien-Unterholz zierte. Leider vergaß ich immer, die Gäste sich eintragen zu lassen. So muß ich mir das Gedächtnis zermartern und mühsam die prestigeträchtigen und zugleich geselligen Begegnungen in Latche zusammenkramen. Immer noch ist die Aura unserer Gäste zu spüren an diesem Ort, an dem schon so viele Generationen gelebt, gearbeitet, geschlafen und geliebt haben.

Als François auf die Idee kam, einen Gipfel der Sozialistischen Generalsekretäre der Mittelmeerländer zu veranstalten, entdeckten sie Latche im diffusen Licht des abendlichen Waldes. Sie betraten ein nüchternes, aber bequemes Zimmer, im Kamin flackerte ein Feuer. Sie kennen ja die riesigen Kamine, in denen man aufrecht stehen kann.
An diesem Abend erhellen und erwärmen große Flammen den Raum. Wir sitzen in bequemer Runde auf Sofas und Sesseln, eine Atmosphäre beinahe vertraulicher Sympathie umfängt uns.
Zu meiner großen Überraschung finde ich unter den Gästen auch Olof Palme, den Schweden.
»Ich wußte gar nicht, daß Sie zu den Mittelmeeranrainern gehören?«

»Doch, doch, bei Ihnen fühlt man sich so wohl, daß ich mir als ausgesprochener Lateiner vorkomme.«

Später geben die zellenartigen, rustikalen Kammern mit ihren weißgetünchten Wänden und ihrer bescheidenen Einrichtung für unsere Gäste ihr Bestes her: Stille, ein Fenster zum Wald. Natürlich muß man sich in solcher Umgebung auch damit abfinden, daß um vier Uhr morgens die Hähne krähen!

Unsere Gäste scheinen glücklich, sich zwischen zwei offiziellen Reisen, zwei Gipfelbegegnungen oder zwei Konferenzen ein wenig erholen und das Waldleben in den Landes mit uns teilen zu dürfen. Sie interessieren sich für alles; die Dolmetscher sind entspannt, und die Gespräche entwickeln sich mühelos. So fern aller Konvention fühlt man sich ungemein wohl ...

Die Gorbatschows beispielsweise erzählten uns von ihrer verliebten Studentenzeit und wie sie sich klammheimlich der strengen Disziplin der sowjetischen Universitätsvorschriften entwanden. Ach ja, die Liebe ..., wie herzlich haben wir gelacht.

Latche fördert die Intimität.

Pedro Opeka, der fußballspielende Priester aus Madagaskar

Es regnet in Latche. So groß und schwer fallen die Regentropfen aufs Dach, daß es wie Trommelwirbel klingt. Ich höre deshalb gar nicht, daß jemand die Treppe zur Loggia heraufkommt, wo ich am Fernseher vor mich hindöse.

»Guten Tag, Madame, entschuldigen Sie, wenn ich störe. Ich heiße Pedro Opeka und bin Priester in Madagaskar, vor allem aber ein Freund Ihres Sohnes Gilbert, und das ist der Grund für mein Kommen.«

Ein jovialer Hüne mit rotem Haupt- und Barthaar steht vor mir, seine Baßstimme rollt wie Donner im Felsengewölbe.

Er setzt sich und erzählt:

»Meine Pfarrei liegt in Vandaingrano an der Südküste von Madagaskar. Dort wohne ich seit mehreren Jahren und arbeite mit der Bevölkerung am Bau einer Kirche, helfe ihr aber auch auf dem Feld beim Reispflanzen und -ernten.

Dabei wurde ich schwer krank und wäre beinahe gestorben. Kein Wunder. Das Krankenhaus der Stadt besitzt keinerlei Geräte und spottet jeder Hygiene. Hätte mich mein Orden nicht nach Frankreich zurückgeholt, wäre ich jetzt tot. Wie soll ich vor meine Pfarrkinder treten und ihnen nahelegen, daß sie sich im Krankenhaus behandeln lassen sollen, wenn ich doch weiß, wie es dort aussieht? Ihr Sohn hat mir von Ihnen erzählt. ›Geh' zu meiner Mutter‹, hat er gesagt, ›es würde mich wundern, wenn ihr nicht etwas einfiele‹.«

Und so begann eine fast endlose Geschichte ... Als die Einwohner der Stadt das Krankenhaus so weit hergerichtet hatten, daß das wertvolle, von der Stiftung gelieferte medizinische Gerät aufgestellt werden konnte, lud man mich dazu ein.

Weiße Kieselstreifen säumen die Wege, die mich zu dem Gebäude führen.

»Kommen Sie herein, Madame, sie sind alle so stolz.«

»Sehen Sie, Madame, aus den Hähnen fließt Wasser nach Bedarf, und wenn man auf den Schalter drückt, geht das Licht an; die Wände sind neu in hellen Farben gestrichen. Ist das recht so? Sind Sie zufrieden?«

Mein Rotbart wacht über alles, und ich bin beruhigt.

Die seit dreizehn Jahren herrschende Verstimmung zwischen Frankreich und Madagaskar war nicht gerade günstig für humanitäre Aktionen, aber alles legte sich an dem Tag, an dem mich François auf Einladung des Präsidenten Ratsiraka und seiner Frau als Ehrenbotschafterin zu den Feierlichkeiten anläßlich des fünfundzwanzigsten Unabhängigkeitstages schickte.

Céline Ratsiraka besichtigt mit mir die schönsten Gegenden des Landes. Sie merkt wohl, daß ich mich frage, warum sie andauernd ein Transistorradio ans Ohr hält.

»Für den Fall eines Staatsstreichs; so erfahre ich sofort, wenn ich nicht in den Präsidialpalast zurückkommen soll«, sagt sie und lacht.

Und Pater Pedro? Ich stelle ihn ihr vor, er gefällt ihr, sie wird sich seiner Sache annehmen, das verspricht sie mir.

Unvermittelt wird mein unternehmungsfreudiger Pfarrer in die Hauptstadt Antananarivo versetzt. Kaum angekommen, setzt er sich in den Kopf, einer völlig verarmten Bevölkerungsgruppe, die sich die »4 Mi« (die vier Miseren) nennt, zu einem halbwegs anständigen Dasein zu verhelfen. Es sind Menschen, die auf und zwischen den Müllhalden der Stadt hausen und versuchen, dort Eßbares zu finden. So groß ist die Not, daß manchmal Neugeborene inmitten des Unrats ausgesetzt und von Aasgeiern zerfleischt werden.

»Sie brauchen ein Dach über dem Kopf«, schreibt er. »Ich werde sie auf dem hundert Hektar großen Gelände unterbringen, das ich wenige Kilometer entfernt auf den umliegenden Hügeln erworben habe, um etwa dreißig Familien aus dem Elend zu holen. Können Sie mir helfen? Das Haus für eine Familie kostet zweitausend Francs.«

Ich weiß nicht recht; ich vertraue ihm, möchte aber lieber nachsehen.

Ja, ich habe es gesehen ... Beim Anblick der Holzkästen kann ich meine Enttäuschung nicht verbergen, auch wenn ich kein Wort sage.

»Seien Sie nicht traurig ... Das ist nur ein Provisorium, kommen Sie in einem Jahr wieder, dann stoßen wir mit Champagner an, und zwar in einem der neuen Einzelhäuser, bei deren Aufbau Sie mir jetzt helfen werden.«

Ich mußte sie aus der Kloake befreien, in der sie wateten, und habe diesen Optimisten weiterhin unterstützt.

Tatsächlich war bei meinem nächsten Besuch ein Dorf für achtzig Familien entstanden, deren jede in einem strohgedeckten Zwei- oder Dreizimmerhaus mit kleinem Garten wohnte. Das umliegende Land war bestellt, Rinder zogen Pflüge und gaben Milch. Hühnerställe, Eier. Eine Kinderkrippe war geplant ... Ich habe nichts dagegen.

Alles ist hervorragend organisiert. Welche Wunder können doch geschehen, wenn ein von unbändigem Willen beseelter Mensch auf eine Notlage trifft, und sei sie noch so traurig.

»Bravo, Pater Pedro.«

»Ja schon, aber ...«

»Was, aber?«

»Das Gelände müßte uns gehören. Unsere augenblickliche Lage ist prekär ...«

»Erwarten Sie etwa von mir, daß ich mich auch noch gegenüber dem Staat, dem das Land gehört, zu Ihrem Fürsprecher mache?«

»Würden Sie es tun?«

Natürlich dauerte es seine Zeit, bedurfte es vieler Energie und guter Worte, aber Ende gut, alles gut.

Doch unser bärtiger Freund gibt sich immer noch nicht zufrieden.

»Danielle, ich habe einen Steinbruch gekauft und darum herum Häuser gebaut; die Männer brechen den Stein, die Frauen zerschlagen ihn zu Bergen kleiner Kiesel, die ihnen eine Zementfabrik abkauft. Bald werden wir ganz auf eigenen Beinen stehen, aber wir bräuchten ...«

Lastwagen, Werkzeuge und allerlei anderes, zu dem ich meinen Segen gebe ...

Und so wurde der Hüne, der in seiner Jugend im Stadion von Orgerus in der gleichen Mannschaft wie Gilbert Fußball spielte, durch seine Hartnäckigkeit und Kühnheit zum Stolz der Stiftung.

Pater Tritz und die Kinder von Manila

Wie kommt es nur, daß ich als Tochter von Freidenkern, selbst Atheistin, »laizistisch, demokratisch und sozial«, wie François mich gerne ironisch nannte, ja, wie kommt es nur, daß ich mich so guter Gesellschaft mit all meinen Pfarrern erfreue? Ich empfinde Freundschaft für sie und glaube sogar, daß sie mich gern mögen. Mit einem von ihnen, André Gouzes, plaudere ich manchmal sogar bis spät in die Nacht am Kaminfeuer, bevor ich mich in die kleine Schlafzelle zurückziehe, die mir zur Verfügung steht.

Zwei Scheunen, auf deren geschmackvolle Einrichtung prominente Innenarchitekten stolz sein könnten, ducken sich ans Ende eines kleinen, verlassenen Tales, von wo kein Weg weiterführt. Wir sind allein in der Weltabgeschiedenheit. Besucher und Pilger machen auf der anderen Seite des Aveyronhügels in Sylvanès halt, wohin wir uns morgen begeben werden. Was uns verbindet? Die Liebe zum Menschen. Er verehrt einen Gott nach seinem Bilde, ich vertraue ganz auf den Menschen, wie er ist, denn er läßt sich vervollkommnen.

Wir streben nach demselben Ideal, und unser Gespräch endet nie. An diesem Abend erzähle ich ihm von Pateros, von den Kindern der Vorstädte von Manila und von einem seiner Glaubensbrüder.

Ich sage ihm, mit welcher Hingabe Pater Tritz in den ärmsten Vierteln Schulen baut und die Straßenkinder unterrichtet, damit sie in die schulgeldfreie Gemeindeschule eintreten können, ohne vorher die schuldgeldpflichtige Vorschule durchlaufen zu haben. In den Augen des französisch-philippinischen Missionars »eine unerträgliche Selektion über das Geld«.

»Konnten Sie ihm helfen?« fragt mich mein Freund aus dem Aveyron.

»Anfangs habe ich mich gefragt, wie seriös sein Vorhaben sei. Stellen Sie sich vor, er bat mich um zehntausend Franc für den Bau und die Einrichtung eines Schulraums und das Jahresgehalt einer Lehrerin. Aber er war seiner Sache so sicher, daß er uns überzeugte und wir für den Anfang drei Schulen finanzierten.«

»Waren Sie mal dort?«

»Ja, inmitten der Bruchbuden eines Elendsviertels sah ich aus Lochziegeln und Wellblech errichtete Bauten, die zwar nur ein einziges Klassenzimmer enthielten, aber sehr gut eingerichtet waren, und wo mich aufgeweckte Kinder empfingen. Aufgrund des Erfolges und sinnvollen Vorgehens fühlten wir uns ermutigt, die Unterstützung in den folgenden Jahren fortzusetzen.«

»Was haben Sie geschafft?«

»Zweiundvierzig Schulen haben wir eingerichtet, und seit 1987 sind Tausende Kinder zum Schulbesuch gelangt. Andere Wohlfahrtsverbände haben uns abgelöst, aber im Rahmen unserer Möglichkeiten beteiligen wir uns weiterhin an den Programmen der ERDA-Stiftung.«

Pater Tritz hat das nicht vergessen und unterläßt es nie, uns bei »France-Libertés« guten Tag zu sagen, wann immer er in Paris ist.

Während meines Manila-Aufenthalts lud mich Präsidentin Corazon Aquino zum Essen ein.

Am Tisch war ein Teil ihrer Familie versammelt, Brüder,

Schwestern, Schwägerinnen, dazu ein in leuchtenden Farben glänzender, mächtiger Kirchenmann. Er wußte offenkundig über sämtliche Intrigen Bescheid, besaß auch großen Einfluß auf seine Präsidentin, aber die Straßenkinder schienen ihn weniger zu interessieren.

Das Gespräch plätscherte höflich dahin, da fragte mich Corazon Aquino plötzlich:

»Madame Mitterrand, Sie waren heute morgen anscheinend in Pateros. Was zieht sie in diese Viertel? Wohin gehen Sie heute nachmittag?«

»Nach ... Novotas.«

»Das ist doch dein Wahlkreis«, wandte sie sich an ihre Schwägerin, »du solltest sie dort empfangen.«

Diese zögert, scheint sich zu genieren; jedenfalls dauert es lange, bis sie antwortet:

»Natürlich, mit Vergnügen.«

Lange war sie nicht mit von der Partie. »Unaufschiebbare Verpflichtungen«, sagte sie. Ich setzte mit meinem Führer, Pater Tritz, meinen Rundgang inmitten der Kinder fort, deren Fröhlichkeit eine Zeitlang durch die Anwesenheit ihrer Parlamentsabgeordneten gehemmt schien, die sie zum ersten Mal sahen.

Meine Freunde Pilar und Alán García, Präsidentenpaar von Peru

Wie gerne würde ich einmal mit Pilar und Alán García in Latche durch die Farnschneisen wandern; wir sprächen über unsere abenteuerlichen Erlebnisse in den Anden.

»¡Viva Pilar! ¡Bienvenida Daniela!« Auf der ganzen Strecke werden unentwegt Spruchbänder entrollt. Es muß Ende Januar 1987 gewesen sein; ich hatte mich für ein Programm zugunsten der Mütterclubs engagiert. In Cuzco waren wir aufgebrochen, begleitet von Pilar, selbst Mutter dreier hübscher Mädchen und im siebten Monat schwanger; wir fuhren von Chincheros nach Sacsahuaman über Calso und Pisac, lauter in drei- bis fünftausend Metern Höhe steil auf Bergvorsprüngen und -kuppen gelegene Dörfer inmitten einer märchenhaften Landschaft, die den legendären Machu Picchu zu ihren Kostbarkeiten zählt.

In diesen Anden-Hochtälern ist die Arbeit rar, die Männer müssen in die Stadt, um etwas Geld zu verdienen. Einmal im Jahr besuchen sie ihre Familie, die Zeit reicht gerade, um ein weiteres Kind zu zeugen, und schon müssen sie wieder weg. So daß in den Häusern nur Frauen und Kinder anzutreffen sind, die sich recht und schlecht durchschlagen.

Ich weiß nicht, wem die Idee der Mütterclubs zu verdanken ist. Es geht darum, ihre Isolierung zu durchbrechen und das wenige, was die einzelnen Haushalte haben, sozusagen in einen Topf zu werfen und so mehr daraus zu machen. Gekocht wird kollektiv mit den Gerätschaften und ein paar Nahrungsmittelzuschüssen der Vereinigung, der Pilar vorsteht. Eine Ernährungsberaterin bringt ihnen bei, wie man gut anstatt viel ißt. Die so versammelten Kinder erhalten Schulunterricht, während sich die Frauen mit handwerklichen Arbeiten beschäftigen und mit deren Verkauf ihren Lebensunterhalt aufbessern. Da »France-Libertés« ein paar Projekte finanziert, hatte ich die Möglichkeit, diesen urwüchsigen und mutigen Menschen zu begegnen, sie kennenzulernen, mir ihre Sorgen und Sehnsüchte anzuhören.

»Pilar. Einen Jungen, schenk uns einen Jungen.« Die bevorstehende Geburt in der Präsidentenfamilie ist für alle ein freudiges Ereignis.
Das immer wieder skandierte »Pilar! Daniela!« auf unserem Weg durch die Dörfer und auf den Gebirgsstraßen beweist die damalige Popularität der Garcías. Man fühlt sich wohl und sicher in dieser Volksfröhlichkeit, und die Stunden vergehen wie im Flug. Gewisse beunruhigende Gerüchte erreichen uns nicht. Die ausgefallensten und unerwartetsten Situationen harren unser.
So erinnere ich mich an die Flaggenhissung in einem kleinen Dorf, bei der inmitten einer dichtgedrängten und fröhlichen Menge Pilar die peruanische und ich die französische Fahne hochziehen. Trotz ihres dicken Bauchs ergreift Pilar vor den Berg-Indios das Wort. Sie reißt sie mit, die Menge bringt ihr eine Ovation entgegen. Ich betrachte mit liebevoller Rührung, welche Begeisterung die schmächtige und zurückhaltende junge Frau bei der Bevölkerung auslöst. Das Ganze stellt sich mir als völlig unpolitisch dar, ich empfinde es eher als eine Welle tiefer Zärtlichkeit dieser Menschen für die mutige Pilar.

Es ist Zeit zur Rückfahrt.

»Wo sind die Wagen? Die Wagen? Kein Wagen in Sicht ... Die Fahrer sind verschwunden.«

Hatten sie es mit der Angst zu tun bekommen? Waren Terroristen des Leuchtenden Pfades in der Region gesichtet worden? Unsere Fahrer haben ohne Vorwarnung das Weite gesucht.

Mit unseren wenigen Sicherheitsbegleitern, Raphaël und einer peruanischen Assistentin stehen wir verlassen in dem kleinen, fröhlichen Dorf, dessen Einwohner – bald erstaunt mich überhaupt nichts mehr – die Dinge in die Hand nehmen.

Die Eskorte ist weg, macht nichts, sie bringen uns zum Besitzer eines Viehtransporters, und schon befinden wir uns auf den gewundenen Straßen – Präsidentin Pilar, Elisabeth Otero, Frau des peruanischen Botschafters in Frankreich, und ich, eingezwängt neben dem Fahrer, während unsere Begleitung auf der Ladefläche dem kalten Wind ausgesetzt ist. Die Nacht bricht herein, und das befürchtete Gewitter entlädt sich.

Die im Schutz der Fahrerkabine sitzenden drei Ehrenpassagiere erfaßt Mitleid ob des Schicksals ihrer regengepeitschten Begleiter, die vergeblich unter Plastikplanen Schutz suchen. Nachdem wir die fünfzig Kilometer bis Cuzco hinter uns gebracht haben, sind wir überhaupt nicht erstaunt, unsere Wagen fein säuberlich vor dem Hotel aufgereiht vorzufinden. Wie die Sache für die flüchtigen Fahrer ausging, weiß ich nicht ... Dennoch bewahre ich an dieses Abenteuer eine gute Erinnerung.

Um einiges weniger angenehm war mein Aufenthalt in Cuzco wegen der Kopfschmerzen, die mir die Schläfen wie ein Schraubstock zusammenpreßten. Die Höhe! Über dreitausend Meter, und mein armes, klappriges Herz schlägt wilde Trommelwirbel.

Am Ende des vom ersten Magistrat der Stadt gegebenen Abendessens soll ich das Wort ergreifen. Ich flüstere ihm zu: »Herr Bürgermeister, liebend gerne würde ich Ihnen danken für die Aufnahme und sagen, wie wohl ich mich während meines Aufenthalts bei Ihnen gefühlt habe – aber ich habe derartige Kopfschmerzen, daß ich kaum die Augen offenhalten kann, und mein Schädel fühlt sich an, als wöge er eine Tonne.«

»Warum haben Sie das nicht früher gesagt, Madame? Trinken Sie dieses Getränk, und Sie werden sehen, in fünf Minuten fühlen Sie sich leicht, federleicht ...«

So entdeckte ich die Tugenden des Coca-Mate. Ganz einfach ein Sud aus zerdrückten Blättern, ein dicker Tee, der zwar nicht besonders gut schmeckt, aber wirkt ...

Am nächsten Morgen trete ich leichten Kopfes die lange Reise von Cuzco nach Arequipa an. Man stellt mir das Gelände und das Modell des für verlassene Kinder geplanten Dorfes »aldea infantil« vor.

Ich habe das Präsidentenehepaar García von Peru ins Herz geschlossen. Der Halbindio Alán träumte von einer Änderung der Sozialstrukturen seines Landes.

Leider flüchtete gleich nach seiner Amtsübernahme das Kapital aus dem Land. Aus Angst vor möglichen Verstaatlichungen wurden die großen peruanischen Guthaben von den Banken abgehoben – nicht gerade ein Beweis von Gemeinsinn, wie Sie zugeben müssen. Schon vor der erwähnten Reise war ich Alán in Uruguay begegnet.

Auf Einladung des Präsidenten des Internationalen Presse-Instituts, Peter Galliner, hatte ich, tollkühn wie ich bin, zugesagt, beim Kolloquium dieser Vereinigung über eines der undankbarsten Themen zu sprechen: »Die Menschenrechte und die Medien«.

Eine Glanzleistung wurde daraus nicht ... Obwohl ich mich tagelang darauf vorbereitete, glauben Sie mir; ich hatte den öffentlichen Vortrag mit einem Mikrofon geübt, das auf der Tribüne eines Festsaals im Elysée installiert worden war, skandierte meine Sätze und betonte die wichtigsten Worte, die je nach gewünschter Betonung rot oder blau unterstrichen waren. Damit waren sämtliche Voraussetzungen für mangelnde Spontaneität und Aufrichtigkeit gegeben ... Zum Glück habe ich diese Arbeitsmethode nicht weiterverfolgt!

Aber den Höhepunkt der Versammlung bildete Alán Garcías stundenlange Rede. Er war unter recht abenteuerlichen Umständen in letzter Minute hinzugestoßen und richtete einen dringenden Appell an die europäischen Demokratien. Unumwunden und ohne diplomatische Umschweife beschrieb er die Lage seines Landes. Seine Worte lasteten mir derart auf dem Herzen, daß ich mir schnellstens gegenüber François Luft machen mußte. Ein SOS? Ein Testament? Jedenfalls konnte sich niemand vor diesem Plädoyer taub stellen. Frankreich hat ihm, glaube ich, zu helfen versucht, aber um eine ganz junge Demokratie unter Führung eines aufrichtigen Mannes zu stützen, hätte es einer großen solidarischen europäischen Bewegung bedurft.

Und so hat mich das Schicksal zur Freundin von Alán und Pilar werden lassen.

Alán García gehört ganz selbstverständlich zu denen, die ich die Unverstandenen nenne und die ich weder vergessen will noch kann.

»Wer will Danielle
zum Schweigen bringen?«

So lautet der Titel eines am 30. Januar 1993 in »France-Soir«
erschienenen Artikels von Anne Noury. Und erst das Bild –
eine scheußliche Karikatur! Woher kann sie das haben?
Abstoßend.
Ich grabe in meinem Gedächtnis, um Umstände und Datum
dieser Aufnahme wiederzufinden. Was sollte die Kopfbedek-
kung? War das anläßlich eines Besuchs in einem Laboratori-
um oder der aseptischen Abteilung eines Krankhauses oder
einer Gebärstation? ...
Im Grunde ist das egal, aber um eine solche Schaueraufnah-
me aus den Archiven herauszufischen, mußte die Redaktion
schon jeglicher Nachsicht, jeglicher Freundschaft abgeschwo-
ren haben und nicht einen Funken Taktgefühl für mich empfinden ... (ich untertreibe). Sie mußte mich verabscheuen.
Das Thema: »Danielles Redefreiheit.«
Kommentar der Abgeordneten der damaligen Parlaments-
mehrheit, die sich sehr sicher ist, daß sie bald wieder die Präsi-
dentschaft übernimmt.
Robert-André Vivien, RPR-Abgeordneter, äußert die Meinung seiner Kollegen so:
»Was sie denkt, ist uns sch...egal.«
Er träumt von einer Frau, die weiß, was ihr ziemt: still sein.
»Ich finde es schockierend, daß Mme. Mitterrand öffentlich
redet, außenpolitische Erklärungen abgibt. Mme. de Gaulle,

Claude Pompidou, Anne-Aymone Giscard d'Estaing haben stets mustergültige Zurückhaltung geübt. Sie soll dem Beispiel dieser großen Damen nacheifern.«

Jene handelten nach ihrem Gewissen, Monsieur Vivien, und ich werde mit Klauen und Zähnen mein Recht verteidigen, mich frei über die Themen meiner Wahl zu äußern. Das schreibe ich nach der Lektüre dieses Artikels in eines meiner Hefte, die mir als Ventil dienen.

Der zum selben Thema befragte RPR-Abgeordnete Pierre Marzeaud schonungslos:

»Das ist einfach skandalös, ihre Haltung an der Spitze einer Stiftung [...] bindet mittelbar Frankreich. Wer kann Frankreich binden? Wer gewählt wurde. Soweit ich weiß, wurde Mme. Mitterrand [...] nicht gewählt.«

Auch er erinnert an die Epoche der stimmlosen Frauen:

»Das vermittelt ein schlechtes Bild von Frankreich. Erinnern wir uns der Diskretion von Mme. de Gaulle.«

Wer kann Frankreich binden? Einzig die Gewählten – meinen Sie das im Ernst, Monsieur Marzeaud? Ich meine das nicht; man braucht nicht gewählt zu sein, weder als Vertreter der Sozialistischen Partei noch der Gaullisten oder wessen immer, um zu reden und Frankreich zu vertreten. Ich weiß, in der Verfassung kommt die Frau des Präsidenten nicht vor ... Aber sie ist frei; ich bin keinem Wählerstamm verpflichtet. Ich bin frei, frei, frei; einzig mein moralisches Gewissen ist mein Leitstern und setzt meinen Äußerungen Grenzen. Ich lasse mich von der Überzeugung leiten, daß ich mich dort zu Wort melde, wo ich nützlich sein kann. Wer hat recht, Herr Abgeordneter? Glücklicherweise ist die Redefreiheit nicht das exklusive Privileg der Gewählten, wie Sie es wohl gerne hätten. Wir alle sind Vertreter und Botschafter eines Landes, das – wenn Sie sich erinnern wollen – das Land der bürgerlichen Freiheiten und die Heimat der Menschenrechte ist. Sie, Herr Abgeord-

288

neter, sind letzten Endes nur der Gewählte der Bürger Ihres Departements, eines winzigen Teils Frankreichs. Sie reden bewegt von den großen Damen, die an der Seite ihrer Gatten im Elysée gewohnt haben; ich empfinde Achtung vor ihnen, jede hat nach Maßgabe ihrer Persönlichkeit und Neigungen ihre Aufgabe erfüllt. Ich aber habe nach meiner Auffassung von der Rolle der Frau des Präsidenten gehandelt, wie ich handeln zu müssen glaubte; nehmen Sie mich so, wie ich bin.

Der RPR-Abgeordnete Patrick Bakany, dessen Fähigkeits-nachweis mittlerweile erbracht ist, redet von »Pflicht zur Zurückhaltung« und urteilt:
»Nicht selten hat sie die französische Diplomatie in Gefahr gebracht.«
Darauf möchte ich ihm einfach erwidern: Wenn ich die Diplo-matie unseres Landes je, wie er meint, in Gefahr gebracht habe, dann, weil ich das Recht der Unterdrückten mancher Länder auf Würde verteidigte, während man Angst haben muß vor einer Diplomatie, die von seinen politischen Freun-den praktiziert würde.
So also habe ich auf die Äußerungen einiger erregter Abge-ordneter an diesem 30. Januar 1993 reagiert, und so habe ich es einem Schulheft anvertraut.

Schweigen oder nach dem Gewissen handeln

Welches Dilemma ...

Ein gutes Beispiel bietet eine geplante Mission in die algerische Sahara, wo ich die Lager der Saharabewohner besichtigen soll, die den Anschluß an Marokko ablehnen.

Erregte Proteste des Königs von Marokko, der meine Anwesenheit bei diesem Exilvolk als unerträgliche Einmischung in die inneren Angelegenheiten ansieht. Was ich da zu schaffen habe? Nun, das könnte ich schon begründen ...

Wütende Proteste unseres Botschafters in Marokko, der mit seinem Rücktritt droht, wenn ich stur bleibe – na, so was!

Höchst ärgerliche Proteste des Quai d'Orsay, der als Folge meiner Entscheidung diplomatische und wirtschaftliche Verwicklungen befürchtet.

Kalkulierte Proteste der Marokko-Lobby aus Industriellen und Politikern aller Parteien; der König weiß, wie man Menschen für sich gewinnt, er besitzt die Mittel dazu ...

Proteste aller, die sich in der Schuld Seiner Majestät wähnen und ihr nicht zu nahe zu treten wagen. Ich komme aus dem Staunen nicht heraus.

»Hör' mal, du machst ja nette Sachen, Danielle! Du erleichterst nicht gerade die französisch-marokkanischen Beziehungen«, sagt François zu mir.

Einwand und Rat: »Ich würde es vorziehen, wenn du dein Vorhaben fallen ließest.«

290

Meine erste Reaktion ist heftig; ich glaube, ich habe es meinem »Ventil« anvertraut mit den Eingangsworten: »›France-Libertés‹ …! Lachhaft! Nicht ›Frankreich in Freiheit‹, sondern ›Gegängeltes oder Gewarntes Frei-Frankreich‹!«

Widerwillig trete ich auf die Bremse, beschließe, die Reise auf später zu verschieben. »Wie macht man aus der Not eine Tugend?« pflegt Raphaël zu sagen. Genaugenommen wollte ich eine Ladung Material und Nahrung nach Tindouf begleiten. Schon, aber im Grunde wollte ich vor allem Aufsehen erregen, die Presse sollte endlich auf die Lage der Bevölkerung in der seit vielen Jahren von den Marokkanern besetzten Westsahara aufmerksam machen.

Soll ich, soll ich nicht? Wir machen es noch ein bißchen spannend … Aber ist mein Anliegen nicht schon erfüllt? Der öffentliche Streit schlägt hohe Wellen. Im Ton des gesalbten Königs stempelt mich Hassan II. zur morganatischen Ehefrau, zur übelbeleumundeten Bürgerlichen, die gefälligst vor der Macht den Mund zu halten hat, sei diese nun von Gottes Gnaden oder republikanisch. Hätte ich mich darüber erregen sollen? Nein, Majestät, halten Sie von mir, was Sie wollen, aber außerhalb Marokkos bin ich frei und kann reden und handeln, wie ich will. Kennen Sie überhaupt das Rederecht, das Recht auf Freizügigkeit und Vereinigung, Sire?

Das Ganze amüsiert eher. Was aber niemand in der Stiftung komisch findet, ist, daß ich mit der Absage meiner Reise einen Präzedenzfall im Hinblick auf die Handlungsfreiheit von »France-Libertés« schaffe, und das macht mich nachdenklich. Nach Meinung der Medien, vor allem der kritischsten und böswilligsten Stimmen, habe ich klein beigegeben. Es fehlt nicht an Sarkasmen, und wenngleich ich immer wieder betone, ich hätte mein Ziel erreicht, kann ich doch die Skeptiker nicht überzeugen.

In meinem Innern freilich frage ich mich, was ein diplomatischer Zusammenstoß oder der Rücktritt eines Botschafters gebracht hätte. Hätte ich provozieren sollen? Ich glaube nicht.

Die Ladung kam auch ohne mich an; die Presse hatte zwar auf meine Kosten ihr gefundenes Fressen, aber was soll's. Fortan kennt jeder, der sich dafür interessiert, und sogar diejenigen, die nicht recht wissen, worum es eigentlich geht, die Lage der Saharabewohner.

In der Stiftung allerdings wogt eine breite und ernste Debatte über das Prinzip unserer Freiheiten und unserer Unabhängigkeit und spart keinen Mitarbeiter aus. Ich schlage vor, zurückzutreten, da meine Person in solchen Fällen hinderlich sein kann, wenn sie das Vertrauen in mich verlieren. Sie lehnen den Rücktritt ab, und wir beschließen, bei derartigen Fällen künftig ohne Beeinflussung von außen gemeinsam zu entscheiden, was getan werden soll. Das ist mehr im Sinne unserer Regeln.

Natürlich sind die Saharabewohner enttäuscht; sie hatten sich von mir so viel versprochen. Sie hätten es nicht ungern gesehen, wenn sich die französischen Beziehungen zu Marokko verschlechtert hätten, hatten gehofft, anstatt bloßer humanitärer Hilfe durch »France-Libertés« einen Verbündeten bei der Regierung gefunden zu haben. Immerhin war wenigstens eine Menschenrechtsverletzung aufgedeckt worden.

Klaren Kopf bewahren, unparteiisch bleiben und das Mögliche tun – so lautet meine Devise.

Herrje! Ich habe mir das Wohlwollen des Königs von Marokko verscherzt. Er mag mich nicht mehr, nun schon überhaupt nicht mehr. Trifft mich das? Ich glaube nicht.

Anderes Beispiel.

Die französisch-algerischen Beziehungen sind sehr emotional und von Animosität geprägt. Die Regierungen der beiden Länder beäugen sich aufmerksam. Aber wir, »France-Libertés«, sind nun mal nicht die Regierung, und wenn wir verurteilen, sagen wir es deutlich. Ein einfaches Protesttelegramm der dem Internationalen Menschenrechtsverband angeschlossenen Stiftung versetzt unsere Regierung in hellen Aufruhr. Das Telegramm ist an Präsident Chadli gerichtet und gilt der Tatsache, daß seine Armee bei Unruhen Hunderte junger Menschen getötet hat.

Massaker und Repression sind weder hier noch anderswo eine Antwort auf die legitimen Sorgen des algerischen Volkes und sein glühendes Verlangen nach Gewährung der Freiheiten, […] und zu ihnen gehört auch die Vereinigungsfreiheit, die den Menschenrechtsorganisationen das Recht gibt, sich frei zu äußern und zu handeln.

So lautete unser Telegramm. François erfuhr davon aus den Agenturmeldungen auf seinem Schreibtisch.

»Die Stiftung mischt sich in Dinge ein, die sie entschieden nichts angehen«, sagt er zu mir.

»Und ich meine, darin liege ihre Daseinsberechtigung.«

Ich bin traurig und wütend zugleich und sage zu François: »Ich beziehe mich auf etwas, was ich vor langer Zeit einmal von dir gelesen habe und das noch heute gilt; damals zeichnete sich der Algerienkrieg ab, du aber warst weiterhin für Verhandlungen. ›Die französische und die muslimische Seele haben ihre sehr alte Verbindung nicht gelöst. Sie sind auch jetzt zum Dialog bereit, der unsinnigerweise unterbrochen wurde‹, sagtest du damals.« Und deine Klugheit sprach sich für die Verständigung anstatt der gewaltsamen Wiederherstellung der Ordnung aus. Das ist ein Grundprinzip meines Verhaltens.

Etwas später am Tag steht mir mein Gemütszustand ins Gesicht geschrieben; Raphaël schaut mich an und sagt: »Sie scheinen verärgert, Danielle, was ist los?«

»Ach, nur eine Bemerkung von François, dem die Intervention von ›France-Libertés‹ in Algerien nicht paßte.«

Am gleichen Abend finde ich auf dem Schreibtisch eine sechsseitige Aufzeichnung von Raphaël mit einer Zusammenstellung meiner wichtigsten und oft wiederholten Erklärungen: »Die Position, die ich dort einnehmen muß, wo aus allen Richtungen Hilferufe unterdrückter Männer und Frauen eintreffen ... Bei Nothilfen gegen Hunger und Krankheit tätig, aber auch immer zur Stelle, wenn es gilt, sich gegen willkürliche Entführungen und Folter zu wenden ...« Ja, stimmt, das habe ich gesagt.

»Wo die internationalen Abkommen oft toter Buchstabe bleiben und das Prinzip der Nichteinmischung in die inneren Angelegenheiten die Regierungen lähmt, sollte es da Männern und Frauen verwehrt sein, für die Wahrung der Solidarität und den Schutz anderer Männer und Frauen zu sorgen, die der elementarsten Rechte beraubt sind?« Stimmt, das habe ich Ihnen sogar geschrieben, Raphaël.

Wieder bricht der Sturm los und läßt die Mauern von »France-Libertés« erzittern. Immerhin, das Telegramm ist angekommen, und ich bedaure es nicht. Ich habe mich für die Glaubwürdigkeit meiner Stiftung entschieden.

Ein andermal erregen »France-Libertés« und ich den großen Unwillen der indonesischen Regierung; es geht um meine Einladung auf die Philippinen.

Ich könnte Ihnen erzählen, daß Indonesien meinen bloßen Aufenthalt in Manila auf Einladung mehrerer Aktionskomitees zur Verteidigung der Bewohner von Ost-Timor zum

Anlaß nahm, den Philippinen mit Repressalien zu drohen. Kein Zweifel, sie läuft gut, die Stiftung »France-Libertés«, wenn sie irgendwo eine Unterdrückung geißelt und sich dann im Nachbarland zu Besuch meldet.

1994; ein wahrer Bulldozer, der Herr Generalpräsident in Djakarta; daß er den Staatsterror im eigenen Lande beherrscht, wußte man ja, aber nun ballert er auch noch außerhalb los. Drohungen gegen mich; Warnung an Frankreich, wenn es meinen Übermut nicht dämpfe. Drohungen an die Adresse der Philippinen, wenn die Einladung nicht gestrichen wird. Wenn Danielle Mitterrand nach Manila kommt, zerreißen wir unsere Fischereiabkommen mit den Philippinen und veranlassen die Moslems zu Terrorakten, die die Regierung destabilisieren.

Die Philippiner sind sehr verlegen, mir die Tür weisen zu müssen, und versuchen, mir ihre verzwickte Lage über unseren Botschafter zu erklären.

»Ich will ihnen keine Schwierigkeiten bereiten und auch nicht unnötig provozieren; ich verstehe ihre Lage; meine Anwesenheit in Manila, um den Timorern zu helfen, soll die philippinische Regierung als Gastgeberin der Konferenz nicht dem schrecklichen Druck Indonesiens aussetzen. Ich annulliere meine Reise.«

Diplomatische Depeschen jagen rund um den Globus von Botschaft zu Botschaft, von ganz Europa aus gehen sie in sämtliche Länder des Fernen Ostens und Südostasiens. So erfuhr die Welt, daß ich mich für die Einwohner von Ost-Timor einsetzte und es dort eine Ungerechtigkeit zu bekämpfen gibt.

Meine Abwesenheit hat der Zusammenkunft keineswegs geschadet, auf der meine Mitteilung im Wortlaut verlesen und von der Presse der Region aufgegriffen wurde.

Wenige Monate später, im Juni 1994, muß ich ins Krankenhaus. Madame Ramos, Frau des in Paris zu Besuch weilenden philippinischen Präsidenten, wollte mich sehen und glaubt nicht, daß mein Gesundheitszustand es nicht zuläßt. Sie erblickt darin eine diplomatische Erkrankung und eine Absage.

Um sie aufzuklären, empfange ich sie in der Klinik Val-de-Grâce in einem Raum neben meinem Krankenzimmer und halte das Gestänge der Tropfflasche, an der ich seit mehreren Wochen hänge, wie eine Hellebarde hoch. Ich glaube, es hat sie sehr gerührt.

Unsere Programme zugunsten der Straßenkinder von Manila und andere in bestimmten Vororten der Riesenstadt laufen in Zusammenarbeit mit der ERDA-Stiftung von Pater Tritz weiter, und ich hoffe, eines Tages doch wieder auf die Philippinen zurückkehren und denen unsere Unterstützung augenfällig machen zu können, die wir dort kennen.

Auch in Paris lassen meine Stellungnahmen die Leute nicht gleichgültig …

Der Eingangskorb der persönlichen Zuschriften, die Antwort erheischen, ist leer. Es ist spät, und ich verlasse die Stiftung als letzte. Es ist Nacht. Vor der Terrassentür meines Büros streicht der Scheinwerfer des Eiffelturms in regelmäßigen Abständen über die Trocadéro-Terrasse, und Paris funkelt wie tausend Sterne. Ich blicke auf und strecke mich: »Danke, Ben, du tröstest mich.« Mein Blick fällt auf ein Bild dieses Malers, den ich sehr verehre. Schönheit und Kraft der Worte vereinigen sich zu einer Kalligraphie, die ein wahres Kunstwerk ist.

»Ja zum Leben, Nein zur Ausstoßung«, in weißen Buchstaben auf schwarzem Grund.

An diesem späten Oktobernachmittag 1995 inspiriert sie mich bei der Beantwortung einiger kritischer, oft beleidigender, aber wenigstens unterzeichneter Zuschriften unter dem guten Dutzend gehässiger, zotiger, feiger und haßerfüllter Sendungen, die gleich in den Papierkorb wandern, weil sie anonym sind. Die wenigen Einsender, die wenigstens so ehrlich sind, ihren Namen zu nennen, verdienen eine Antwort.

Diese Lawine der Kritik habe ich mit meiner öffentlichen Äußerung zum heiklen Thema des Todes von Khaled Kelkal losgetreten. Ich brauche nur meine Stellungnahme zu wiederholen, dann begreifen Sie sofort, welche Verbrechen man mir zu Last legt. Hier meine Erklärung im jüdischen Rundfunk von Paris am 3. Oktober 1995, dem Tage nach Kelkals Tod: »Das ist alles andere als eindeutig. Diese Vorgehensweise hinterläßt schlimmes Unbehagen. Es ist nicht gut, wenn in einem Rechtsstaat, einer Demokratie, ein Mensch getötet wird, noch ehe ihn ein Gericht der ihm vorgeworfenen Verbrechen überführt und verurteilt hat. Und es ist keine gute Methode, einen Menschen zu jagen und der Vorverurteilung durch die öffentliche Meinung auszusetzen, bevor ihn die Justiz völlig unparteiisch und unvoreingenommen abgeurteilt hat. Manche denken wie ich, auch wenn sich alles in ihnen gegen die terroristischen Akte auflehnt und sie nach Gerechtigkeit rufen. Anderen gefallen diese Schnellmethoden, weil sie kurzfristig beruhigen, aber sie machen sich gar nicht klar, was sie damit auslösen, und daß sich kein Mensch mehr sicher fühlen kann.«

Diese Erklärung bescherte mir wie gesagt kritische Artikel und Zuschriften, in denen mir vorgeworfen wurde, ich ergriffe für einen fanatischen islamischen Terroristen Partei. Hier meine damalige Antwort auf eine Zuschrift:

Madame,

ich verstehe Sie gut und kann mich Ihrer Verurteilung terroristischer Verbrechen und Ihrer Forderung nach strenger Bestrafung der Schuldigen ohne weiteres anschließen.

Es scheint, als habe Sie mein Bedauern schockiert, das ich äußerte, weil der junge Kelkal ohne Gerichtsverfahren getötet wurde, der zwar – vielleicht zu Recht – verdächtig war, aber eben ohne Beweise der allgemeinen Verurteilung anheimfiel und folglich keinen Anspruch auf ein gerechtes Verfahren hatte, wie es in einem Rechtsstaat jedem Bürger zusteht. Ganz nach Ihrem Wunsch bemühe ich mich, die Rechte aller Bürger zu verteidigen. Ich sähe es höchst ungern, wenn ein in Wirklichkeit unschuldiger Ihnen Nahestehender oder Nachbar eines Tages aufgrund der Belastung durch einen bedenkenlosen Zeugen verdächtigt würde.

Es ist heute so leicht, mit dem Finger auf einen Schuldigen zu zeigen, ihn zu entehren, an den Pranger zu stellen. Tag für Tag sind die Zeitungsspalten voll davon, aber wenn einer dann letztlich für unschuldig erklärt wird, dann wird er in einer winzigen Meldung irgendwo auf der achten Seite rehabilitiert, aber das Unrecht ist geschehen, und mancher erholt sich davon nie.

Ich hüte mich wohlweislich, das Vorgehen des Polizisten zu erörtern, der selbstverständlich das Recht, ja die Pflicht hat, sich zu wehren und einen Bewaffneten, der ihn bedroht, außer Gefecht zu setzen. Ich will auch gerne zugeben, daß er ihn nicht töten wollte, aber es steht außer Frage, daß Kelkal vor einem gerichtlichen Urteil von der öffentlichen Meinung verurteilt und hingerichtet wurde.

Ich danke Ihnen, daß Sie mir geschrieben haben, denn damit gaben Sie mir Gelegenheit, Ihnen meine Überlegungen zu diesem schmerzlichen Thema vorzutragen.

Seien Sie gewiß, daß ich niemals die Partei des blinden, verantwortungslosen Terrorismus ergreifen werde, denn er ist die Waffe von Feiglingen, deren Sache nicht für sich selber spricht.

Mit freundlichen Grüßen

298

P.S.: Als ich diesen Brief zukleben wollte, kam die Meldung über ein neues Attentat in der U-Bahn auf meinen Tisch. Wie ich hoffe, zweifeln Sie nicht an meiner Empörung und meinem Willen, die Urheber dieser Verbrechen ihrem gerechten Urteil zugeführt zu sehen.

Wenige Tage später in der Ausstellung »Welt der Kunst«:
»Hallo Ben, ich beende eben meinen Rundgang. Dabei habe ich ein paar Freunde getroffen, und ich möchte Ihnen sagen, daß ich die Ehre, die Sie mir erweisen, hoch zu schätzen weiß.«
In runden Lettern auf schwarzem Grund steht zu lesen: »Nein zur Ausstoßung, Nein zur Desinformation, Nein zur Manipulation, Nein zur Heuchelei«. Und: »Alle Welt weiß, daß Kelkal der Heuchelei zum Opfer fiel, denn man hat uns manipuliert, man hat die Menschen desinformiert, weil er zur Generation der ausgestoßenen Vorortjugend gehörte.« Dixit Ben.
Reiben Sie sich nicht schon wieder an mir – diesmal haben Sie eine andere Zielscheibe. Ben, man beschimpft uns gemeinsam, ich fühle mich in guter Gesellschaft.
Träumen wir doch gemeinsam von jener gerechten Gesellschaft, in der blutrünstige Tollhunde nach den Regeln des Rechtsstaates verurteilt werden und es keine anonymen Opfer gibt, und in der Polizisten Achtung genießen, weil sie schützen.
Ach Ben, welcher Welt könnten wir den Weg bereiten! Laß uns auf dem steinigen Weg voller Hindernisse nicht verzweifeln, laß uns der Zukunft zulächeln und allen die Hand reichen – der denkbar beste Grund, zu malen und zu schreiben.

»Madame Mitterrand, ich bin Journalist von … Was sagt Ihnen diese Ausstellung? Bens Konzept ist wohl etwas einfältig, was halten Sie davon?«

»Es scheint mir sehr verdienstvoll, wenn jemand im Gewirr der so komplexen und verzwickten menschlichen Beziehungen mit einfachen Worten einen schnurgeraden Weg zum Verständnis des andern weist.«

So viele Worte, um einfach dies zu sagen: Die Ausstellung ist gut, sie ist schön, ich genieße, ich liebe sie; ich rate Ihnen, schauen Sie sie sich an.

Nach dem, was Sie jetzt über meine Reisen und mein Aufbegehren gegen die Ungerechtigkeit in Frankreich und anderswo gelesen haben, werden Sie meine Gelassenheit verstehen, wann immer in einem Interview oder sonstwo die unvermeidliche Frage kommt:

»Sind Sie während der beiden Amtszeiten Ihres Mannes am Handeln gehindert worden?«

Was denken Sie darüber? Wissen Sie die Antwort?

Armer François

Oft habe ich den Eindruck, daß ich ihm zusetze. Wo er doch
schon genug geplagt ist mit dem schlechten Ergebnis einer
Wahl in Frankreich oder der Mitteilung, daß ein französischer
Soldat im Libanon sein Leben ließ. Da hat er den Kopf voller
Probleme wegen des schlechten Amnestiegesetzentwurfs der
Regierung Rocard oder den immer neuen Hindernissen auf
dem Weg zu einem vereinten Europa, und nun liege ich ihm
zusätzlich auf der Seele mit den in der Türkei zerstörten Kur-
dendörfern oder der Mitteilung nach meiner Rückkehr aus
Nicaragua oder Peru, wieviel Hilfe sich Daniel Ortega oder
Alán García erhoffen.
»François, diese Männer, Frauen und Kinder blicken verzwei-
felt auf Europa. Hilf ihnen, sich gegen die Macht des Geldes
zu wehren, die sie ins Elend, in die Korruption, Gewalt und
Verzweiflung treibt. Das kommt auch dir zugute, denn sonst
verschont uns früher oder später der Zorn dieser Völker nicht,
die zu der Welt gehören, in der wir alle leben. Zerschlagen wir
das System, aufgrund dessen ein Fünftel der juristisch gesprochen freien Welt unter der eiskalten Herrschaft und schnöden
Willkür der Finanzmächte schmachtet. Oft habe ich dich die
geschickte Propaganda des Großkapitals verurteilen hören,
das sich die armen Länder gefügig mache, indem es ihnen den
Himmel auf Erden vorgaukele …, und ihnen letztlich alle ihre
Besitztümer wegnehme.«

Wirklich, ich strapaziere seine Nerven. Muß ich ihm unbedingt schon wieder bewußt machen, wie sehr der Panzer der »Realpolitik« seine Entscheidungsfreiheit einschnürt, wie sehr er unentwegt auf die Interessen seiner europäischen Partner achten muß, wie sehr er von versteinerten Institutionen gebremst wird?

Er versteht, daß ich meine Empörung nicht zügeln kann, wenn ich an diese oder jene Bevölkerung denke, die in einem unbeschreiblichen Sumpf gefangen ist; aber er hat den Eindruck, mein Ungestüm weise auch ihm Schuld zu, und das läßt er nicht zu. Wie soll ich den Kummer tilgen, der mich bei meinem Aufenthalt im Krankenhaus von Managua befiel? Ich habe die Angst der Eltern miterlebt, deren verhungerte und völlig ausgedorrte Säuglinge ich an mich drückte, und es gab keine Infusionsmöglichkeit – oder vielleicht mal eine für fünfzig Kinder –, und das mitten in der Toxikose-Epidemie. Ich sah wieder Pascal vor mir, mein erstes, 1945 geborenes Kind, das an dieser Krankheit starb. Dieser nicaraguanische Säugling war auch der meine, und für ihn ließ sich vielleicht noch etwas tun.

Dabei genügt schon so wenig: ein paar Serumflaschen und für die Venen der Säuglinge passende Nadeln. »France-Libertés« kümmert sich darum, darauf versteht sich die Stiftung, das liegt in ihrer Reichweite, und sie erntet Dank dafür. Aber das beseitigt nicht mein Unbehagen, schließlich bin ich Französin und weiß, daß sie von Frankreich und Europa viel mehr erwarten.

»Danielle, erklär' mir's in zwei Minuten, ich werde erwartet ...«

Der Satz läßt mich erstarren: »Ich kann nicht ..., später, wenn du Zeit hast.«

Vielleicht während eines Essens oder beim Frühstück in der Rue de Bièvre, oder in einem Augenblick der Entspannung?

Ich kann nicht warten, bis sich die Gelegenheit bietet, also schreibe ich ihm, damit ich nicht ins Stottern gerate, wenn sich die Gedanken überschlagen. Ich lasse mir Zeit und beruhige mein Inneres, indem ich meine Worte wäge.

Ich bin ihm nicht böse, ich verstehe, o ja, ich verstehe sehr gut. Die Politik als ständiger Balanceakt – er muß auf die Empfindlichkeiten und Positionen der einen und andern Rücksicht nehmen, darf sich nicht Mächte zum Feind machen, deren Interessen sich nicht immer mit denen Frankreichs decken, und er muß gleichzeitig seinem Land möglichst viel Selbständigkeit und Handlungsfreiheit bewahren; er muß die Folgen dieser oder jener offiziellen Stellungnahme ins Kalkül einbeziehen – o ja, ich weiß …

Aber die Stiftung sieht die Widersprüchlichkeiten der Macht nicht immer in diesem Licht.

»Konnten Sie mit ihm reden und alles sagen, was Sie wollten? Und wie hat er reagiert?«

»Er hatte andere Sorgen im Kopf. Aber ich habe ihm geschrieben.«

Ich spüre die Enttäuschung, aber ich gebe nicht auf.

»Komm morgen zum Frühstück vorbei, Raphaël, du erregst dich weniger als ich, kannst besser argumentieren, dir wird François zuhören.«

Wie so oft hebt Raphaël beim rituellen Frühstück von François und mir an, spricht überlegt, überzeugend. François schweigt und hört zu, das macht ihm Mut. Völlig unerwartet:

»Danielle, hast du daran gedacht, was du am Sonntag nach Latche mitnehmen mußt? Kann man jetzt schon Dahlien pflanzen?«

In meinen Augenblicken der Erregung neckt mich François liebend gerne, er weiß, daß ich dann ins Schleudern komme. Es ist auch eine freundliche Art, mich wissen zu lassen: »Ich habe alles verstanden, laß mich mal machen.«

Nach mehrfacher einschlägiger Erfahrung gehen wir ihm nicht mehr auf den Leim, sondern sind auf diese Haltung vorbereitet. Raphaël zieht dann meist eine kurze schriftliche Zusammenfassung des Anliegens aus der Tasche und übergibt sie François. Die Antwort läßt nie lange auf sich warten; sie präsentiert sich in Form von Randbemerkungen in blauer Tinte, immer in denselben Worten am Ende eines Absatzes: ja, nein, mal sehen, später ... Nach jeder Intervention handelt François und befaßt einen seiner Berater mit dem betreffenden Problem.

Manchmal gehe ich anders vor. Beim Weggehen sage ich zu ihm auf der Schwelle:
»Ich habe Leyla Zana, ihren Mann und einen Abgeordneten ihrer Partei für heute eingeladen. Wenn du einen Augenblick Zeit hast, komm doch vorbei ...«
Die Kurdenabgeordnete Leyla, die gerade in Paris die Folgen der Folterung in den türkischen Gefängnissen behandeln ließ, war damals noch nicht weltbekannt. Sie ahnte, daß sie sofort bei der Rückkehr nach Ankara erneut angeklagt, der parlamentarischen Immunität beraubt und bestimmt ins Gefängnis geworfen würde. François sagt kein Wort, entfernt sich, und gewissermaßen als Echo seiner Schritte rufe ich ihm nach:
»Sie kommt hierher, in die Rue de Bièvre, denn ich will deinen Diplomaten nicht in die Quere kommen, die sie als PKK-Terroristin ansehen. Wenn du sie siehst und hörst, wirst du merken, daß sie sich täuschen. Wenn du um die Mittagszeit nach Hause kommst, kannst du vielleicht ihre Version erfahren.«
Er kam, sah sie, hörte sie und war überzeugt. Zwei Tage später empfing er sie in seinem Arbeitszimmer im Elysée.
Eine winzige Schlacht war gewonnen. Und ich kann mich neu gestärkt wieder aufmachen zur Verteidigung der Sache der Kurden. Ich wußte, daß er mich nicht im Stich lassen würde.

Nelson Mandela

Es ist kalt in diesem Sommermonat Juni 1990, ein eisiger Sprühregen durchdringt alles. Dennoch hüpft mir das Herz, denn heute abend bin ich Gastgeberin an einem schönen Tisch, einem wunderschönen Tisch unter einer grünweißen Zeltplane auf der Dachterrasse der Stiftung am Trocadéro. Alle meine Gäste sind da, die ich als Präsidentin von »France-Libertés« zu Ehren einer Persönlichkeit geladen habe, die ich bewundere. Sie sind alle gekommen: François Mitterrand, Präsident der Republik, erweist mir die Ehre; der Schriftsteller von Martinique, Aimé Césaire, der geradewegs aus der Karibik kommt; Renaud, der Sänger mit dem großen Herzen; Grace Bumbry, die afro-amerikanische Goldstimme; Barbara, die Dichterin der Gefühle; unser südafrikanischer Schriftstellerfreund Breyten Breytenbach; der große Theaterregisseur Peter Brook; der nigerianische Literaturnobelpreisträger Wole Soyinka; der illustre Anti-Apartheid-Kämpfer Thabo MBeki; Winnie Mandela an der Seite des Mannes, der Anlaß dieses Ereignisses ist: ihr Ehemann Nelson Mandela. Er hatte mich wissen lassen, daß er seinen Parisbesuch mit einem Besuch bei der Stiftung im Kreise der Menschenrechtsverteidiger beginnen möchte.

Ein Wind kommt auf, und die Begleiter der südafrikanischen Führungsgestalt machen sich Sorgen um ihn; die siebenundzwanzig Jahre Haft sind nicht spurlos an ihm vorbeigegangen.

Ich habe ihn am Flughafen abgeholt. Zwar unterstütze ich seinen Kampf schon seit Jahren, aber wir begegnen uns hier zum ersten Mal. Erst vor einem halben Jahr ist er aus dem Gefängnis freigekommen. Als er aus dem Flugzeug stieg, konnte ich kaum meine Erregung beherrschen; ich hatte den Eindruck, einen uralten Freund willkommen zu heißen. Weit breitete er die Arme aus und drückte mich herzlich an sich. Und jetzt ist er da. Er will jeden einzelnen kennenlernen. Bei dem kleinen Umtrunk vor diesem Essen in kleinem Kreis bestand er darauf, jedem einzelnen Vertreter der anderen nichtstaatlichen Organisationen zu danken, die ich eingeladen hatte und die sich für ihn und sein Land eingesetzt haben. Er würdigte die geleistete Arbeit.

Der Mann ist ein Riese, von eindrucksvoller, ja schöner Gestalt. Sein Auftreten fasziniert. Sanft geht er über die nächtliche Terrasse und saugt mit den Augen das Panorama der Lichter und Monumente von Paris ein: den Eiffelturm, die Seine, den Invalidendom, den Wolkenkratzer von Montparnasse, das Pantheon, Notre-Dame. Er wendet sich um und bewundert Sacré-Cœur, das sich gegen den Himmel abhebt, die Défense und das endlose Häusermeer. Er kann sich nicht satt sehen, läßt nichts aus, genießt offenkundig, daß er hier ist und die Luft unserer Heimat atmen kann. Jede seiner Bewegungen zeugt von Großmut.

Bei Tisch bleibt der Bann ungebrochen; Nelson Mandela strahlt eine unglaubliche Zartheit aus, die einen umfängt, wenn er erzählt, und er lächelt sein unverrückbares Lächeln, wenn er zuhört. Er hat ein scharfes Auge, und doch ist sein Blick sanft. Ich genieße jeden dieser Augenblicke, in denen mir die Übersetzung durch die Dolmetscher Zeit zum Nachdenken schenkt. Erst hört man zu, dann antwortet man; dieser Augenblick der Überlegung verleiht dem Gespräch zusätzliche Tiefe.

306

Sein ergrautes Haar und eine kaum merkliche Müdigkeit erinnern daran, wieviel dieser Mann erduldet hat, der fast dreißig Jahre lang im Gefängnis saß, weil er für eine Idee stand: Jeder Schwarze ist einem Weißen gleichwertig. Er vermeidet jede Schilderung der Jahre im Zuchthaus, und sein Lächeln läßt manche Frage verstummen.

Seine Frau Winnie ist härter. In ihrem Engagement, ihren Worten und Grundansichten verrät sich eine ständig Aufbegehrende. Sie ist schön, und der Zorn steht ihr gut zu Gesicht. In traditioneller afrikanischer Kleidung, Turban auf dem Kopf, trägt diese »Pasionaria der Townships« – jener südafrikanischen Elendsviertel, in denen die schwarze Bevölkerung haust – die Haltung einer Königin zur Schau.

Ich bin ganz Auge und Ohr, erfahren doch lange Stunden der Ungewißheit und des Kampfes an diesem Abend ihre Weihe. Heute abend weiß jeder am Tisch, daß wir in Gegenwart eines amtierenden Präsidenten, François, und des künftigen Präsidenten von Südafrika, Nelson Mandela, speisen. Sie reden miteinander, und ich bin stolz darauf.

Etwas später kommen sich die Franzosen untereinander ins Gehege.

François hat Renaud seit dem 14. Juli 1989 nicht wiedergesehen, an dem die Staats- und Regierungschefs der Industrieländer zum Gipfel versammelt waren. Außerhalb des Gipfels hatte François einige Staatschefs aus der Dritten Welt zur Zweihundertjahrfeier unserer Revolution eingeladen. Renaud hatte diese Einladung für unzureichend befunden und den Gedanken eines Gegengipfels ins Spiel gebracht, der viel Lärm verursachte. So sind sie eben, die Troubadoure, sie verlangen immer mehr, und das ist auch gut so.

Zum großen Erstaunen meines Ehrengastes, der das nicht recht einzuordnen weiß, lebt die Kontroverse am Tisch wieder auf. Mir geht es ähnlich, und ich ärgere mich darüber ... Keine Bange, den unvergeßlichen Abend konnten sie nicht verderben.

Meine Beziehung zu Südafrika und Nelson Mandela begann mit einer Geste der Zuneigung. Der wirklichen, der Zuneigung einer Großmutter zu ihrer Enkelin.
Am 9. Juli 1987 Abreise nach Dakar. Auf meinem Kalender steht oben rechts:»›Youyou‹ nicht vergessen!« Ein grüngelber Blitz fliegt fröhlich durchs Zimmer, ein Gesichtchen schaut bittend zu mir auf: Pascale mit ihrem Wellensittich auf der Schulter.»Vergiß nicht, Lolo, du wolltest mir ein Youyou-Weibchen mitbringen, damit er nicht mehr so alleine ist.«

Viele Jahre zuvor hatte ich Breyten Breytenbach kennengelernt, der mir *sein* Südafrika nahebrachte, das Land der Intelligenz, der weiten Horizonte, der Musik und Literatur. Das Land der Zulu, der Xhosa, der Tswana und Sotho, aber auch der seit vielen Jahren im Lande beheimateten Weißen. Dieses Südafrika hat mich gefangengenommen; es war im Jahre 1984.
Sehr schnell entstand die Idee, die Führer der verschiedenen Bevölkerungsteile und gesellschaftlichen Kräfte des Landes zusammenzubringen. Breyten machte mich mit dem Schriftsteller André Brink bekannt. Nach der Premiere des auf seinem Buch»Weiße Zeit der Dürre« basierenden Films gesellten sich bei einer Galavorstellung zugunsten von »France-Libertés« weitere Schriftsteller zu uns und den anderen, höchst verschiedenartigen nichtstaatlichen Organisationen, die allesamt gegen die Apartheid mobilgemacht hatten.

Um zum Juli 1987 zurückzukehren: Ich konnte in Senegal nicht nur Pascales Wunsch erfüllen, sondern auch alle dyna-

308

mischen Kräfte Südafrikas versammeln – die fortschrittlichen Universitätsprofessoren, Maler, Industriellen, die gegen das Regime der Unterdrückung der schwarzen Bevölkerung kämpfenden weißen und schwarzen Intellektuellen; zum erstenmal hatten sie Gelegenheit, mit den Mitgliedern des ANC zu sprechen, die der südafrikanische Gewalt- und Willkürstaat als Terroristen behandelte.

Beim Durchblättern meiner Kalenderbüchlein der Jahre verweisen mich alle meine Begegnungen auf die geradezu leitmotivisch wiederkehrende Lieblingsfrage der Journalisten: »Wie haben Sie es fertiggebracht, Ihr Dasein als First Lady Frankreichs, Präsidentin von ›France-Libertés‹, Frau, Mutter, Großmutter, Schwester und Freundin auf einen Nenner zu bringen?« Die Dakarreise ist ein Beispiel dafür; die historische Anti-Apartheid-Tagung ist notwendig, ich erlebe sie intensiv, rede selbstverständlich mit François darüber, der die Probleme aufmerksam verfolgt, mit meiner Schwester, meinen Freunden ... Vielleicht habe ich sie mit meinem ungebärdigen Militantismus auch strapaziert ... Und das Vergnügen beim Gang über einen Markt, um den Vogelhändler und das Geschenk für meine geliebte Enkelin zu finden, werde ich nie vergessen.

Unsere Beteiligung am Kampf gegen die Apartheid war ein langes und sehr bewegtes Kapitel. Auf den Festspielen von Angoulême machte ich die Bekanntschaft der imposanten schwarzen Sängerin Myriam Makeba, deren herrliche Stimme ich dort entdeckte. In jenem Konzert trug sie majestätisch ein breites Perlencollier in den Farben des ANC; sie war großartig. Als ich sie nach der Vorstellung beglückwünschte, schenkte sie mir den Schmuck als Erinnerung an unseren gemeinsamen Kampf. Im Augenblick behalte ich ihn noch, aber eines Tages wird ihn die Stiftung erben.

Doch als mir Breyten Breytenbach die für den Kampf gegen das Rassentrennungsregime unverzichtbaren Persönlichkeiten – darunter Alex Boraine, den früheren Abgeordneten Van Zyl Slabbert, Thabo MBeki und Barbara Masekela, heute Botschafterin Südafrikas in Frankreich – vorstellte, gab es »France-Libertés« noch nicht.

Wieder einmal zogen mich jene magnetisch an, mit denen man nach Meinung der Konformisten keinen Umgang pflegte. Und warum nicht? Ganz einfach, weil sie von den zwischenmenschlichen Beziehungen eine andere Vorstellung hegen; aber ich möchte nun mal gerade diese Leute kennenlernen, weil das herrschende System sie ausgrenzt. Man erinnere sich an all die Leute, die es dabei bewenden lassen, das Unerträglichste, nämlich den abartigsten Rassismus als Gesellschaftssystem, mit vollmundigen Worten zu verurteilen; man denke an die vielen anderen, die bei der Rückkehr aus diesem schönen und sauberen Land die »Townships« und das von einer autoritären Regierung erzwungene Rassenelend aus ihrem Gedächtnis streichen ...

Angestrengt bemühte ich mich, all die Tatsachen, von denen unsere Organisation Zeugnis ablegte, auch zu begreifen, und dabei erstellte ich – für diese Sache wie für viele andere – nach und nach eine Argumentenliste, die um so hieb- und stichfester ist, als ich in keiner Weise Partei bin. Nie habe ich mich bei meinem Engagement durch irgendein wirtschaftliches oder finanzielles Interesse leiten lassen, stets ging es mir nur um den Menschen.

So muß François mich ertragen. Mein ständiges »Das könnt ihr nicht machen«, »Es ist doch nicht möglich, daß ...«, »Es ist zum Verzweifeln, wenn ...« geht meinen Gesprächspartnern schon auf die Nerven; manche Regierungsvertreter überrascht meine Vehemenz – wenn sie mir überhaupt zuhören.

Nun denn, ich bekenne, daß ich, obwohl First Lady, Mitgliedern des ANC zur Zeit der Apartheid und des bewaffneten Kampfes gegen die Regierung begegnet bin, mich mit der mutigen Rigoberta Menchu traf, die den guatemaltekischen Machthabern verhaßt war wie sonst niemand, oder den Dalai-Lama empfing, den die chinesische Regierung als Terroristen bezeichnete.

Ja, ich räume es ein, ich habe viele Freunde unter den Kurden, sei es in der Türkei, im Iran oder Irak. Ich gebe gerne zu, daß ich die Reden des Zapatisten Marcos gerne höre und auch davon träume, zu ihm in die freie Zone zu reisen, von der aus er den Machthabern trotzt. Zu anderer Zeit habe ich auf die Appelle der Tupamaros reagiert oder auch, weil mir Militärjuntas von Herzen zuwider sind, die Guerillas von Salvador unterstützt.

Heute sind alle diese gefährlichen Individuen, mit denen man gestern keinen Umgang pflegen durfte, geachtete Helden. *Meine* gestern noch vogelfreien »Terroristen«, die ich unter der Begleitmusik von empörten Sprüchen, Kritik und Verzweiflungsseufzern traf, werden heute mit allen ihnen gebührenden Ehren aufgenommen: der Argentinier Perez Esquivel, der Tibeter Dalai-Lama, die guatemaltekische Indio Rigoberta Menchu, der Haitianer Aristide, der mittlerweile Präsident ist. Überall in der Welt gedenkt man ihrer Widerstandstaten in feierlichen Zeremonien.

Vor »France-Libertés« unterstützte die »Vereinigung 21. Juni« die Kinder der »Townships«. Wieder engagierten sich am meisten die Literaten- und Künstlerkreise, und durch sie entdeckte ich die südafrikanische Wirklichkeit. Darum hatte ich den Eindruck, als kennte ich Nelson Mandela seit eh und je, und empfand es als Ehre, als mich seine Frau Winnie um ein Vorwort zur französischen Ausgabe ihres Buches »Ein Stück meiner Seele ging mit ihm« bat.

Und dies erwarte ich heute von »France-Libertés«: Die Stiftung soll zugleich Forum und Plattform sein, wo alle Menschen ungehindert Zeugnis ablegen können, in welchen Formen sie sich auch äußern mögen – außer in der der Gewalt.

Raphaël Doueb, damals noch Generalsekretär der Stiftung, erhielt 1987 ein Einreisevisum nach Pretoria und sollte sich mit den nichtstaatlichen Organisationen vor Ort treffen und eventuell gemeinsam durchzuführende Projekte vereinbaren.

Als er wiederkommt, hat er ein ganzes Bündel beisammen. Die Initiativen für die Kinder der »Townships« nimmt Madame Boyer, die Frau des französischen Botschafters, gemeinsam mit anderen Botschaftersgattinnen in die Hand. Aber es gibt auch die Maßnahmen zugunsten der Kleinkinder im Gefängnis, die Audrey Colleman koordiniert. Damals schmachteten in den südafrikanischen Gefängnissen noch dreijährige Kinder; sie wurden oft bei Razzien anläßlich von Demonstrationen verhaftet, von Mutter oder Geschwistern getrennt und erlitten schändliche Einkerkerung.

Er hat sich mit Pater Laffond von den französischen Weißen Vätern getroffen, den ich selbst 1994 kennenlernte und der seit Jahren mitten im größten Elendsviertel Soweto lebt.

Auf Breytens Empfehlung wurde Raphaël von zahlreichen Künstlern, Musikern und Theaterleuten empfangen und beauftragt, sie, wenn sie ein Ausreisevisum bekamen, in Europa und Amerika der breiten Öffentlichkeit bekanntzumachen.

Dank diesem kulturellen Ansatz hatten wir beim Herbstfestival 1989 gemeinsam mit Peter Brook die Aufgabe, die Theater- und Musikaufführungen aus der nichtoffiziellen südafrikanischen Kulturszene zu organisieren. Ich denke an die Vorstellungen von Sarafina, einer Truppe junger schwarzer Schüler, die nach Art eines Musicals den tragischen Alltag unter der Apartheid mit durchschlagender Begeisterung und hinrei-

312

ßendem Humor darstellten mit der ganzen, unvergleichlichen Lebenskraft, die für die Volksviertel der südafrikanischen Großstädte typisch ist. Sie wurden zum Welterfolg und Thema eines langen Dokumentarstreifens, und ich bin überzeugt, daß dieses Schauspiel für die Verbreitung der Kenntnis der Probleme Südafrikas und seiner Wirklichkeit mehr getan hat als die beste politische Rede.

Von seiner Reise brachte Raphaël auch die »Legende« von Johnny Clegg mit. In seiner bilderreichen Sprache und mit seiner ganzen Verve erzählte er den Lebensweg dieses jungen Weißen, der Sinnbild ist für das Zusammengehen von Schwarzen und Weißen. Diese Geschichte ist so romantisch, daß ich sie Ihnen hier weitergebe, auch wenn sie etwas geschönt sein mag.

Johnny Clegg ist ein Junge, dessen Vater, ein hoher Beamter und weißer Notabler in Südafrika, ein schwarzes Dienerpaar beschäftigt. Dessen Sohn und der gleichaltrige Johnny wachsen gemeinsam auf und werden unzertrennliche Freunde. Am ersten Schultag geht Johnny, der kleine Weiße, allein zur Schule. Sein Freund muß zu Hause bleiben, weil es die Apartheid so will. Johnny empfindet das als schwere Ungerechtigkeit, und jeden Abend bringt er seinem Freund alles bei, was er tagsüber in der Schule gelernt hat. So vergehen die Jahre.

Die Kinder kommen ins Heranwachsendenalter; Johnnys aufgeschlossene Eltern sind überhaupt nicht erstaunt, als ihr Sohn ihnen erklärt: »Ich habe ihm alles beigebracht, was ich weiß, aber auch er hat mir vieles beizubringen. Ich möchte in seinem Dorf bei seiner Zulu-Familie wohnen.« Der Notablensohn geht hin, hört und erlernt die Zulu-Musik und läßt sich von dieser Kultur prägen. Das Experiment der Vermengung gelingt hervorragend, denn Clegg ist heute weltweit für seine

Musik und Tänze unter dem sinnträchtigen Namen »Der weiße Zulu« bekannt.

Sodann gründete er mit seinem Freund Sawuka eine Musikergruppe, deren großen Erfolg Sie kennen. Jahrelang konnten sie nur in den »Townships« auftreten.

Als ich ihn in Frankreich kennlernte, überraschte er mich: »Madame Mitterrand, erlauben Sie, daß ich mich mit Ihnen fotografieren lasse. Ich werde das Foto in Südafrika bei mir tragen, als meinen Sicherheitspaß.«

Natürlich machten wir das Foto; ich war glücklich, daß ein bloßes Bild einen Musiker schützen konnte, der manchmal wegen seines Anti-Apartheid-Engagements im eigenen Lande in Gefahr war. War ich auch meiner Bannkraft gegen die Repression nicht sicher, so schien doch wenigstens er überzeugt, daß ich ihn schützen werde – mit einem einfachen Lächeln.

Die Zusammenarbeit mit den Künstlern ist ein wesentlicher Grundzug der Stiftung. Schon vor Jahren organisierten wir die multikulturelle Großveranstaltung Ethnicolor, auf der die Teilnehmer aus der ganzen Welt den Franzosen so manche Botschaft zu übermitteln hatten.

Über allen diesen Kulturveranstaltungen verloren wir nie den Wunsch aus den Augen, an der Seite der reformwilligen Weißen gemeinsam mit den Schwarzen am Kampf gegen die Apartheid und für eine wahre Demokratie teilzunehmen.

Schon im Mai 1983 lernte ich Dulcie September kennen. Sie erzählte mir vom ANC und dessen verschiedenen Vorhaben. Als sie drei Jahre später in Paris – vom südafrikanischen Geheimdienst, wie es hieß – ermordet wurde, vergoß ich bittere Tränen. Noch heute weilt sie bei uns in der Stiftung: Von einem Plakat an einer Wand schenkt sie uns ihren aufmunternden Blick.

Während die ersten Zusammenkünfte in Dakar unter der wohlwollenden Schirmherrschaft des senegalesischen Präsidenten Abdou Diouf auf der symbolträchtigen Insel Gorée stattfanden, erklärte eine französische Parlamentarierdelegation der rechten Mehrheit (Regierungschef war damals Chirac) bei der Rückkehr:
»Wir haben in Südafrika keine Anzeichen von Apartheid gesehen.«
Waren Sie blind oder was? Doch was soll's, die Geschichte läßt sich nicht aufhalten.
Zwei Jahre später fand eine zweite Begegnung fortschrittlicher Weißer mit ANC-Mitgliedern in Marly-le-Roi statt. Im Herbst 1989 folgte ihr die Freilassung von Nelson Mandela.
Noch ist ein weiter Weg zurückzulegen, aber endlich besteht wieder Hoffnung für die Geschichte Südafrikas.

Nelson Mandela hat die Rolle von »France-Libertés« im Kampf gegen die Apartheid nie vergessen. Sein Besuch im Juni 1990 bezeugte es. Als er mich vier Jahre später zu seiner Amtseinführung als Präsident einlud, sagte ich zu. »Ich lade Danielle Mitterrand ein.« Vor Erregung und Freude schlug mein krankes Herz wie wild. Die Feiern waren volkstümlich und herzlich. Dieses südafrikanische Volk, aber auch seine Würdenträger – ich denke an Desmond Tutu –, läßt keine Gelegenheit verstreichen, seinen Gefühlen in Gesang und Tanz Luft zu machen. Während der Zeremonie traf ich Freunde wieder, die aus aller Welt herbeigeeilt waren. Die Siegesfeier atmete Gelassenheit, kannte weder Auswüchse noch Rachegefühle.
Ich suche nach Nelson Mandelas Frau: »Ich sehe Winnie gar nicht. Wo ist sie?«
»Aber ja doch, sie sitzt dort in der ersten Reihe, mit dem großen Hut.«

»Das ist Winnie unter dem Riesengebilde aus Straußenfe-
dern?«

»Ja.«

Ich bin ein wenig ungehalten, sehe sie wieder als afrikanische
Schönheit mit ihrem Turban vor mir und kann sie mir nicht
recht als federngeschmückte amerikanische Diva vorstellen…
Nun ja, ich lasse mir den schönen Tag durch keine Mißlaune
verderben. Ich ermesse befriedigt den zurückgelegten Weg:
Nelson ist da, natürlich auf der Tribüne, und das ANC-Lied
erklingt wie eine Nationalhymne. Endlich haben Vernunft
und Menschlichkeit triumphiert. Schwer wird die Aufgabe
sein für diesen schon bejahrten Mann, der so viel erleiden
mußte, aber ich schaue ihn an und glaube an ihn.

Um Frankreich und die Arbeit gewisser Leute zu ehren, wird
Staatspräsident François Mitterrand als erster offiziell nach
Pretoria eingeladen. Ich selbst konnte diese offizielle Reise
nur aus der Ferne verfolgen, denn ich lag im Krankenhaus.
Mein schwer strapaziertes Herz war mit seinen ganzen,
schwachen Kräften bei ihnen dort unten … Dennoch, ganz
abwesend war ich nicht; in seiner Begrüßungsrede dankte der
neue Präsident der Stiftung »France-Libertés« und namentlich »Danielle Mitterrand, ihrer Präsidentin.« Lieber Nelson
Mandela … Für die Südafrikaner beginnt ein neues Kapitel
ihrer Geschichte …

Letzter Teil
1994 – 1995

Ein Herz bedarf der Reparatur

Morgen verlasse ich das Krankenhaus Val-de-Grâce und begebe mich in die Klinik Broussais, wo Professor Carpentier mit seiner Mannschaft das Weitere übernimmt. Die Entscheidung ist endlich gefallen, ich werde in zwei Tagen operiert. Ich weiß, was auf dem Spiel steht; das Risiko ist groß, die Chancen sind klein, aber es muß einfach gemacht werden, und zwar jetzt. Andernfalls würde ich den Sommer nicht überleben.

Heute ist der 12. Juli 1994, ich liege allein in meinem Zimmer, der Abend sinkt herein, die Lichter des Krankenhauses gehen an; ich stelle mir vor, was alles ohne mich laufen muß, wenn ...

Die Kinder, François und alle meine Lieben sind heute abend in mir gegenwärtig.

Bei klarem Kopf steigt die Erinnerung in mir hoch, mit welcher Bestürzung ich sekundenlang und noch einmal ein paar Sekunden darauf wartete, daß bei Mama die Atmung wieder einsetze. Ich hatte ihr mein Schlafzimmer gegeben, sie lag in meinem Bett; ich saß neben ihr, wandte kein Auge von ihr – Mama, Mama ... Es war ihr letzter Hauch, und ich konnte nichts mehr für sie tun. Ich saß wie versteinert. Sie war gegangen.

Die Jahre vergingen, sie war nicht mehr da, der Alltag forderte längst wieder seine Rechte; das Herz war schwer, aber der

Lauf der Dinge verlangte, daß man sich anzieht, ißt, weint und lacht, arbeitet. Ich vergaß sie nie, noch fünfundzwanzig Jahre später denke ich an sie und rede mit ihr.

So werden, wenn ich dahingehe, auch meine Lieben weiterleben, werden zwar traurig sein, aber jeder wird zurückkehren in seine Lebensschneise und nach seinem Rhythmus, auf die ihm eigene Weise seine Daseinsspur auf dieser Erde hinterlassen.

Andere Sorgen gehen mir durch den Kopf. Die Stiftung, die noch zu sehr auf mich angewiesen ist, muß ohne mich auskommen und ihren Weg fortsetzen.

Ich lasse ihren Vizepräsidenten, Raphaël, an mein Bett rufen und nehme, was ich ihm sage, auf eine ihm zugedachte Kassette auf, damit kein Wort verlorengehe.

Ein Testament? Nein, lediglich Ratschläge und Empfehlungen; nicht mein letzter Wille, sondern mein Wollen:

Wie es weitergehen, wie der Verwaltungsrat zusammengesetzt und wer Präsident werden soll. Um die Zukunft besorgt, übergebe ich ihm zwei Blankoschecks, damit er mein persönliches Konto zugunsten der Stiftung leeren kann, falls ... Ich sage ihm, in welchem Tresor mein Schmuck und die Wertgegenstände liegen, die ich der Stiftung vermachen will – und viele andere Details.

Ich bin so müde, daß ich einnicke, bevor ich ihm die Geheimnummer sagen konnte. Ganz sanft entschlummere ich, den Kopf noch voll der laufenden Vorhaben und der Ziele, die ich seit so vielen Jahren verfolge und die jetzt vielleicht binnen Tagen oder wenigstens Monaten erreicht werden können.

Gibt man mir auch nur geringe Chancen, so habe ich doch Vertrauen; ein Herz kann man reparieren, es ist vor allem eine

Maschine, die den Takt zu den Empfindungen schlägt, die sie beherbergt.

Ich will leben, ich brauche noch ein wenig Zeit. Trotzdem fände ich mich damit ab, daß andere das begonnene Werk fortsetzen – ist das nicht der Grund, warum ich eine Stiftung gegründet habe?

Mir ist heiß, gleich entlädt sich ein Gewitter, und ich habe Angst vor Gewittern.

Ich möchte schlafen und wach sein zugleich.

Man muß jeden Augenblick nutzen, wenn das Ende zu nahen scheint.

Ich höre mein Herz schlagen, ein quälendes und zugleich faszinierendes Erlebnis; ich strecke die Beine, recke die Arme, richte mich auf, setze mich, spreche mit lauter Stimme, höre mich reden, und wenn ich will, kann ich singen oder lachen oder weinen. Ich kann essen – alles funktioniert.

Warum also sollte diese wundervolle Mechanik stehenbleiben?

Ich habe Lust, ein Kleid überzustreifen, wegzugehen, durch die Straßen zu wandern, den Menschen zuzulächeln, die mir begegnen. Vielleicht träfe ich die junge Frau wieder, die ich vor langer Zeit einmal sah und der ich auf dem Boulevard Saint-Germain zulächelte; sie hatte sich umgedreht und der Unbekannten gedankt, deren Blick den ihren gekreuzt hatte. Die Sonne lachte, sie war schön, und es war Frühling.

Werde ich den nächsten Frühling erleben? Wenn die Primeln in den Gärten erwachen und die Veilchen am Rain zu knospen beginnen, danke ich Jahr für Jahr dem Leben, der Welt und den Bäumen, daß sie mich ein weiteres Mal mit dem Schauspiel des Wiedererwachens beschenken. Wie schön ist das!

Dieses Frühjahr erlebte ich es an der Kurve hinter der Brücke über die Barthe, wenn man von der Straße nach Souston in Richtung Azur abbiegt. Wir kamen inmitten lichtstrahlender

Ginstersträucher und blühender Weißdornbüsche in Latche an. Ach ja, es ist schön, einfach schön und reich, überwältigend.

Und Latche? Wer wird im Oktober die Rosen schneiden? Im März erst habe ich sie gepflanzt.

Bei einem Streifzug durchs Gers hatte ich bei einem bekannten Rosenzüchter haltgemacht. Mit einer Freundin hatte ich den ganzen Nachmittag lang seinen Erzählungen von seinen Rosen gelauscht, die er mir allesamt vorstellte, eine schöner als die andere. In jedem Namen kam eine ureigene Geschichte und Empfindung zum Klingen.

Cluny, eine Rose namens *Cluny*! Ich brauche seine Beschreibung gar nicht zu hören, ich verliebe mich sofort in sie. Und die andere da, die malvenfarbene? *De Gaulle*. Die nehme ich, ich werde sie zähmen.

Und diese hier? *Tino Rossi*. Und die noch?

So kam eine zur andern, und ich kehrte mit zwanzig unterschiedlichen Rosenstöckchen heim, dazu etwas Zitronenkraut und Basilikum.

Ich hatte mir zeigen lassen, wie man sie im Oktober schneidet.

Und jetzt ist der 12. Juli; Professor Carpentier hat mich heute nachmittag im Val-de-Grâce aufgesucht und läßt für morgen mein Zimmer in der Klinik Broussais herrichten.

Die Operation soll am Tag nach dem 14. Juli stattfinden.

Ich will nicht daran denken.

In zwei Tagen kann ich noch viel tun und die Zukunft vorbereiten – eine Zukunft mit mir oder ohne mich.

14. Juli in der Klinik

Feuerwerkskörper sprühen zischend und krachend gen Himmel, die Nacht hat sich gesenkt.
François, Gilbert und Christophe sitzen bei mir am Bett. Die Hitze ist schwül und drückend, das Fenster steht offen, und von unten dringen die Geräusche einer feiernden Menge herauf. Ja doch, sie feiern den 14. Juli.

Heute früh saß ich nicht auf der rotüberdachten Tribüne links am Place de la Concorde. Madame Balladur konnte sich nicht wie im vergangenen Jahr bei mir nach der Bequemlichkeit der Privatgemächer im Elysée erkundigen, in die sie demnächst einzuziehen gedachte – woran damals kaum jemand zweifelte. Die Parade sehe ich im Fernsehen an; François hält sich kerzengerade bei unserer vierzehnten und letzten Parade – und ich kann nicht da sein. Dabei hatte ich noch wenige Tage zuvor bei Thierry Mugler ein rotes Kostüm als Festgarderobe bestellt. Ich hatte gehofft, man könne mir für ein paar Stunden die Infusionsschläuche abnehmen, damit ich wie seit 1981 jedes Jahr meine Pflicht erfüllen kann.
Die Garden-Party versprach besonders lebhaft zu werden. In diesem letzten Jahr der zweiten siebenjährigen Amtszeit waren die Bitten um Einladung noch zahlreicher als bisher gewesen: Freunde, Partner, Mitarbeiter, Unbekannte, die besonders bewegende Briefe schrieben – sie alle wollten die

Erinnerung an eine letzte Begegnung im Elysée bewahren können. Schon wollte ich zahlreiche Einladungskarten unterschreiben, aber Professor Carpentier entschied anders: »Es ist dringend, der Eingriff erfolgt am 15. Juli – ich muß Sie darauf vorbereiten.«

Auf dem Fernsehschirm versuche ich bekannte Gesichter auszumachen, von denen ich nicht weiß, ob ich sie wiedersehen werde – ein Stich fährt mir durchs Herz, die Kehle ist wie zugeschnürt, und schwarze Schwingen schlagen über mir zusammen.

Ein paar Sekunden lang sind meine Pupillen verschleiert.

Bernadette, die Krankenschwester, kommt mit munterem Schritt herein, bringt mich zum Reden, und gemeinsam sehen und hören wir François im Interview mit Christine Ockrent und Alain Duhamel (glaube ich). Bernadette bringt mich zum Lachen, ich erzähle ihr Anekdoten von früheren Feiern, berichte von unwiderstehlichen Lachanfällen bei Anlässen, die doch so feierlich sein sollten.

Meine Schwester sitzt bei mir im Zimmer, ich weiche ihrem Blick aus, damit sie meine Verstörtheit nicht bemerkt. Sie muß mir versprechen, nicht herzukommen, solange ich auf der Intensivstation behandelt werde. Ist es Koketterie, Scham oder eine andere Empfindung, die ich mir nicht einzugestehen wage? In diesem Augenblick konnte ich mir allerdings noch nicht vorstellen, welcher Kampf für das Leben und gegen meinen Tod, gegen mich selbst, auf mich wartete, den ich nur *allein*, ohne Zeugen, bestehen konnte.

Es ist spät geworden, die Beruhigungsspritzen beginnen zu wirken, das Feuerwerk ist erloschen, meine Lieben werden gleich weggehen.

Gilbert wendet sich zur Tür. Wie gewohnt sagt er:

»Auf Wiedersehen, Lolo …«

»Auf Wiedersehen, mein Liebster«, meine Stimme ist tränenerstickt.

Ich sinke in einen tiefen Schlaf, der mich an den Eingang zum Tunnel führt. Unbewußt tauche ich mit Leib und Seele hinein. Der von allem entblößte Geist verläßt den zerrissenen Körper, der wie ein Kleid ist, das geflickt, wieder instand gesetzt werden muß. Wird er zurückkehren? Oder wird er diese zerfetzte Hülle endgültig verlassen?

Ein Schlag gegen die Wange, deutlich erreicht eine Stimme mein Ohr, und ich höre sie sagen: »Aufwachen, wachen Sie auf, wir haben den 18. Juli.« Ich schrecke auf: 18. Juli? Ich bin doch in der Nacht des 14. Juli eingeschlafen; was habe ich die vier Tage lang gemacht?

Es ist nur ein kurzer Bewußtseinsblitz, dann schlafe ich wieder ein. Aber von dem Augenblick an weiß ich, daß mein Körper leidet, weiß, daß er atmet, daß er einschläft und aufwacht, weiß, daß der Schmerz unerträglich ist, weiß, daß er weint und um Gnade winselt …, ich weiß …: Der Geist ist da und schaut zu. Soll ich zurückkommen, kannst du mich noch aushalten? Oder möchtest du aufhören? Es scheint so leicht.

Jedesmal, wenn die Idee des Aufhörens aufscheint, schrillt eine Glocke. Schwestern und Ärzte stürzen herbei. Etwas Sauerstoff, ein wenig von dem, von jenem, und die Maschine springt wieder an. Niemand wagt mir zu sagen, es gehe alles gut, ich würde ihm nicht glauben.

Ein ausgebessertes Herz, eine mechanische Klappe, zwei Anschlüsse – und erstaunt erwache ich zum Schlag eines Schrittmachers. Sie wissen, daß der Kampf noch längst nicht entschieden ist und weiterhin Gefahr lauert. Ich muß meinerseits mitkämpfen, denn wenn ich aufgebe, können auch sie nicht helfen.

Also, Geist, was tun? Den geschundenen Leib liegen lassen oder ihn wieder überstreifen mit allem, was das bedeutet, aller Angst, allem Unwohlsein, allem Kummer und Schmerz, aller Hoffnung und Verzweiflung?

Doch da ist das Leben und läßt mir keine Wahl. Zehn Tage lang existiere ich, radikal in mich selbst zurückgezogen, allein. Auf mein Verlangen darf niemand aus meiner Umgebung mein Zimmer betreten.

Nichts darf mich von meinem Bemühen ablenken, den Schmerz zu besiegen.

Am Ende des Tunnels

Und eines schönen Morgens rufe ich Jean-Jacques, einen meiner Sicherheitsleute, der sich immer in Hörweite aufhält, und wünsche ihm guten Morgen. Da ich absolut allein bleiben wollte, hatten er und seine Kollegen Jean-Michel, Pierre, Marc, Frédéric und Didier treu auf dem Posten ausgeharrt und auf meinen geringsten Seufzer gelauscht. Ich bitte ihn um zwei Kassetten zur Aufnahme zweier Mitteilungen, die ich meiner Schwester und Raphaël zukommen lassen will. Und so begann der Leidensweg ...

Lange war er, lange; sechs Monate, sagt man mir. Ein halbes Jahr?

Ein halbes Jahr meines Lebens im Zeitlupentempo – das ist unvorstellbar, der Ausdruck außerdem beschönigend: sechs Monate der totalen Hilflosigkeit.

Alles mußte ich neu erlernen, das Atmen, das Gehen, das Schreiben, das Denken eines Gedankens, der sich nicht sofort wieder verflüchtigt.

Erinnerungen ... Die ersten, zögernden Schritte, festgeklammert am Arm von Pierre-Louis Tarot, dem diensttuenden Arzt im Elysée, dessen Höflichkeit und Geduld und Aufmerksamkeit keine Sekunde nachlassen – er läßt mich praktisch nicht aus den Augen. Ich habe den Eindruck, daß mir kein Leid geschehen kann, wenn er da ist.

Schritt um Schritt nähere ich mich dem Tag, an dem ich in die Stiftung zurückkehren kann. Es muß im Oktober gewesen sein. Alle sind versammelt, hier im Sitzungssaal, ihr herzlicher Empfang bewegt mich zutiefst. Sie selbst meinen, anders als bisher mit mir umgehen zu sollen, spüren, wie schwach ich bin, und möchten mich beschützen.

Wir streifen die Themen nur leicht, als fürchteten sie, ich könnte mich zu sehr erregen. Ich gehe in mein Büro, betrachte jeden einzelnen Gegenstand, rufe mir ins Gedächtnis zurück, wofür er steht und womit er mich verbindet: einem Projekt, einem Freund, einem Volk.

Dennoch ziehen alle diese Erinnerungen an mir wie ein Film vorbei, der mich nicht zu fesseln vermag. Ich blättere in einem Dossier, und es sagt mir nichts. Ich bin müde, werde morgen wiederkommen.

Wie lange wird es dauern, bis das Schreiben eines Briefes kein unüberwindliches Problem mehr ist, Dossiers entschlossen und nicht mehr mit bedrückender Teilnahmslosigkeit angegangen werden? Ich bleibe hartnäckig, komme Tag für Tag her – und tue nichts. Fast möchte ich verzweifeln, und die Wochen gehen ins Land. Bis ich eines Abends bei der Rückkehr nach Hause spüre, daß nichts mehr geht.

Ich vermag meine Bestürzung nicht zu bezwingen. Puls 140, der Kopf schwirrt und zuckt unter tausend Nadelstichen.

Der Kardiologe Jean-Pierre Martino, der mich seit der Operation beobachtet, hat mir sagen lassen, er komme nach der Visite vorbei. Ich fiebere ihm entgegen, inzwischen kommt Panik auf. Ich telefoniere wie wild; François ist in Bonn, und die Krankenschwester ist mitgereist. Ich weiß, daß er nicht in guter Verfassung ist. Ich rufe ihn an, sage ihm aber nichts, was ihn beunruhigen könnte.

Der Arzt kommt, ich höre ihn auf der Treppe …

»Ach wie gut, daß Sie da sind; ich fühle mich ganz und gar nicht wohl.«

Mir ist, als entzöge sich mir alles, als spiele die Mechanik meines Körpers verrückt.

Ich vertraue ihm, er wird den Grund für diesen Wirrzustand finden und wissen, was dagegen zu tun ist.

Ich lege mich hin, schlucke ein paar Pillen. Er bleibt noch einen Augenblick bei mir.

»Wollen Sie, daß ich dableibe ...«

»Nein, danke, ich fühle mich schon etwas besser.«

Ich nicke ein.

Welcher Alptraum! Welch gräßliche Nacht! Um aus dem Fenster zu springen. Ich kämpfe gegen den Schlaf, denn jedesmal, wenn ich die Augen schließe, stellen sich sofort die bösen Bilder wieder ein, und ich versinke im Unerträglichen. Ich schalte den Fernseher ein. Ich lege Platten auf. Die Minuten schleichen immer langsamer. Der Tag läßt endlos lange auf sich warten.

So kündigte sich die Depression an, die mich auf Monate hinaus niederwirft.

Ich pflege mich. Ich muß heraus aus diesem schwarzen Loch; wieder verlasse ich mich auf die Medizin und tue alles, was ich tun muß. Daß Arlette, die Besorgerin aus der Rue de Bièvre, da ist, beruhigt mich; Nacht für Nacht schaut sie mehrmals zu mir herein, prüft, ob ich ruhig schlafe und regelmäßig atme. Ich weiß, daß sie jederzeit jeden herbeirufen wird, der seine Bereitschaft für den Notfall versichert hat.

Ganz langsam nehme ich meine Tätigkeit wieder auf. Dennoch muß ich, es bedrückt mich tief, auf einige Veranstaltungen verzichten, für die ich zugesagt hatte, und Reisen verschieben, die ich antreten wollte.

Auch diese Schlacht muß noch gewonnen werden.

In wenigen Tagen, am 6. Dezember, soll ich den Prix de la Mémoire dem Berber-Sänger Matoub Lounes überreichen, der alles daransetzt, die Kultur zu bewahren, in der er aufgewachsen ist und die ihm seine Ahnen vermacht haben. Werde ich das schaffen? Meine Umgebung bezweifelt es; ich auch. Ich bewege mich wie eine Puppe mit Uhrwerk, nach drei Sätzen verläßt mich die Stimme, alles tut mir weh.

Nun denn! Ich bin trotzdem hingegangen. Berühmt war es freilich nicht.

Armes kleines Ding! Und doch war ich zufrieden. Meine Freunde waren da.

Unsere letzten Schritte

Die Blätter meines Terminkalenders bleiben leer. Nur noch mit Ärzten habe ich Verabredungen.
Aber die nachmittägliche Weihnachtsfeier im Elysée am 21. Dezember darf ich nicht versäumen. Während der Vorstellung, deren Gestaltung ich nur von ferne verfolgte und die ich ganz ihrer Schöpferin Béatrice Soulé und meinem Sekretariat überließ, lache und applaudiere ich inmitten der Kinder. François beglückwünscht uns zu dem gelungenen Programm. Es macht mich glücklich. Diese letzte Vorstellung im Elysée unter meiner Verantwortung ist fast wie ein Märchen. Der kleine Schmaus und die Verteilung der sorgsam nach Alter der Kinder ausgesuchten Spielsachen bleiben eine bezaubernde Erinnerung. Die Überraschung der Kinder erfüllt mich mit Freude, und so nehme ich den noch dünnen Faden meiner Tätigkeit wieder auf.

Doch die folgenden Tage sind wieder leer im Kalender.
Die lügnerischen Angriffe auf François, die Verbissenheit, mit der man ihm seine Ehre zu nehmen und den ihm Nahestehenden weh zu tun sucht, die Enthüllungen, die keine sind. All das trifft mich während meiner Rekonvaleszenz, und die Depression, gegen die ich ankämpfte, nistet sich wieder ein.
Das Jahr 1995 beginnt. Müde und niedergeschlagen, unternehme ich nichts. Meine kurzen Aufenthalte in der Stiftung

sind reine Routine; ich sitze an meinem Schreibtisch, der Kopf ist leer, die Gedanken wandern ziellos. »Die Mädchen« machen sich Sorgen, so kennen sie mich gar nicht.

Bis zum Montag, dem 16. Januar; an diesem Morgen ist François gut bei Stimme, ich erhebe mich gestärkt. Auferstehungstag!
Während der Mitarbeiterversammlung, in der wir mehrfach pro Jahr Bilanz ziehen in der Stiftung, höre ich zu, mache mir Notizen, stelle etwas zur Entscheidung, mache Vorschläge – es geht wieder! Der Geist erwacht, die Maschine kommt in Gang. Die Verabredungen häufen, die Reisepläne konkretisieren sich, man kann mit mir rechnen – der Terminkalender bezeugt es.
Die Karibikreise im März 1995 wird die Probe aufs Exempel sein: Haiti, Santo Domingo, Kuba. Wenn ich die Anstrengungen dieser Reise meistere, dann weiß ich, daß ich wieder gesund bin.
Nach der Rückkehr läßt das Tempo nicht nach. Ich bin durch!

François kämpft seinerseits gegen eine sehr viel heimtückischere Krankheit. Ihr Fortschreiten erkenne ich am Tempo seiner Schritte bei den Spaziergängen im Wald, an seinem Willen und seiner Lust zum Schreiben. Ich brauche keine Untersuchungsbefunde, um zu wissen, ob ich fürchten muß oder hoffen darf.
Zusammen wandern wir über den »Chemin du Regard«, so genannt in Erinnerung an einen beliebten Spazierweg in der Umgebung von Cluny. Wie die Tage vergehen, ziehen wir nur noch »die kleine Schleife«, sie ist nicht so lang.
Die Polemiken und Attacken, der ganze Unsinn, der gegen Ende der Amtszeit über François ausgeschüttet wird, offen-

baren die Ungeduld einiger Leute, die die Macht übernehmen wollen, ohne den Termin abzuwarten. Doch was! François Mitterrand bereitet die drei besten Reden vor, die er jemals gehalten hat, für den fünfzigsten Jahrestag des Waffenstillstands. London, Berlin, Moskau – alles in drei Tagen. Aus diesem höllischen Programm ragt die Feier in Paris am 8. Mai als bleibender historischer Augenblick heraus.

Er wird belauert, jede seiner Gesten wird analysiert. Die mit der Lupe untersuchten Fotos sollen noch grausamer zeigen, was alle Welt längst weiß: François hat Krebs. Seine Intelligenz und sein Geist sind darob nur um so wacher.

Die Rede in Berlin ist ein bleibendes Ruhmesblatt. Er spricht frei, in dem Schweigen könnte man eine Stecknadel fallen hören; ein jeder hält den Atem an und saugt die Botschaft mit allen Fasern auf. Seine glasklare Vision der künftigen Welt und Europas beeindruckt auch den letzten Zweifler; mich übermannt die Bewegung. Zum zweiten Mal in meinem Leben lasse ich meinen Tränen in der Öffentlichkeit freien Lauf. Ich erinnere mich an das erste Mal, es war 1974 in einer Wahlveranstaltung in Mülhausen während des Präsidentschaftswahlkampfes, als die nicht nur gegen ihn, sondern auch gegen seine Familie gerichteten, gemeinen Attacken ihn veranlaßten, von sich und den Seinen zu sprechen, wie er es bislang noch nie getan hatte.

François ist müde, seine Lebensgeister ermatten. »Es ist alles nicht tragisch, Danielle, der Gedanke an den Tod, weißt du, ich bin darauf vorbereitet«, sagt er. Er hat den Termin schon eingeplant. Die Entscheidung, die er in diesem Spätdezember trifft, muß ich akzeptieren. Dies ist nicht mehr der Augenblick, da man ihn zur Wiederaufnahme des Lebenskampfes aufrütteln könnte.

Das Ende des Jahres naht. Nachdem er mit seinen Freunden, seiner Familie, seinem Arzt und allen im Haus noch in gelassener Heiterkeit Silvester gefeiert hat, nimmt er in der Neujahrsnacht auf seine Weise von uns Abschied.

Ich achte seinen Willen und warte.

(Übersetzung des handschriftlichen Textes)

Latche, am 6. Januar 1996

Jean-Pierre-Tarot rief mich eben an. Die Hoffnung, daß François wieder etwas zu Kräften kommt, schwindet.

Es regnet in Latche, und mir ist, als sähe ich für uns beide den fallenden Tropfen zu.

François wird wohl nie mehr dieses Fleckchen Wiese wiedersehen, das die pinienbestandene Düne einsäumt, deren Bäume er nicht fällen lassen wollte.

Ich schreibe diese Zeilen, aber sie bleiben mir unwirklich.

Latche ohne ihn und seine gestaltende Hand, die sorgsam gepflegte Erde um dieses kleine Haus, das wir zusammen mit Leben erfüllten. François legt sein Leben ab, denn er ist zu müde, es länger zu tragen …

Wir respektieren seine Art, von der Bühne abzutreten, seine Art, sein Werk und alle seine Lieben hinter sich zu lassen, sich von der Familie zu entfernen, die ihn unter den Lebenden weiterleben läßt, denn François stirbt nicht.

François stirbt nicht.

Latche le 6 janvier 1996

Jean-Pierre Tarot vient de m'appeler.
L'espoir de voir François reprendre un peu
de vigueur nous quitte.

Il pleut sur latche, il me semble regarder
tomber la pluie pour deux.

François ne verra sans doute jamais plus
ce coin d'huître limité par la dune plantée
des pins qu'il n'a pas voulu faire abattre.

J'écris ces phrases sans pouvoir les inscrire
dans la réalité.

Latche sans lui, sa construction, ses terres
savamment rassemblées autour de cette petite
maison que nous avons fait vivre ensemble.
François qui abandonne la vie, parce que
trop fatigué, elle l'insupporte.

Nous respectons sa façon de sortir de la
scène, sa façon de mettre un terme à son
œuvre, à ses amours, à s'éloigner de sa
famille qui le fera vivre parmi les vivants,
parce que François ne meurt pas.

François ne meurt pas.

Danielle Mitterrand

335

Bildnachweis

Aus den Beständen der Verfasserin
Bildseite 1, 2, 3

France-Libertés
Bildseite 4, 5, 6, 7, 8 (oben)

Präsidialamt
Bildseite 8 (unten)